T&P BOOKS

LETS
WOORDENSCHAT

THEMATISCHE WOORDENLIJST

NEDERLANDS
LETS

De meest bruikbare woorden
Om uw woordenschat uit te breiden en
uw taalvaardigheid aan te scherpen

9000 woorden

Thematische woordenschat Nederlands-Lets - 9000 woorden

Door Andrey Taranov

Woordenlijsten van T&P Books zijn bedoeld om u woorden van een vreemde taal te helpen leren, onthouden, en bestudering. Dit woordenboek is ingedeeld in thema's en behandelt alle belangrijk terreinen van het dagelijkse leven, bedrijven, wetenschap, cultuur, etc.

Het proces van het leren van woorden met behulp van de op thema's gebaseerde aanpak van T&P Books biedt u de volgende voordelen:

- Correct gegroepeerde informatie is bepalend voor succes bij opeenvolgende stadia van het leren van woorden
- De beschikbaarheid van woorden die van dezelfde stam zijn maakt het mogelijk om woordgroepen te onthouden (in plaats van losse woorden)
- Kleine groepen van woorden faciliteren het proces van het aanmaken van associatieve verbindingen, die nodig zijn bij het consolideren van de woordenschat
- Het niveau van talenkennis kan worden ingeschat door het aantal geleerde woorden

T&P Books Publishing
www.tpbooks.com

ISBN: 978-1-78492-277-1

Dit boek is ook beschikbaar in e-boek formaat.
Gelieve www.tpbooks.com te bezoeken of de belangrijkste online boekwinkels.

LETSE WOORDENSCHAT
nieuwe woorden leren

T&P Books woordenlijsten zijn bedoeld om u te helpen vreemde woorden te leren, te onthouden, en te bestuderen. De woordenschat bevat meer dan 9000 veel gebruikte woorden die thematisch geordend zijn.

- De woordenlijst bevat de meest gebruikte woorden
- Aanbevolen als aanvulling bij welke taalcursus dan ook
- Voldoet aan de behoeften van de beginnende en gevorderde student in vreemde talen
- Geschikt voor dagelijks gebruik, bestudering en zelftestactiviteiten
- Maakt het mogelijk om uw woordenschat te evalueren

Bijzondere kenmerken van de woordenschat

- De woorden zijn gerangschikt naar hun betekenis, niet volgens alfabet
- De woorden worden weergegeven in drie kolommen om bestudering en zelftesten te vergemakkelijken
- Woorden in groepen worden verdeeld in kleine blokken om het leerproces te vergemakkelijken
- De woordenschat biedt een handige en eenvoudige beschrijving van elk buitenlands woord

De woordenschat bevat 256 onderwerpen zoals:

Basisconcepten, getallen, kleuren, maanden, seizoenen, meeteenheden, kleding en accessoires, eten & voeding, restaurant, familieleden, verwanten, karakter, gevoelens, emoties, ziekten, stad, dorp, bezienswaardigheden, winkelen, geld, huis, thuis, kantoor, werken op kantoor, import & export, marketing, werk zoeken, sport, onderwijs, computer, internet, gereedschap, natuur, landen, nationaliteiten en meer ...

INHOUDSOPGAVE

UITSPRAAKGIDS

Letter	Lets voorbeeld	T&P fonetisch alfabet	Nederlands voorbeeld

Klinkers

A a	adata	[ɑ]	acht
Ā ā	ābols	[ɑ:]	maart
E e	egle	[e], [æ]	kort, als in bed
Ē ē	ērglis	[e:], [æ:]	lang, als in feest
I i	izcelsme	[i]	bidden, tint
Ī ī	īpašums	[i:]	team, portier
O o	okeāns	[o], [o:]	aankomst, rood
U u	ubags	[u]	hoed, doe
Ū ū	ūdens	[u:]	fuut, uur

Medeklinkers

B b	bads	[b]	hebben
C c	cālis	[ts]	niets, plaats
Č č	čaumala	[tʃ]	Tsjechië, cello
D d	dambis	[d]	Dank u, honderd
F f	flauta	[f]	feestdag, informeren
G g	gads	[g]	goal, tango
Ģ ģ	ģitāra	[dʲ]	paadje, haarspeldje
H h	haizivs	[h]	het, herhalen
J j	janvāris	[j]	New York, januari
K k	kabata	[k]	kennen, kleur
Ķ ķ	ķilava	[tʲ/tʃʲ]	als in tjemig, Engels - cute
L l	labība	[l]	delen, luchter
Ļ ļ	ļaudis	[ʎ]	biljet, morille
M m	magone	[m]	morgen, etmaal
N n	nauda	[n]	nemen, zonder
Ņ ņ	ņaudēt	[ɲ]	cognac, nieuw
P p	pakavs	[p]	parallel, koper
R r	ragana	[r]	roepen, breken
S s	sadarbība	[s]	spreken, kosten
Š š	šausmas	[ʃ]	shampoo, machine
T t	tabula	[t]	tomaat, taart
V v	vabole	[v]	beloven, schrijven

Letter	Lets voorbeeld	T&P fonetisch alfabet	Nederlands voorbeeld
Z z	zaglis	[z]	zeven, zesde
Ž ž	žagata	[ʒ]	journalist, rouge

Opmerkingen

˙ Letters **Qq, Ww, Xx, Yy** alleen gebruikt in leenwoorden
˙˙ Het standaard Lets en, op een paar kleine uitzonderingen na, alle Letse dialecten hebben vaste initiële nadruk.

AFKORTINGEN
gebruikt in de woordenschat

Nederlandse afkortingen

abn	-	als bijvoeglijk naamwoord
bijv.	-	bijvoorbeeld
bn	-	bijvoeglijk naamwoord
bw	-	bijwoord
enk.	-	enkelvoud
enz.	-	enzovoort
form.	-	formele taal
inform.	-	informele taal
mann.	-	mannelijk
mil.	-	militair
mv.	-	meervoud
on.ww.	-	onovergankelijk werkwoord
ontelb.	-	ontelbaar
ov.	-	over
ov.ww.	-	overgankelijk werkwoord
telb.	-	telbaar
vn	-	voornaamwoord
vrouw.	-	vrouwelijk
vw	-	voegwoord
vz	-	voorzetsel
wisk.	-	wiskunde
ww	-	werkwoord

Nederlandse artikelen

de	-	gemeenschappelijk geslacht
de/het	-	gemeenschappelijk geslacht, onzijdig
het	-	onzijdig

Letse afkortingen

s	-	vrouwelijk zelfstandig naamwoord
s dsk	-	vrouwelijk meervoud
v, s	-	mannelijk, vrouwelijk
v	-	mannelijk zelfstandig naamwoord
v dsk	-	mannelijk meervoud

BASISBEGRIPPEN

Basisbegrippen Deel 1

1. Voornaamwoorden

ik	es	[es]
jij, je	tu	[tu]
hij	viņš	[viɲʃ]
zij, ze	viņa	[viɲa]
het	tas	[tas]
wij, we	mēs	[me:s]
jullie	jūs	[ju:s]
zij, ze	viņi	[viɲi]

2. Begroetingen. Begroetingen. Afscheid

Hallo! Dag!	Sveiki!	[svɛiki!]
Hallo!	Esiet sveicināts!	[ɛsiɛt svɛitsina:ts!]
Goedemorgen!	Labrīt!	[labri:t!]
Goedemiddag!	Labdien!	[labdiɛn!]
Goedenavond!	Labvakar!	[labvakar!]
gedag zeggen (groeten)	sveicināt	[svɛitsina:t]
Hoi!	Čau!	[tʃau!]
groeten (het)	sveiciens (v)	[svɛitsiɛns]
verwelkomen (ww)	pasveicināt	[pasvɛitsina:t]
Hoe gaat het?	Kā iet?	[ka: iɛt?]
Is er nog nieuws?	Kas jauns?	[kas jauns?]
Tot ziens! (form.)	Uz redzēšanos!	[uz redze.ʃanɔs!]
Doei!	Atā!	[ata:!]
Tot snel! Tot ziens!	Uz tikšanos!	[uz tikʃanɔs!]
Vaarwel!	Ardievu!	[ardiɛvu!]
afscheid nemen (ww)	atvadīties	[atvadi:tiɛs]
Tot kijk!	Nu tad pagaidām!	[nu tad pagaida:m!]
Dank u!	Paldies!	[paldiɛs!]
Dank u wel!	Liels paldies!	[liɛls paldiɛs!]
Graag gedaan	Lūdzu	[lu:dzu]
Geen dank!	Nav par ko	[nav par kɔ]
Geen moeite.	Nav par ko	[nav par kɔ]
Excuseer me, … (inform.)	Atvaino!	[atvainɔ!]
Excuseer me, … (form.)	Atvainojiet!	[atvainɔjiɛt!]

excuseren (verontschuldigen)	piedot	[piɛdɔt]
zich verontschuldigen	atvainoties	[atvainɔtiɛs]
Mijn excuses.	Es atvainojos	[es atvainɔjɔs]
Het spijt me!	Piedodiet!	[piɛdɔdiɛt!]
vergeven (ww)	piedot	[piɛdɔt]
Maakt niet uit!	Tas nekas	[tas nɛkas]
alsjeblieft	lūdzu	[lu:dzu]

Vergeet het niet!	Neaizmirstiet!	[neaizmirstiɛt!]
Natuurlijk!	Protams!	[prɔtams!]
Natuurlijk niet!	Protams, ka nē!	[prɔtams, ka ne:!]
Akkoord!	Piekrītu!	[piɛkri:tu!]
Zo is het genoeg!	Pietiek!	[piɛtiɛk!]

3. Hoe aan te spreken

meneer	Kungs	[kuŋgs]
mevrouw	Kundze	[kundze]
juffrouw	Jaunkundze	[jaunkundze]
jongeman	Jaunskungs	[jaunskuŋgs]
jongen	puisēns	[puise:ns]
meisje	meitene	[mɛitɛne]

4. Kardinale getallen. Deel 1

nul	nulle	[nulle]
een	viens	[viɛns]
twee	divi	[divi]
drie	trīs	[tri:s]
vier	četri	[tʃetri]

vijf	pieci	[piɛtsi]
zes	seši	[seʃi]
zeven	septiņi	[septiɲi]
acht	astoņi	[astɔɲi]
negen	deviņi	[deviɲi]

tien	desmit	[desmit]
elf	vienpadsmit	[viɛnpadsmit]
twaalf	divpadsmit	[divpadsmit]
dertien	trīspadsmit	[tri:spadsmit]
veertien	četrpadsmit	[tʃetrpadsmit]

vijftien	piecpadsmit	[piɛtspadsmit]
zestien	sešpadsmit	[seʃpadsmit]
zeventien	septiņpadsmit	[septiɲpadsmit]
achttien	astoņpadsmit	[astɔɲpadsmit]
negentien	deviņpadsmit	[deviɲpadsmit]

twintig	divdesmit	[divdesmit]
eenentwintig	divdesmit viens	[divdesmit viɛns]
tweeëntwintig	divdesmit divi	[divdesmit divi]

drieëntwintig	divdesmit trīs	[divdesmit tri:s]
dertig	trīsdesmit	[tri:sdesmit]
eenendertig	trīsdesmit viens	[tri:sdesmit viɛns]
tweeëndertig	trīsdesmit divi	[tri:sdesmit divi]
drieëndertig	trīsdesmit trīs	[tri:sdesmit tri:s]

veertig	četrdesmit	[tʃetrdesmit]
eenenveertig	četrdesmit viens	[tʃetrdesmit viɛns]
tweeënveertig	četrdesmit divi	[tʃetrdesmit divi]
drieënveertig	četrdesmit trīs	[tʃetrdesmit tri:s]

vijftig	piecdesmit	[piɛtsdesmit]
eenenvijftig	piecdesmit viens	[piɛtsdesmit viɛns]
tweeënvijftig	piecdesmit divi	[piɛtsdesmit divi]
drieënvijftig	piecdesmit trīs	[piɛtsdesmit tri:s]

zestig	sešdesmit	[seʃdesmit]
eenenzestig	sešdesmit viens	[seʃdesmit viɛns]
tweeënzestig	sešdesmit divi	[seʃdesmit divi]
drieënzestig	sešdesmit trīs	[seʃdesmit tri:s]

zeventig	septiņdesmit	[septiɳdesmit]
eenenzeventig	septiņdesmit viens	[septiɳdesmit viɛns]
tweeënzeventig	septiņdesmit divi	[septiɳdesmit divi]
drieënzeventig	septiņdesmit trīs	[septiɳdesmit tri:s]

tachtig	astoņdesmit	[astoɳdesmit]
eenentachtig	astoņdesmit viens	[astoɳdesmit viɛns]
tweeëntachtig	astoņdesmit divi	[astoɳdesmit divi]
drieëntachtig	astoņdesmit trīs	[astoɳdesmit tri:s]

negentig	deviņdesmit	[deviɳdesmit]
eenennegentig	deviņdesmit viens	[deviɳdesmit viɛns]
tweeënnegentig	deviņdesmit divi	[deviɳdesmit divi]
drieënnegentig	deviņdesmit trīs	[deviɳdesmit tri:s]

5. Kardinale getallen. Deel 2

honderd	simts	[simts]
tweehonderd	divsimt	[divsimt]
driehonderd	trīssimt	[tri:simt]
vierhonderd	četrsimt	[tʃetrsimt]
vijfhonderd	piecsimt	[piɛtsimt]

zeshonderd	sešsimt	[seʃsimt]
zevenhonderd	septiņsimt	[septiɳsimt]
achthonderd	astoņsimt	[astoɳsimt]
negenhonderd	deviņsimt	[deviɳsimt]

duizend	tūkstotis	[tu:kstotis]
tweeduizend	divi tūkstoši	[divi tu:kstoʃi]
drieduizend	trīs tūkstoši	[tri:s tu:kstoʃi]
tienduizend	desmit tūkstoši	[desmit tu:kstoʃi]
honderdduizend	simt tūkstoši	[simt tu:kstoʃi]

miljoen (het)	miljons (v)	[miljɔns]
miljard (het)	miljards (v)	[miljards]

6. Ordinale getallen

eerste (bn)	pirmais	[pirmais]
tweede (bn)	otrais	[ɔtrais]
derde (bn)	trešais	[treʃais]
vierde (bn)	ceturtais	[tsɛturtais]
vijfde (bn)	piektais	[piɛktais]

zesde (bn)	sestais	[sestais]
zevende (bn)	septītais	[septi:tais]
achtste (bn)	astotais	[astɔtais]
negende (bn)	devītais	[devi:tais]
tiende (bn)	desmitais	[desmitais]

7. Getallen. Breuken

breukgetal (het)	daļskaitlis (v)	[dalʲskaitlis]
half	puse	[puse]
een derde	viena trešdaļa	[viɛna treʃdalʲa]
kwart	viena ceturtdaļa	[viɛna tsɛturtdalʲa]

een achtste	viena astotā	[viɛna astɔta:]
een tiende	viena desmitā	[viɛna desmita:]
twee derde	divas trešdaļas	[divas treʃdalʲas]
driekwart	trīs ceturtdaļas	[tri:s tsɛturtdalʲas]

8. Getallen. Eenvoudige berekeningen

aftrekking (de)	atņemšana (s)	[atɲemʃana]
aftrekken (ww)	atņemt	[atɲemt]
deling (de)	dalīšana (s)	[dali:ʃana]
delen (ww)	dalīt	[dali:t] ·

optelling (de)	saskaitīšana (s)	[saskaiti:ʃana]
erbij optellen	saskaitīt	[saskaiti:t]
(bij elkaar voegen)		
optellen (ww)	pieskaitīt	[piɛskaiti:t]
vermenigvuldiging (de)	reizināšana (s)	[rɛizina:ʃana]
vermenigvuldigen (ww)	reizināt	[rɛizina:t]

9. Getallen. Diversen

cijfer (het)	cipars (v)	[tsipars]
nummer (het)	skaitlis (v)	[skaitlis]
telwoord (het)	numerālis (v)	[numɛra:lis]

minteken (het)	mīnuss (v)	[mi:nus]
plusteken (het)	pluss (v)	[plus]
formule (de)	formula (s)	[formula]

berekening (de)	aprēķināšana (s)	[apre:tʲina:ʃana]
tellen (ww)	skaitīt	[skaiti:t]
bijrekenen (ww)	sarēķināt	[sare:tʲina:t]
vergelijken (ww)	salīdzināt	[sali:dzina:t]

| Hoeveel? (ontelb.) | Cik? | [tsik?] |
| Hoeveel? (telb.) | Cik daudz? | [tsik daudz?] |

som (de), totaal (het)	summa (s)	[summa]
uitkomst (de)	rezultāts (v)	[rɛzulta:ts]
rest (de)	atlikums (v)	[atlikums]

enkele (bijv. ~ minuten)	daži	[daʒi]
weinig (bw)	maz ...	[maz ...]
weinig (telb.)	daži	[daʒi]
restant (het)	pārējais	[pa:re:jais]
anderhalf	pusotra	[pusɔtra]
dozijn (het)	ducis (v)	[dutsis]

middendoor (bw)	uz pusēm	[uz puse:m]
even (bw)	vienlīdzīgi	[viɛnli:dzi:gi]
helft (de)	puse (s)	[puse]
keer (de)	reize (s)	[rɛize]

10. De belangrijkste werkwoorden. Deel 1

aanbevelen (ww)	ieteikt	[iɛtɛikt]
aandringen (ww)	uzstāt	[uzsta:t]
aankomen (per auto, enz.)	atbraukt	[atbraukt]
aanraken (ww)	pieskarties	[piɛskartiɛs]
adviseren (ww)	dot padomu	[dɔt padɔmu]

afdalen (on.ww.)·	nokāpt	[nɔka:pt]
afslaan (naar rechts ~)	pagriezties	[pagriɛztiɛs]
antwoorden (ww)	atbildēt	[atbilde:t]
bang zijn (ww)	baidīties	[baidi:tiɛs]
bedreigen (bijv. met een pistool)	draudēt	[draude:t]

bedriegen (ww)	krāpt	[kra:pt]
beëindigen (ww)	beigt	[bɛigt]
beginnen (ww)	sākt	[sa:kt]
begrijpen (ww)	saprast	[saprast]
beheren (managen)	vadīt	[vadi:t]

beledigen (met scheldwoorden)	aizvainot	[aizvainɔt]
beloven (ww)	solīt	[sɔli:t]
bereiden (koken)	gatavot	[gatavɔt]
bespreken (spreken over)	apspriest	[apspriɛst]

bestellen (eten ~)	pasūtīt	[pasu:ti:t]
bestraffen (een stout kind ~)	sodīt	[sɔdi:t]
betalen (ww)	maksāt	[maksa:t]
betekenen (beduiden)	nozīmēt	[nɔzi:me:t]
betreuren (ww)	nožēlot	[nɔʒe:lɔt]

bevallen (prettig vinden)	patikt	[patikt]
bevelen (mil.)	pavēlēt	[pavɛ:le:t]
bevrijden (stad, enz.)	atbrīvot	[atbri:vɔt]
bewaren (ww)	uzglabāt	[uzglaba:t]
bezitten (ww)	pārvaldīt	[pa:rvaldi:t]

bidden (praten met God)	lūgties	[lu:gtiɛs]
binnengaan (een kamer ~)	ieiet	[iɛiɛt]
breken (ww)	lauzt	[lauzt]
controleren (ww)	kontrolēt	[kɔntrɔle:t]
creëren (ww)	izveidot	[izvɛidɔt]

deelnemen (ww)	piedalīties	[piɛdali:tiɛs]
denken (ww)	domāt	[dɔma:t]
doden (ww)	nogalināt	[nɔgalina:t]
doen (ww)	darīt	[dari:t]
dorst hebben (ww)	gribēt dzert	[gribe:t dzert]

11. De belangrijkste werkwoorden. Deel 2

een hint geven	dot mājienu	[dɔt ma:jiɛnu]
eisen (met klem vragen)	prasīt	[prasi:t]
excuseren (vergeven)	piedot	[piɛdɔt]
existeren (bestaan)	eksistēt	[eksiste:t]
gaan (te voet)	iet	[iɛt]

gaan zitten (ww)	sēsties	[se:stiɛs]
gaan zwemmen	peldēties	[pelde:tiɛs]
geven (ww)	dot	[dɔt]
glimlachen (ww)	smaidīt	[smaidi:t]
goed raden (ww)	uzminēt	[uzmine:t]

grappen maken (ww)	jokot	[jɔkɔt]
graven (ww)	rakt	[rakt]

helpen (ww)	palīdzēt	[pali:dze:t]
herhalen (opnieuw zeggen)	atkārtot	[atka:rtɔt]
honger hebben (ww)	gribēt ēst	[gribe:t e:st]

hopen (ww)	cerēt	[tsɛre:t]
horen (waarnemen met het oor)	dzirdēt	[dzirde:t]
huilen (wenen)	raudāt	[rauda:t]
huren (huis, kamer)	īrēt	[i:re:t]
informeren (informatie geven)	informēt	[infɔrme:t]

instemmen (akkoord gaan)	piekrist	[piɛkrist]
jagen (ww)	medīt	[medi:t]

kennen (kennis hebben van iemand)	pazīt	[pazi:t]
kiezen (ww)	izvēlēties	[izvɛ:le:tiɛs]
klagen (ww)	sūdzēties	[su:dze:tiɛs]

kosten (ww)	maksāt	[maksa:t]
kunnen (ww)	spēt	[spe:t]
lachen (ww)	smieties	[smiɛtiɛs]
laten vallen (ww)	nomest	[nɔmest]
lezen (ww)	lasīt	[lasi:t]

liefhebben (ww)	mīlēt	[mi:le:t]
lunchen (ww)	pusdienot	[pusdiɛnɔt]
nemen (ww)	ņemt	[ɲemt]
nodig zijn (ww)	būt vajadzīgam	[bu:t vajadzi:gam]

12. De belangrijkste werkwoorden. Deel 3

onderschatten (ww)	par zemu vērtēt	[par zɛmu ve:rte:t]
ondertekenen (ww)	parakstīt	[paraksti:t]
ontbijten (ww)	brokastot	[brɔkastɔt]
openen (ww)	atvērt	[atve:rt]
ophouden (ww)	pārtraukt	[pa:rtraukt]
opmerken (zien)	pamanīt	[pamani:t]

opscheppen (ww)	lielīties	[liɛli:tiɛs]
opschrijven (ww)	pierakstīt	[piɛraksti:t]
plannen (ww)	plānot	[pla:nɔt]
prefereren (verkiezen)	dot priekšroku	[dɔt priɛkʃrɔku]
proberen (trachten)	mēģināt	[me:dʲina:t]
redden (ww)	glābt	[gla:bt]

rekenen op ...	paļauties uz ...	[palʲauties uz ...]
rennen (ww)	skriet	[skriɛt]
reserveren (een hotelkamer ~)	rezervēt	[rɛzerve:t]
roepen (om hulp)	saukt	[saukt]
schieten (ww)	šaut	[ʃaut]
schreeuwen (ww)	kliegt	[kliɛgt]

schrijven (ww)	rakstīt	[raksti:t]
souperen (ww)	vakariņot	[vakariɲɔt]
spelen (kinderen)	spēlēt	[spɛ:le:t]
spreken (ww)	runāt	[runa:t]
stelen (ww)	zagt	[zagt]
stoppen (pauzeren)	apstāties	[apsta:tiɛs]

studeren (Nederlands ~)	pētīt	[pe:ti:t]
sturen (zenden)	sūtīt	[su:ti:t]
tellen (optellen)	sarēķināt	[sare:tʲina:t]
toebehoren ...	piederēt	[piɛdɛre:t]
toestaan (ww)	atļaut	[atlʲaut]
tonen (ww)	parādīt	[para:di:t]
twijfelen (onzeker zijn)	šaubīties	[ʃaubi:tiɛs]

uitgaan (ww)	iziet	[izizt]
uitnodigen (ww)	ielūgt	[iɛlu:gt]
uitspreken (ww)	izrunāt	[izruna:t]
uitvaren tegen (ww)	lamāt	[lama:t]

13. De belangrijkste werkwoorden. Deel 4

vallen (ww)	krist	[krist]
vangen (ww)	ķert	[tʲert]
veranderen (anders maken)	mainīt	[maini:t]
verbaasd zijn (ww)	brīnīties	[bri:ni:tiɛs]
verbergen (ww)	slēpt	[sle:pt]

verdedigen (je land ~)	aizstāvēt	[aizsta:ve:t]
verenigen (ww)	apvienot	[apviɛnɔt]
vergelijken (ww)	salīdzināt	[sali:dzina:t]
vergeten (ww)	aizmirst	[aizmirst]
vergeven (ww)	piedot	[piɛdɔt]

verklaren (uitleggen)	paskaidrot	[paskaidrɔt]
verkopen (per stuk ~)	pārdot	[pa:rdɔt]
vermelden (praten over)	pieminēt	[piɛmine:t]
versieren (decoreren)	izrotāt	[izrɔta:t]
vertalen (ww)	tulkot	[tulkɔt]

vertrouwen (ww)	uzticēt	[uztitse:t]
vervolgen (ww)	turpināt	[turpina:t]
verwarren (met elkaar ~)	sajaukt	[sajaukt]
verzoeken (ww)	lūgt	[lu:gt]
verzuimen (school, enz.)	kavēt	[kave:t]

vinden (ww)	atrast	[atrast]
vliegen (ww)	lidot	[lidɔt]
volgen (ww)	sekot ...	[sekɔt ...]
voorstellen (ww)	piedāvāt	[piɛda:va:t]
voorzien (verwachten)	paredzēt	[paredze:t]
vragen (ww)	jautāt	[jauta:t]

waarnemen (ww)	novērot	[nɔve:rɔt]
waarschuwen (ww)	brīdināt	[bri:dina:t]
wachten (ww)	gaidīt	[gaidi:t]
weerspreken (ww)	iebilst	[iɛbilst]
weigeren (ww)	atteikties	[attɛiktiɛs]

werken (ww)	strādāt	[stra:da:t]
weten (ww)	zināt	[zina:t]
willen (verlangen)	gribēt	[gribe:t]
zeggen (ww)	teikt	[tɛikt]
zich haasten (ww)	steigties	[stɛigtiɛs]

zich interesseren voor ...	interesēties	[intɛrɛse:tiɛs]
zich vergissen (ww)	kļūdīties	[klʲu:di:tiɛs]
zich verontschuldigen	atvainoties	[atvainɔtiɛs]
zien (ww)	redzēt	[redze:t]

zoeken (ww)	meklēt ...	[mekle:t ...]
zwemmen (ww)	peldēt	[pelde:t]
zwijgen (ww)	klusēt	[kluse:t]

14. Kleuren

kleur (de)	krāsa (s)	[kra:sa]
tint (de)	nokrāsa (s)	[nɔkra:sa]
kleurnuance (de)	tonis (v)	[tɔnis]
regenboog (de)	varavīksne (s)	[varavi:ksne]

wit (bn)	balts	[balts]
zwart (bn)	melns	[melns]
grijs (bn)	pelēks	[pɛle:ks]

groen (bn)	zaļš	[zaljʃ]
geel (bn)	dzeltens	[dzeltens]
rood (bn)	sarkans	[sarkans]

blauw (bn)	zils	[zils]
lichtblauw (bn)	gaiši zils	[gaiʃi zils]
roze (bn)	rozā	[rɔza:]
oranje (bn)	oranžs	[ɔranʒs]
violet (bn)	violets	[viɔlets]
bruin (bn)	brūns	[bru:ns]

| goud (bn) | zelta | [zelta] |
| zilverkleurig (bn) | sudrabains | [sudrabains] |

beige (bn)	bēšs	[be:ʃs]
roomkleurig (bn)	krēmkrāsas	[kre:mkra:sas]
turkoois (bn)	zilganzaļš	[zilganzaljʃ]
kersrood (bn)	ķiršu brīns	[tjirʃu bri:ns]
lila (bn)	lillā	[lilla:]
karmijnrood (bn)	aveņkrāsas	[aveŋkra:sas]

licht (bn)	gaišs	[gaiʃs]
donker (bn)	tumšs	[tumʃs]
fel (bn)	spilgts	[spilgts]

kleur-, kleurig (bn)	krāsains	[kra:sains]
kleuren- (abn)	krāsains	[kra:sains]
zwart-wit (bn)	melnbalts	[melnbalts]
eenkleurig (bn)	vienkrāsains	[viɛnkra:sains]
veelkleurig (bn)	daudzkrāsains	[daudzkra:sains]

15. Vragen

Wie?	Kas?	[kas?]
Wat?	Kas?	[kas?]
Waar?	Kur?	[kur?]
Waarheen?	Uz kurieni?	[uz kuriɛni?]

Waar ... vandaan?	No kurienes?	[nɔ kuriɛnes?]
Wanneer?	Kad?	[kad?]
Waarom?	Kādēļ?	[ka:de:lʲ?]
Waarom?	Kāpēc?	[ka:pe:ts?]

Waarvoor dan ook?	Kam?	[kam?]
Hoe?	Kā?	[ka:?]
Wat voor ...?	Kāds?	[ka:ds?]
Welk?	Kuŗš?	[kurʃ?]

Aan wie?	Kam?	[kam?]
Over wie?	Par kuru?	[par kuru?]
Waarover?	Par ko?	[par kɔ?]
Met wie?	Ar ko?	[ar kɔ?]

| Hoeveel? (ontelb.) | Cik? | [tsik?] |
| Van wie? | Kura? Kuras? Kuru? | [kura?], [kuras?], [kuru?] |

16. Voorzetsels

met (bijv. ~ beleg)	ar	[ar]
zonder (~ accent)	bez	[bez]
naar (in de richting van)	uz	[uz]
over (praten ~)	par	[par]
voor (in tijd)	pirms	[pirms]
voor (aan de voorkant)	priekšā	[priɛkʃa:]

onder (lager dan)	zem	[zem]
boven (hoger dan)	virs	[virs]
op (bovenop)	uz	[uz]
van (uit, afkomstig van)	no	[nɔ]
van (gemaakt van)	no	[nɔ]

| over (bijv. ~ een uur) | pēc | [pe:ts] |
| over (over de bovenkant) | caur | [tsaur] |

17. Functiewoorden. Bijwoorden. Deel 1

Waar?	Kur?	[kur?]
hier (bw)	šeit	[ʃɛit]
daar (bw)	tur	[tur]

| ergens (bw) | kaut kur | [kaut kur] |
| nergens (bw) | nekur | [nɛkur] |

| bij ... (in de buurt) | pie ... | [piɛ ...] |
| bij het raam | pie loga | [piɛ lɔga] |

Waarheen?	Uz kurieni?	[uz kuriɛni?]
hierheen (bw)	šurp	[ʃurp]
daarheen (bw)	turp	[turp]
hiervandaan (bw)	no šejienes	[nɔ ʃejiɛnes]

daarvandaan (bw)	no turienes	[nɔ turiɛnes]
dichtbij (bw)	tuvu	[tuvu]
ver (bw)	tālu	[ta:lu]
in de buurt (van ...)	pie	[piɛ]
vlakbij (bw)	blakus	[blakus]
niet ver (bw)	netālu	[nɛta:lu]
linker (bn)	kreisais	[krɛisais]
links (bw)	pa kreisi	[pa krɛisi]
linksaf, naar links (bw)	pa kreisi	[pa krɛisi]
rechter (bn)	labais	[labais]
rechts (bw)	pa labi	[pa labi]
rechtsaf, naar rechts (bw)	pa labi	[pa labi]
vooraan (bw)	priekšā	[priɛkʃa:]
voorste (bn)	priekšējs	[priɛkʃe:js]
vooruit (bw)	uz priekšu	[uz priɛkʃu]
achter (bw)	mugurpusē	[mugurpuse:]
van achteren (bw)	no mugurpuses	[nɔ mugurpuses]
achteruit (naar achteren)	atpakaļ	[atpakalʲ]
midden (het)	vidus (v)	[vidus]
in het midden (bw)	vidū	[vidu:]
opzij (bw)	sānis	[sa:nis]
overal (bw)	visur	[visur]
omheen (bw)	apkārt	[apka:rt]
binnenuit (bw)	no iekšpuses	[nɔ iɛkʃpuses]
naar ergens (bw)	kaut kur	[kaut kur]
rechtdoor (bw)	taisni	[taisni]
terug (bijv. ~ komen)	atpakaļ	[atpakalʲ]
ergens vandaan (bw)	no kaut kurienes	[nɔ kaut kuriɛnes]
ergens vandaan (en dit geld moet ~ komen)	nez no kurienes	[nez nɔ kuriɛnes]
ten eerste (bw)	pirmkārt	[pirmka:rt]
ten twoode (bw)	otrkārt	[ɔtrka:rt]
ten derde (bw)	treškārt	[treʃka:rt]
plotseling (bw)	pēkšņi	[pe:kʃɲi]
in het begin (bw)	sākumā	[sa:kuma:]
voor de eerste keer (bw)	pirmo reizi	[pirmɔ rɛizi]
lang voor ... (bw)	ilgu laiku pirms ...	[ilgu laiku pirms ...]
opnieuw (bw)	no jauna	[nɔ jauna]
voor eeuwig (bw)	uz visiem laikiem	[uz visiɛm laikiɛm]
nooit (bw)	nekad	[nɛkad]
weer (bw)	atkal	[atkal]
nu (bw)	tagad	[tagad]
vaak (bw)	bieži	[biɛʒi]
toen (bw)	tad	[tad]

| urgent (bw) | steidzami | [stɛidzami] |
| meestal (bw) | parasti | [parasti] |

trouwens, ...	starp citu ...	[starp tsitu ...]
(tussen haakjes)		
mogelijk (bw)	iespējams	[iɛspe:jams]
waarschijnlijk (bw)	ticams	[titsams]
misschien (bw)	varbūt	[varbu:t]
trouwens (bw)	turklāt, ...	[turkla:t, ...]
daarom ...	tādēļ ...	[ta:de:lʲ ...]
in weerwil van ...	neskatoties uz ...	[neskatɔties uz ...]
dankzij ...	pateicoties ...	[patɛitsɔties ...]

wat (vn)	kas	[kas]
dat (vw)	kas	[kas]
iets (vn)	kaut kas	[kaut kas]
iets	kaut kas	[kaut kas]
niets (vn)	nekas	[nɛkas]

wie (~ is daar?)	kas	[kas]
iemand (een onbekende)	kāds	[ka:ds]
iemand	kāds	[ka:ds]
(een bepaald persoon)		

niemand (vn)	neviens	[neviɛns]
nergens (bw)	nekur	[nɛkur]
niemands (bn)	neviena	[neviɛna]
iemands (bn)	kāda	[ka:da]

zo (Ik ben ~ blij)	tā	[ta:]
ook (evenals)	tāpat	[ta:pat]
alsook (eveneens)	arī	[ari:]

18. Functiewoorden. Bijwoorden. Deel 2

Waarom?	Kāpēc?	[ka:pe:ts?]
om een bepaalde reden	nez kāpēc	[nez ka:pe:ts]
omdat ...	tāpēc ka ,,,	[ta:pe:ts ka ,,,]
voor een bepaald doel	nez kādēļ	[nez ka:de:lʲ]

en (vw)	un	[un]
of (vw)	vai	[vai]
maar (vw)	bet	[bet]
voor (vz)	prieks	[priɛkʃ]

te (~ veel mensen)	pārāk	[pa:ra:k]
alleen (bw)	tikai	[tikai]
precies (bw)	tieši	[tiɛʃi]
ongeveer (~ 10 kg)	apmēram	[apmɛ:ram]

omstreeks (bw)	aptuveni	[aptuveni]
bij benadering (bn)	aptuvens	[aptuvens]
bijna (bw)	gandrīz	[gandri:z]
rest (de)	pārējais	[pa:re:jais]

25

de andere (tweede)	cits	[tsits]
ander (bn)	cits	[tsits]
elk (bn)	katrs	[katrs]
om het even welk	jebkurš	[jebkurʃ]
veel (grote hoeveelheid)	daudz	[daʊdz]
veel mensen	daudzi	[daʊdzi]
iedereen (alle personen)	visi	[visi]

in ruil voor ...	apmaiņā pret ...	[apmaiɲa: pret ...]
in ruil (bw)	pretī	[preti:]
met de hand (bw)	ar rokām	[ar rɔka:m]
onwaarschijnlijk (bw)	diez vai	[diɛz vai]

waarschijnlijk (bw)	laikam	[laikam]
met opzet (bw)	tīšām	[ti:ʃaːm]
toevallig (bw)	nejauši	[nejauʃi]

zeer (bw)	ļoti	[ʎoti]
bijvoorbeeld (bw)	piemēram	[piɛmɛːram]
tussen (~ twee steden)	starp	[starp]
tussen (te midden van)	vidū	[vidu:]
zoveel (bw)	tik daudz	[tik daudz]
vooral (bw)	īpaši	[iːpaʃi]

Basisbegrippen Deel 2

19. Dagen van de week

maandag (de)	pirmdiena (s)	[pirmdiɛna]
dinsdag (de)	otrdiena (s)	[ɔtrdiɛna]
woensdag (de)	trešdiena (s)	[treʃdiɛna]
donderdag (de)	ceturtdiena (s)	[tsɛturtdiɛna]
vrijdag (de)	piektdiena (s)	[piɛktdiɛna]
zaterdag (de)	sestdiena (s)	[sestdiɛna]
zondag (de)	svētdiena (s)	[sve:tdiɛna]
vandaag (bw)	šodien	[ʃɔdiɛn]
morgen (bw)	rīt	[ri:t]
overmorgen (bw)	parīt	[pari:t]
gisteren (bw)	vakar	[vakar]
eergisteren (bw)	aizvakar	[aizvakar]
dag (de)	diena (s)	[diɛna]
werkdag (de)	darba diena (s)	[darba diɛna]
feestdag (de)	svētku diena (s)	[sve:tku diɛna]
verlofdag (de)	brīvdiena (s)	[bri:vdiɛna]
weekend (het)	brīvdienas (s dsk)	[bri:vdiɛnas]
de hele dag (bw)	visa diena	[visa diɛna]
de volgende dag (bw)	nākamajā dienā	[na:kamaja: diɛna:]
twee dagen geleden	pirms divām dienām	[pirms diva:m diɛna:m]
aan de vooravond (bw)	dienu iepriekš	[diɛnu iɛpriɛkʃ]
dag-, dagelijks (bn)	ikdienas	[igdiɛnas]
elke dag (bw)	katru dienu	[katru diɛnu]
week (de)	nedēļa (s)	[nɛdɛ:ʎa]
vorige week (bw)	pagājušajā nedēļā	[paga:juʃaja: nɛdɛ:ʎa:]
volgende week (bw)	nākamajā nedēļā	[na:kamaja: nɛdɛ:ʎa:]
wekelijks (bn)	iknedēļas	[iknɛdɛ:ʎas]
elke week (bw)	katru nedēļu	[katru nɛdɛ:ʎu]
twee keer per week	divas reizes nedēļā	[divas rɛizes nɛdɛ:ʎa:]
elke dinsdag	katru otrdienu	[katru ɔtrdiɛnu]

20. Uren. Dag en nacht

morgen (de)	rīts (v)	[ri:ts]
's morgens (bw)	no rīta	[nɔ ri:ta]
middag (de)	pusdiena (s)	[pusdiɛna]
's middags (bw)	pēcpusdienā	[pe:tspusdiɛna:]
avond (de)	vakars (v)	[vakars]
's avonds (bw)	vakarā	[vakara:]

nacht (de)	nakts (s)	[nakts]
's nachts (bw)	naktī	[nakti:]
middernacht (de)	pusnakts (s)	[pusnakts]

seconde (de)	sekunde (s)	[sɛkunde]
minuut (de)	minūte (s)	[minu:te]
uur (het)	stunda (s)	[stunda]
halfuur (het)	pusstunda	[pustunda]
kwartier (het)	stundas ceturksnis (v)	[stundas tsɛturksnis]
vijftien minuten	piecpadsmit minūtes	[piɛtspadsmit minu:tes]
etmaal (het)	diennakts (s)	[diɛnnakts]

zonsopgang (de)	saullēkts (v)	[saulle:kts]
dageraad (de)	rītausma (s)	[ri:tausma]
vroege morgen (de)	agrs rīts (v)	[agrs ri:ts]
zonsondergang (de)	saulriets (v)	[saulriɛts]

's morgens vroeg (bw)	agri no rīta	[agri nɔ ri:ta]
vanmorgen (bw)	šorīt	[ʃɔri:t]
morgenochtend (bw)	rīt no rīta	[ri:t nɔ ri:ta]

vanmiddag (bw)	šodien	[ʃɔdiɛn]
's middags (bw)	pēcpusdienā	[pe:tspusdiɛna:]
morgenmiddag (bw)	rīt pēcpusdienā	[ri:t pe:tspusdiɛna:]

| vanavond (bw) | šovakar | [ʃɔvakar] |
| morgenavond (bw) | rītvakar | [ri:tvakar] |

klokslag drie uur	tieši trijos	[tiɛʃi trijɔs]
ongeveer vier uur	ap četriem	[ap tʃetriɛm]
tegen twaalf uur	ap divpadsmitiem	[ap divpadsmitiɛm]

over twintig minuten	pēc divdesmit minūtēm	[pe:ts divdesmit minu:te:m]
over een uur	pēc stundas	[pe:ts stundas]
op tijd (bw)	laikā	[laika:]

kwart voor ...	bez ceturkšņa ...	[bez tsɛturkʃɲa ...]
binnen een uur	stundas laikā	[stundas laika:]
elk kwartier	katras piecpadsmit minūtes	[katras piɛtspadsmit minu:tes]
de klok rond	caurām dienām	[tsaura:m diɛna:m]

21. Maanden. Seizoenen

januari (de)	janvāris (v)	[janva:ris]
februari (de)	februāris (v)	[februa:ris]
maart (de)	marts (v)	[marts]
april (de)	aprīlis (v)	[apri:lis]
mei (de)	maijs (v)	[maijs]
juni (de)	jūnijs (v)	[ju:nijs]

| juli (de) | jūlijs (v) | [ju:lijs] |
| augustus (de) | augusts (v) | [augusts] |

september (de)	septembris (v)	[septembris]
oktober (de)	oktobris (v)	[ɔktɔbris]
november (de)	novembris (v)	[nɔvembris]
december (de)	decembris (v)	[detsembris]

lente (de)	pavasaris (v)	[pavasaris]
in de lente (bw)	pavasarī	[pavasari:]
lente- (abn)	pavasara	[pavasara]

zomer (de)	vasara (s)	[vasara]
in de zomer (bw)	vasarā	[vasara:]
zomer-, zomers (bn)	vasaras	[vasaras]

herfst (de)	rudens (v)	[rudens]
in de herfst (bw)	rudenī	[rudeni:]
herfst- (abn)	rudens	[rudens]

winter (de)	ziema (s)	[ziɛma]
in de winter (bw)	ziemā	[ziɛma:]
winter- (abn)	ziemas	[ziɛmas]

maand (de)	mēnesis (v)	[mɛ:nesis]
deze maand (bw)	šomēnes	[ʃɔmɛ:nes]
volgende maand (bw)	nākamajā mēnesī	[na:kamaja: mɛ:nesi:]
vorige maand (bw)	pagājušajā mēnesī	[paga:juʃaja: mɛ:nesi:]

een maand geleden (bw)	pirms mēneša	[pirms mɛ:neʃa]
over een maand (bw)	pēc mēneša	[pe:ts mɛ:neʃa]
over twee maanden (bw)	pēc diviem mēnešiem	[pe:ts diviɛm mɛ:neʃiɛm]
de hele maand (bw)	visu mēnesi	[visu mɛ:nesi]
een volle maand (bw)	veselu mēnesi	[vesɛlu mɛ:nesi]

maand-, maandelijks (bn)	ikmēneša	[ikmɛ:neʃa]
maandelijks (bw)	ik mēnesi	[ik mɛ:nesi]
elke maand (bw)	katru mēnesi	[katru mɛ:nesi]
twee keer per maand	divas reizes mēnesī	[divas rɛizes mɛ:nesi:]

jaar (het)	gads (v)	[gads]
dit jaar (bw)	šogad	[ʃɔgad]
volgend jaar (bw)	nākamajā gadā	[na:kamaja: gada:]
vorig jaar (bw)	pagājušajā gadā	[paga:juʃaja: gada:]

een jaar geleden (bw)	pirms gada	[pirms gada]
over een jaar	pēc gada	[pe:ts gada]
over twee jaar	pēc diviem gadiem	[pe:ts diviɛm gadiɛm]
het hele jaar	visu gadu	[visu gadu]
een vol jaar	veselu gadu	[vesɛlu gadu]

elk jaar	katru gadu	[katru gadu]
jaar-, jaarlijks (bn)	ikgadējs	[ikgade:js]
jaarlijks (bw)	ik gadu	[ik gadu]
4 keer per jaar	četras reizes gadā	[tʃetras rɛizes gada:]

datum (de)	datums (v)	[datums]
datum (de)	datums (v)	[datums]
kalender (de)	kalendārs (v)	[kalenda:rs]

een half jaar	pusgads	[pusgads]
zes maanden	pusgads (v)	[pusgads]
seizoen (bijv. lente, zomer)	gadalaiks (v)	[gadalaiks]
eeuw (de)	gadsimts (v)	[gadsimts]

22. Tijd. Diversen

tijd (de)	laiks (v)	[laiks]
ogenblik (het)	acumirklis (v)	[atsumirklis]
moment (het)	moments (v)	[mɔments]
ogenblikkelijk (bn)	acumirklīgs	[atsumirkli:gs]
tijdsbestek (het)	posms (v)	[pɔsms]
leven (het)	mūžs (v)	[mu:ʒs]
eeuwigheid (de)	mūžība (s)	[mu:ʒi:ba]

epoche (de), tijdperk (het)	laikmets (v)	[laikmets]
era (de), tijdperk (het)	ēra (s)	[ɛ:ra]
cyclus (de)	cikls (v)	[tsikls]
periode (de)	periods (v)	[periɔds]
termijn (vastgestelde periode)	termiņš (v)	[termiɲʃ]

toekomst (de)	nākotne (s)	[na:kɔtne]
toekomstig (bn)	nākamais	[na:kamais]
de volgende keer	nākamajā reizē	[na:kamaja: rɛize:]
verleden (het)	pagātne (s)	[paga:tne]
vorig (bn)	pagājušais	[paga:juʃais]
de vorige keer	pagājušā reizē	[paga:juʃa: rɛize:]

later (bw)	vēlāk	[vɛ:la:k]
na (~ het diner)	pēc tam	[pe:ts tam]
tegenwoordig (bw)	tagad	[tagad]
nu (bw)	tūlīt	[tu:li:t]

onmiddellijk (bw)	nekavējoties	[nɛkave:jɔtiɛs]
snel (bw)	drīz	[dri:z]
bij voorbaat (bw)	iepriekš	[iɛpriɛkʃ]

lang geleden (bw)	sen	[sen]
kort geleden (bw)	nesen	[nɛsen]
noodlot (het)	liktenis (v)	[liktenis]
herinneringen (mv.)	atmiņas (s dsk)	[atmiɲas]
archief (het)	arhīvs (v)	[arxi:vs]

tijdens ... (ten tijde van)	laikā ...	[laika: ...]
lang (bw)	ilgi	[ilgi]
niet lang (bw)	neilgi	[nɛilgi]

vroeg (bijv. ~ in de ochtend)	agri	[agri]
laat (bw)	vēlu	[vɛ:lu]

voor altijd (bw)	uz visiem laikiem	[uz visiɛm laikiɛm]
beginnen (ww)	sākt	[sa:kt]
uitstellen (ww)	atlikt	[atlikt]
tegelijkertijd (bw)	vienlaicīgi	[viɛnlaitsi:gi]

voortdurend (bw)	pastāvīgi	[pasta:vi:gi]
constant (bijv. ~ lawaai)	pastāvīgas	[pasta:vi:gas]
tijdelijk (bn)	pagaidu	[pagaidu]

soms (bw)	dažreiz	[daʒrɛiz]
zelden (bw)	reti	[reti]
vaak (bw)	bieži	[biɛʒi]

23. Tegenovergestelden

rijk (bn)	bagāts	[baga:ts]
arm (bn)	nabags	[nabags]

ziek (bn)	slims	[slims]
gezond (bn)	vesels	[vɛsɛls]

groot (bn)	liels	[liɛls]
klein (bn)	mazs	[mazs]

snel (bw)	ātri	[a:tri]
langzaam (bw)	lēni	[le:ni]

snel (bn)	ātrs	[a:trs]
langzaam (bn)	lēns	[le:ns]

vrolijk (bn)	jautrs	[jautrs]
treurig (bn)	skumjš	[skumjʃ]

samen (bw)	kopā	[kɔpa:]
apart (bw)	atsevišķi	[atseviʃtʲi]

hardop (~ lezen)	skaļi	[skalʲi]
stil (~ lezen)	klusībā	[klusi:ba:]

hoog (bn)	garš	[garʃ]
laag (bn)	zems	[zems]

diep (bn)	dziļš	[dzilʲʃ]
ondiep (bn)	sekls	[sekls]

ja	jā	[ja:]
nee	nē	[ne:]

ver (bn)	tāls	[ta:ls]
dicht (bn)	tuvs	[tuvs]

ver (bw)	tālu	[ta:lu]
dichtbij (bw)	blakus	[blakus]

lang (bn)	garš	[garʃ]
kort (bn)	īss	[i:s]

vriendelijk (goedhartig)	labs	[labs]
kwaad (bn)	jauns	[lʲauns]

31

gehuwd (mann.)	precēts	[pretse:ts]
ongehuwd (mann.)	neprecēts	[nepretse:ts]
verbieden (ww)	aizliegt	[aizliɛgt]
toestaan (ww)	atļaut	[atlʲaut]
einde (het)	beigas (s dsk)	[bɛigas]
begin (het)	sākums (v)	[sa:kums]
linker (bn)	kreisais	[krɛisais]
rechter (bn)	labais	[labais]
eerste (bn)	pirmais	[pirmais]
laatste (bn)	pēdējais	[pɛ:de:jais]
misdaad (de)	noziegums (v)	[nɔziɛgums]
bestraffing (de)	sods (v)	[sɔds]
bevelen (ww)	pavēlēt	[pavɛ:le:t]
gehoorzamen (ww)	paklausīt	[paklausi:t]
recht (bn)	taisns	[taisns]
krom (bn)	līks	[li:ks]
paradijs (het)	paradīze (s)	[paradi:ze]
hel (de)	elle (s)	[elle]
geboren worden (ww)	piedzimt	[piɛdzimt]
sterven (ww)	nomirt	[nɔmirt]
sterk (bn)	stiprs	[stiprs]
zwak (bn)	vājš	[va:jʃ]
oud (bn)	vecs	[vets]
jong (bn)	jauns	[jauns]
oud (bn)	vecs	[vets]
nieuw (bn)	jauns	[jauns]
hard (bn)	ciets	[tsiɛts]
zacht (bn)	mīksts	[mi:ksts]
warm (bn)	silts	[silts]
koud (bn)	auksts	[auksts]
dik (bn)	resns	[resns]
dun (bn)	tievs	[tiɛvs]
smal (bn)	šaurs	[ʃaurs]
breed (bn)	plats	[plats]
goed (bn)	labs	[labs]
slecht (bn)	slikts	[slikts]
moedig (bn)	drosmīgs	[drɔsmi:gs]
laf (bn)	gļēvulīgs	[glʲɛ:vuli:gs]

24. Lijnen en vormen

vierkant (het)	kvadrāts (v)	[kvadra:ts]
vierkant (bn)	kvadrātisks	[kvadra:tisks]
cirkel (de)	aplis (v)	[aplis]
rond (bn)	apaļš	[apaʎ]
driehoek (de)	trīsstūris (v)	[tri:stu:ris]
driehoekig (bn)	trīsstūrains	[tri:stu:rains]

ovaal (het)	ovāls (v)	[ɔva:ls]
ovaal (bn)	ovāls	[ɔva:ls]
rechthoek (de)	taisnstūris (v)	[taisnstu:ris]
rechthoekig (bn)	taisnstūru	[taisnstu:ru]

piramide (de)	piramīda (s)	[pirami:da]
ruit (de)	rombs (v)	[rɔmbs]
trapezium (het)	trapece (s)	[trapetse]
kubus (de)	kubs (v)	[kubs]
prisma (het)	prizma (s)	[prizma]

omtrek (de)	aploce (s)	[aplɔtse]
bol, sfeer (de)	sfēra (s)	[sfɛ:ra]
bal (de)	lode (s)	[lɔde]
diameter (de)	diametrs (v)	[diametrs]
straal (de)	rādiuss (v)	[ra:dius]
omtrek (~ van een cirkel)	perimetrs (v)	[perimetrs]
middelpunt (het)	centrs (v)	[tsentrs]

horizontaal (bn)	horizontāls	[xɔrizɔnta:ls]
verticaal (bn)	vertikāls	[vertika:ls]
parallel (de)	paralēle (s)	[paralɛ:le]
parallel (bn)	paralēls	[paralɛ:ls]

lijn (de)	līnija (s)	[li:nija]
streep (de)	svītra (s)	[svi:tra]
rechte lijn (de)	taisne (s)	[taisne]
kromme (de)	līkne (s)	[li:kne]
dun (bn)	tievs	[tiɛvs]
omlijning (de)	kontūrs (v)	[kɔntu:rs]

snijpunt (het)	krustošanās (s)	[krustɔʃana:s]
rechte hoek (de)	taisns leņķis (v)	[taisns leɲtʲis]
segment (het)	segments (v)	[segments]
sector (de)	sektors (v)	[sektɔrs]
zijde (de)	mala (s)	[mala]
hoek (de)	leņķis (v)	[leɲtʲis]

25. Meeteenheden

gewicht (het)	svars (v)	[svars]
lengte (de)	garums (v)	[garums]
breedte (de)	platums (v)	[platums]
hoogte (de)	augstums (v)	[augstums]

diepte (de)	dziļums (v)	[dziļums]
volume (het)	apjoms (v)	[apjɔms]
oppervlakte (de)	laukums (v)	[laukums]

gram (het)	grams (v)	[grams]
milligram (het)	miligrams (v)	[miligrams]
kilogram (het)	kilograms (v)	[kilɔgrams]
ton (duizend kilo)	tonna (s)	[tɔnna]
pond (het)	mārciņa (s)	[ma:rtsiɲa]
ons (het)	unce (s)	[untse]

meter (de)	metrs (v)	[metrs]
millimeter (de)	milimetrs (v)	[milimetrs]
centimeter (de)	centimetrs (v)	[tsentimetrs]
kilometer (de)	kilometrs (v)	[kilɔmetrs]
mijl (de)	jūdze (s)	[ju:dze]

duim (de)	colla (s)	[tsɔlla]
voet (de)	pēda (s)	[pɛ:da]
yard (de)	jards (v)	[jards]

vierkante meter (de)	kvadrātmetrs (v)	[kvadra:tmetrs]
hectare (de)	hektārs (v)	[xekta:rs]

liter (de)	litrs (v)	[litrs]
graad (de)	grāds (v)	[gra:ds]
volt (de)	volts (v)	[vɔlts]
ampère (de)	ampērs (v)	[ampɛ:rs]
paardenkracht (de)	zirgspēks (v)	[zirgspe:ks]

hoeveelheid (de)	daudzums (v)	[daudzums]
een beetje ...	nedaudz ...	[nɛdaudz ...]
helft (de)	puse (s)	[puse]
dozijn (het)	ducis (v)	[dutsis]
stuk (het)	gabals (v)	[gabals]

afmeting (de)	izmērs (v)	[izmɛ:rs]
schaal (bijv. ~ van 1 op 50)	mērogs (v)	[me:rɔgs]

minimaal (bn)	minimāls	[minima:ls]
minste (bn)	vismazākais	[vismaza:kais]
medium (bn)	vidējs	[vide:js]
maximaal (bn)	maksimāls	[maksima:ls]
grootste (bn)	vislielākais	[vislielǝ:kais]

26. Containers

glazen pot (de)	burka (s)	[burka]
blik (conserven~)	bundža (s)	[bundʒa]
emmer (de)	spainis (v)	[spainis]
ton (bijv. regenton)	muca (s)	[mutsa]

ronde waterbak (de)	bļoda (s)	[bļɔda]
tank (bijv. watertank-70-ltr)	tvertne (s)	[tvertne]

heupfles (de)	blašķe (s)	[blaʃtʲe]
jerrycan (de)	kanna (s)	[kanna]
tank (bijv. ketelwagen)	cisterna (s)	[tsisterna]

beker (de)	krūze (s)	[kru:ze]
kopje (het)	tase (s)	[tase]
schoteltje (het)	apakštase (s)	[apakʃtase]
glas (het)	glāze (s)	[gla:ze]
wijnglas (het)	pokāls (v)	[pɔka:ls]
steelpan (de)	kastrolis (v)	[kastrɔlis]

| fles (de) | pudele (s) | [pudɛle] |
| flessenhals (de) | kakliņš (v) | [kakliɲʃ] |

karaf (de)	karafe (s)	[karafe]
kruik (de)	krūka (s)	[kru:ka]
vat (het)	trauks (v)	[trauks]
pot (de)	pods (v)	[pɔds]
vaas (de)	vāze (s)	[va:ze]

flacon (de)	flakons (v)	[flakɔns]
flesje (het)	pudelīte (s)	[pudeli:te]
tube (bijv. ~ tandpasta)	tūbiņa (s)	[tu:biɲa]

zak (bijv. ~ aardappelen)	maiss (v)	[mais]
tasje (het)	maisiņš (v)	[maisiɲʃ]
pakje (~ sigaretten, enz.)	paciņa (s)	[patsiɲa]

doos (de)	kārba (s)	[ka:rba]
kist (de)	kastīte (s)	[kasti:te]
mand (de)	grozs (v)	[grɔzs]

27. Materialen

materiaal (het)	materiāls (v)	[materia:ls]
hout (het)	koks (v)	[kɔks]
houten (bn)	koka	[kɔka]

| glas (het) | stikls (v) | [stikls] |
| glazen (bn) | stikla | [stikla] |

| steen (de) | akmens (v) | [akmens] |
| stenen (bn) | akmeņu | [akmɛɲu] |

| plastic (het) | plastmasa (s) | [plastmasa] |
| plastic (bn) | plastmasas | [plastmasas] |

| rubber (het) | gumija (s) | [gumija] |
| rubber-, rubberen (bn) | gumijas | [gumijas] |

stof (de)	audums (v)	[audums]
van stof (bn)	auduma	[auduma]
papier (het)	papīrs (v)	[papi:rs]
papieren (bn)	papīra	[papi:ra]

karton (het)	**kartons** (v)	[kartɔns]
kartonnen (bn)	**kartona**	[kartɔna]
polyethyleen (het)	**polietilēns** (v)	[poliɛtile:ns]
cellofaan (het)	**celofāns** (v)	[tselɔfa:ns]
multiplex (het)	**finieris** (v)	[finiɛris]
porselein (het)	**porcelāns** (v)	[pɔrtsɛla:ns]
porseleinen (bn)	**porcelāna**	[pɔrtsɛla:na]
klei (de)	**māls** (v)	[ma:ls]
klei-, van klei (bn)	**māla**	[ma:la]
keramiek (de)	**keramika** (s)	[kɛramika]
keramieken (bn)	**keramikas**	[kɛramikas]

28. Metalen

metaal (het)	**metāls** (v)	[mɛta:ls]
metalen (bn)	**metāla**	[mɛta:la]
legering (de)	**sakausējums** (v)	[sakause:jums]
goud (het)	**zelts** (v)	[zelts]
gouden (bn)	**zelta**	[zelta]
zilver (het)	**sudrabs** (v)	[sudrabs]
zilveren (bn)	**sudraba**	[sudraba]
IJzer (het)	**dzelzs** (s)	[dzelzs]
IJzeren (bn)	**dzelzs**	[dzelzs]
staal (het)	**tērauds** (v)	[tɛ:rauds]
stalen (bn)	**tērauda**	[tɛ:rauda]
koper (het)	**varš** (v)	[varʃ]
koperen (bn)	**vara**	[vara]
aluminium (het)	**alumīnijs** (v)	[alumi:nijs]
aluminium (bn)	**alumīnija**	[alumi:nija]
brons (het)	**bronza** (s)	[brɔnza]
bronzen (bn)	**bronzas**	[brɔnzas]
messing (het)	**misiņš** (v)	[misiɲʃ]
nikkel (het)	**niķelis** (v)	[nit'elis]
platina (het)	**platīns** (v)	[plati:ns]
kwik (het)	**dzīvsudrabs** (v)	[dzi:vsudrabs]
tin (het)	**alva** (s)	[alva]
lood (het)	**svins** (v)	[svins]
zink (het)	**cinks** (v)	[tsinks]

MENS

Mens. Het lichaam

29. Mensen. Basisbegrippen

mens (de)	cilvēks (v)	[tsilve:ks]
man (de)	vīrietis (v)	[vi:riɛtis]
vrouw (de)	sieviete (s)	[siɛviɛte]
kind (het)	bērns (v)	[be:rns]
meisje (het)	meitene (s)	[mɛitɛne]
jongen (de)	puika (v)	[puika]
tiener, adolescent (de)	pusaudzis (v)	[pusaudzis]
oude man (de)	vecītis (v)	[vetsi:tis]
oude vrouw (de)	vecenīte (s)	[vetseni:te]

30. Menselijke anatomie

organisme (het)	organisms (v)	[ɔrganisms]
hart (het)	sirds (s)	[sirds]
bloed (het)	asins (s)	[asins]
slagader (de)	artērija (s)	[arte:rija]
ader (de)	vēna (s)	[vɛ:na]
hersenen (mv.)	smadzenes (s dsk)	[smadzɛnes]
zenuw (de)	nervs (v)	[nervs]
zenuwen (mv.)	nervi (v dsk)	[nervi]
wervel (de)	skriemelis (v)	[skriɛmelis]
ruggengraat (de)	mugurkauls (v)	[mugurkauls]
maag (de)	kuņģis (v)	[kuɲdʲis]
darmen (mv.)	zarnu trakts (v)	[zarnu trakts]
darm (de)	zarna (s)	[zarna]
lever (de)	aknas (s dsk)	[aknas]
nier (de)	niere (s)	[niɛre]
been (deel van het skelet)	kauls (v)	[kauls]
skelet (het)	skelets (v)	[skɛlets]
rib (de)	riba (s)	[riba]
schedel (de)	galvaskauss (v)	[galvaskaus]
spier (de)	muskulis (v)	[muskulis]
biceps (de)	bicepss (v)	[bitseps]
triceps (de)	tricepss (v)	[tritseps]
pees (de)	cīpsla (s)	[tsi:psla]
gewricht (het)	locītava (s)	[lɔtsi:tava]

longen (mv.)	plaušas (s dsk)	[plauʃas]
geslachtsorganen (mv.)	dzimumorgāni (v dsk)	[dzimumɔrga:ni]
huid (de)	āda (s)	[a:da]

31. Hoofd

hoofd (het)	galva (s)	[galva]
gezicht (het)	seja (s)	[seja]
neus (de)	deguns (v)	[dɛguns]
mond (de)	mute (s)	[mute]

oog (het)	acs (s)	[ats]
ogen (mv.)	acis (s dsk)	[atsis]
pupil (de)	acs zīlīte (s)	[ats zi:li:te]
wenkbrauw (de)	uzacs (s)	[uzats]
wimper (de)	skropsta (s)	[skrɔpsta]
ooglid (het)	plakstiņš (v)	[plakstiɲʃ]

tong (de)	mēle (s)	[mɛ:le]
tand (de)	zobs (v)	[zɔbs]
lippen (mv.)	lūpas (s dsk)	[lu:pas]
jukbeenderen (mv.)	vaigu kauli (v dsk)	[vaigu kauli]
tandvlees (het)	smaganas (s dsk)	[smaganas]
gehemelte (het)	aukslējas (s dsk)	[auksle:jas]

neusgaten (mv.)	nāsis (s dsk)	[na:sis]
kin (de)	zods (v)	[zɔds]
kaak (de)	žoklis (v)	[ʒɔklis]
wang (de)	vaigs (v)	[vaigs]

voorhoofd (het)	piere (s)	[piɛre]
slaap (de)	deniņi (v dsk)	[deniɲi]
oor (het)	auss (s)	[aus]
achterhoofd (het)	pakausis (v)	[pakausis]
hals (de)	kakls (v)	[kakls]
keel (de)	rīkle (s)	[ri:kle]

haren (mv.)	mati (v dsk)	[mati]
kapsel (het)	frizūra (s)	[frizu:ra]
haarsnit (de)	matu griezums (v)	[matu griɛzums]
pruik (de)	parūka (s)	[paru:ka]

snor (de)	ūsas (s dsk)	[u:sas]
baard (de)	bārda (s)	[ba:rda]
dragen (een baard, enz.)	ir	[ir]
vlecht (de)	bize (s)	[bize]
bakkebaarden (mv.)	vaigubārda (s)	[vaiguba:rda]

ros (roodachtig, rossig)	ruds	[ruds]
grijs (~ haar)	sirms	[sirms]
kaal (bn)	plikgalvains	[plikgalvains]
kale plek (de)	plika galva (s)	[plika galva]
paardenstaart (de)	zirgaste (s)	[zirgaste]
pony (de)	mati uz pieres (v)	[mati uz piɛres]

32. Menselijk lichaam

hand (de)	delna (s)	[delna]
arm (de)	roka (s)	[rɔka]

vinger (de)	pirksts (v)	[pirksts]
teen (de)	kājas īkšķis (v)	[ka:jas i:kʃtʲis]
duim (de)	īkšķis (v)	[i:kʃtʲis]
pink (de)	mazais pirkstiņš (v)	[mazais pirkstiɲʃ]
nagel (de)	nags (v)	[nags]

vuist (de)	dūre (s)	[du:re]
handpalm (de)	plauksta (s)	[plauksta]
pols (de)	plaukstas locītava (s)	[plaukstas lɔtsi:tava]
voorarm (de)	apakšdelms (v)	[apakʃdelms]
elleboog (de)	elkonis (v)	[elkɔnis]
schouder (de)	augšdelms (v)	[augʃdelms]

been (rechter ~)	kāja (s)	[ka:ja]
voet (de)	pēda (s)	[pɛ:da]
knie (de)	celis (v)	[tselis]
kuit (de)	apakšstilbs (v)	[apakʃstilbs]
heup (de)	gurns (v)	[gurns]
hiel (de)	papēdis (v)	[pape:dis]

lichaam (het)	ķermenis (v)	[tʲermenis]
buik (de)	vēders (v)	[vɛ:dɛrs]
borst (de)	krūškurvis (v)	[kru:ʃkurvis]
borst (de)	krūts (s)	[kru:ts]
zijde (de)	sāns (v)	[sa:ns]
rug (de)	mugura (s)	[mugura]
lage rug (de)	krusti (v dsk)	[krusti]
taille (de)	viduklis (v)	[viduklis]

navel (de)	naba (s)	[naba]
billen (mv.)	gūžas (s dsk)	[gu:ʒas]
achterwerk (het)	dibens (v)	[dibens]

huidvlek (de)	dzimumzīme (s)	[dzimumzi:me]
moedervlek (de)	dzimumzīme (s)	[dzimumzi:me]
tatoeage (de)	tetovējums (v)	[tetɔve:jums]
litteken (het)	rēta (s)	[rɛ:ta]

Kleding en accessoires

33. Bovenkleding. Jassen

kleren (mv.), kleding (de)	apģērbs (v)	[apd'e:rbs]
bovenkleding (de)	virsdrēbes (s dsk)	[virsdrɛ:bes]
winterkleding (de)	ziemas drēbes (s dsk)	[ziɛmas drɛ:bes]
jas (de)	mētelis (v)	[mɛ:telis]
bontjas (de)	kažoks (v)	[kaʒɔks]
bontjasje (het)	puskažoks (v)	[puskaʒɔks]
donzen jas (de)	dūnu mētelis (v)	[du:nu mɛ:telis]
jasje (bijv. een leren ~)	jaka (s)	[jaka]
regenjas (de)	apmetnis (v)	[apmetnis]
waterdicht (bn)	ūdensnecaurlaidīgs	[u:densnetsaurlaidi:gs]

34. Heren & dames kleding

overhemd (het)	krekls (v)	[krekls]
broek (de)	bikses (s dsk)	[bikses]
jeans (de)	džinsi (v dsk)	[dʒinsi]
colbert (de)	žakete (s)	[ʒakɛte]
kostuum (het)	uzvalks (v)	[uzvalks]
jurk (de)	kleita (s)	[klɛita]
rok (de)	svārki (v dsk)	[sva:rki]
blouse (de)	blūze (s)	[blu:ze]
wollen vest (de)	vilnaina jaka (s)	[vilnaina jaka]
blazer (kort jasje)	žakete (s)	[ʒakɛte]
T-shirt (het)	sporta krekls (v)	[sporta krekls]
shorts (mv.)	šorti (v dsk)	[ʃɔrtɪ]
trainingspak (het)	sporta tērps (v)	[sporta te:rps]
badjas (de)	halāts (v)	[xala:ts]
pyjama (de)	pidžama (s)	[pidʒama]
sweater (de)	svīteris (v)	[svi:teris]
pullover (de)	pulovers (v)	[pulɔvɛrs]
gilet (het)	veste (s)	[veste]
rokkostuum (het)	fraka (s)	[fraka]
smoking (de)	smokings (v)	[smɔkiŋs]
uniform (het)	uniforma (s)	[uniforma]
werkkleding (de)	darba apģērbs (v)	[darba apd'e:rbs]
overall (de)	kombinezons (v)	[kɔmbinezɔns]
doktersjas (de)	halāts (v)	[xala:ts]

35. Kleding. Ondergoed

ondergoed (het)	veļa (s)	[vɛlʲa]
herenslip (de)	bokseršorti (v dsk)	[bɔksɛrʃɔrti]
slipjes (mv.)	biksītes (s dsk)	[biksi:tes]
onderhemd (het)	apakškrekls (v)	[apakʃkrekls]
sokken (mv.)	zeķes (s dsk)	[zɛtʲes]

nachthemd (het)	naktskrekls (v)	[naktskrekls]
beha (de)	krūšturis (v)	[kru:ʃturis]
kniekousen (mv.)	pusgarās zeķes (s dsk)	[pusgara:s zɛtʲes]
panty (de)	zeķubikses (s dsk)	[zɛtʲubikses]
nylonkousen (mv.)	sieviešu zeķes (s dsk)	[siɛviɛʃu zɛtʲes]
badpak (het)	peldkostīms (v)	[peldkɔsti:ms]

36. Hoofddeksels

hoed (de)	cepure (s)	[tsɛpure]
deukhoed (de)	platmale (s)	[platmale]
honkbalpet (de)	beisbola cepure (s)	[bɛisbola tsɛpure]
kleppet (de)	žokejcepure (s)	[ʒɔkejtsɛpure]

baret (de)	berete (s)	[bɛrɛte]
kap (de)	kapuce (s)	[kaputse]
panamahoed (de)	panama (s)	[panama]
gebreide muts (de)	adīta cepurīte (s)	[adi:ta tsɛpuri:te]

hoofddoek (de)	lakats (v)	[lakats]
dameshoed (de)	cepurīte (s)	[tsɛpuri:te]

veiligheidshelm (de)	ķivere (s)	[tʲivɛre]
veldmuts (de)	laiviņa (s)	[laiviņa]
helm, valhelm (de)	bruņu cepure (s)	[bruɲu tsɛpure]

bolhoed (de)	katliņš (v)	[katliɲʃ]
hoge hoed (de)	cilindrs (v)	[tsilindrs]

37. Schoeisel

schoeisel (het)	apavi (v dsk)	[apavi]
schoenen (mv.)	puszābaki (v dsk)	[pusza:baki]
vrouwenschoenen (mv.)	kurpes (s dsk)	[kurpes]
laarzen (mv.)	zābaki (v dsk)	[za:baki]
pantoffels (mv.)	čības (s dsk)	[tʃi:bas]

sportschoenen (mv.)	sporta kurpes (s dsk)	[spɔrta kurpes]
sneakers (mv.)	kedas (s dsk)	[kɛdas]
sandalen (mv.)	sandales (s dsk)	[sandales]

schoenlapper (de)	kurpnieks (v)	[kurpniɛks]
hiel (de)	papēdis (v)	[pape:dis]

paar (een ~ schoenen)	pāris (v)	[pa:ris]
veter (de)	aukla (s)	[aukla]
rijgen (schoenen ~)	saitēt	[saite:t]
schoenlepel (de)	kurpju velkamais (v)	[kurpju velkamais]
schoensmeer (de/het)	apavu krēms (v)	[apavu kre:ms]

38. Textiel. Weefsel

katoen (de/het)	kokvilna (s)	[kɔkvilna]
katoenen (bn)	kokvilnas	[kɔkvilnas]
vlas (het)	lini (v dsk)	[lini]
vlas-, van vlas (bn)	lina	[lina]

zijde (de)	zīds (v)	[zi:ds]
zijden (bn)	zīda	[zi:da]
wol (de)	vilna (s)	[vilna]
wollen (bn)	vilnas	[vilnas]

fluweel (het)	samts (v)	[samts]
suède (de)	zamšāda (s)	[zamʃa:da]
ribfluweel (het)	velvets (v)	[velvets]

nylon (de/het)	neilons (v)	[nɛilɔns]
nylon-, van nylon (bn)	neilona	[nɛilɔna]
polyester (het)	poliesteris (v)	[poliɛsteris]
polyester- (abn)	poliestera	[poliɛstɛra]

leer (het)	āda (s)	[a:da]
leren (van leer gemaak)	no ādas	[nɔ a:das]
bont (het)	kažokāda (s)	[kaʒɔka:da]
bont- (abn)	kažokādas	[kaʒɔka:das]

39. Persoonlijke accessoires

handschoenen (mv.)	cimdi (v dsk)	[tsimdi]
wanten (mv.)	dūraiņi (v dsk)	[du:raiɲi]
sjaal (fleece ~)	šalle (s)	[ʃalle]

bril (de)	brilles (s dsk)	[brilles]
brilmontuur (het)	ietvars (v)	[iɛtvars]
paraplu (de)	lietussargs (v)	[liɛtusargs]
wandelstok (de)	spieķis (v)	[spiɛtʲis]
haarborstel (de)	matu suka (s)	[matu suka]
waaier (de)	vēdeklis (v)	[vɛ:deklis]

das (de)	kaklasaite (s)	[kaklasaite]
strikje (het)	tauriņš (v)	[tauriɲʃ]
bretels (mv.)	bikšturi (v dsk)	[bikʃturi]
zakdoek (de)	kabatlakatiņš (v)	[kabatlakatiɲʃ]

kam (de)	ķemme (s)	[tʲemme]
haarspeldje (het)	matu sprādze (s)	[matu spra:dze]

schuifspeldje (het)	matadata (s)	[matadata]
gesp (de)	sprādze (s)	[spra:dze]
broekriem (de)	josta (s)	[jɔsta]
draagriem (de)	siksna (s)	[siksna]
handtas (de)	soma (s)	[sɔma]
damestas (de)	somiņa (s)	[sɔmiɲa]
rugzak (de)	mugursoma (s)	[mugursɔma]

40. Kleding. Diversen

mode (de)	mode (s)	[mɔde]
de mode (bn)	moderns	[mɔderns]
kledingstilist (de)	modelētājs (v)	[mɔdɛlɛ:ta:js]
kraag (de)	apkakle (s)	[apkakle]
zak (de)	kabata (s)	[kabata]
zak- (abn)	kabatas	[kabatas]
mouw (de)	piedurkne (s)	[piɛdurkne]
lusje (het)	pakaramais (v)	[pakaramais]
gulp (de)	bikšu priekša	[bikʃu priɛkʃa]
rits (de)	rāvējslēdzējs (v)	[ra:ve:jsle:dze:js]
sluiting (de)	aizdare (s)	[aizdare]
knoop (de)	poga (s)	[pɔga]
knoopsgat (het)	pogcaurums (v)	[pɔgtsaurums]
losraken (bijv. knopen)	atrauties	[atrautiɛs]
naaien (kleren, enz.)	šūt	[ʃu:t]
borduren (ww)	izšūt	[izʃu:t]
borduursel (het)	izšūšana (s)	[izʃu:ʃana]
naald (de)	adata (s)	[adata]
draad (de)	diegs (v)	[diɛgs]
naad (de)	šuve (s)	[ʃuve]
vies worden (ww)	notraipīties	[nɔtraipi:tiɛs]
vlek (de)	traips (v)	[traips]
gekreukt raken (ov. kleren)	saburzīties	[saburzi:tiɛs]
scheuren (ov.ww.)	saplēst	[saple:st]
mot (de)	kode (s)	[kɔde]

41. Persoonlijke verzorging. Schoonheidsmiddelen

tandpasta (de)	zobu pasta (s)	[zɔbu pasta]
tandenborstel (de)	zobu suka (s)	[zɔbu suka]
tanden poetsen (ww)	tīrīt zobus	[ti:ri:t zɔbus]
scheermes (het)	skuveklis (v)	[skuveklis]
scheerschuim (het)	skūšanas krēms (v)	[sku:ʃanas kre:ms]
zich scheren (ww)	skūties	[sku:tiɛs]
zeep (de)	ziepes (s dsk)	[ziɛpes]

shampoo (de)	šampūns (v)	[ʃampu:ns]
schaar (de)	šķēres (s dsk)	[ʃtʲɛ:res]
nagelvijl (de)	nagu vīlīte (s)	[nagu vi:li:te]
nagelknipper (de)	knaiblītes (s dsk)	[knaibli:tes]
pincet (het)	pincete (s)	[pintsɛte]

cosmetica (de)	kosmētika (s)	[kɔsme:tika]
masker (het)	maska (s)	[maska]
manicure (de)	manikīrs (v)	[maniki:rs]
manicure doen	taisīt manikīru	[taisi:t maniki:ru]
pedicure (de)	pedikīrs (v)	[pediki:rs]

cosmetica tasje (het)	kosmētikas somiņa (s)	[kɔsme:tikas sɔmiɲa]
poeder (de/het)	pūderis (v)	[pu:deris]
poederdoos (de)	pūdernīca (s)	[pu:derni:tsa]
rouge (de)	vaigu sārtums (v)	[vaigu sa:rtums]

parfum (de/het)	smaržas (s dsk)	[smarʒas]
eau de toilet (de)	tualetes ūdens (v)	[tualɛtes u:dens]
lotion (de)	losjons (v)	[lɔsjɔns]
eau de cologne (de)	odekolons (v)	[ɔdekɔlɔns]

oogschaduw (de)	acu ēnas (s dsk)	[atsu ɛ:nas]
oogpotlood (het)	acu zīmulis (v)	[atsu zi:mulis]
mascara (de)	skropstu tuša (s)	[skrɔpstu tuʃa]

lippenstift (de)	lūpu krāsa (s)	[lu:pu kra:sa]
nagellak (de)	nagu laka (s)	[nagu laka]
haarlak (de)	matu laka (s)	[matu laka]
deodorant (de)	dezodorants (v)	[dezɔdɔrants]

crème (de)	krēms (v)	[kre:ms]
gezichtscrème (de)	sejas krēms (v)	[sejas kre:ms]
handcrème (de)	rokas krēms (v)	[rɔkas kre:ms]
antirimpelcrème (de)	pretgrumbu krēms (v)	[pretgrumbu kre:ms]
dagcrème (de)	dienas krēms (v)	[diɛnas kre:ms]
nachtcrème (de)	nakts krēms (v)	[nakts kre:ms]
dag- (abn)	dienas	[diɛnas]
nacht- (abn)	nakts	[nakts]

tampon (de)	tampons (v)	[tampɔns]
toiletpapier (het)	tualetes papīrs (v)	[tualɛtes papi:rs]
föhn (de)	fēns (v)	[fe:ns]

42. Juwelen

sieraden (mv.)	dārglietas (s dsk)	[da:rgliɛtas]
edel (bijv. ~ stenen)	dārgs	[da:rgs]
keurmerk (het)	prove (s)	[prɔve]

ring (de)	gredzens (v)	[gredzens]
trouwring (de)	laulības gredzens (v)	[lauli:bas gredzens]
armband (de)	aproce (s)	[aprɔtse]
oorringen (mv.)	auskari (v dsk)	[auskari]

halssnoer (het)	kaklarota (s)	[kaklarɔta]
kroon (de)	kronis (v)	[krɔnis]
kralen snoer (het)	krelles (s dsk)	[krelles]

diamant (de)	briljants (v)	[briljants]
smaragd (de)	smaragds (v)	[smaragds]
robijn (de)	rubīns (v)	[rubi:ns]
saffier (de)	safīrs (v)	[safi:rs]
parel (de)	pērles (s dsk)	[pe:rles]
barnsteen (de)	dzintars (v)	[dzintars]

43. Horloges. Klokken

polshorloge (het)	rokas pulkstenis (v)	[rɔkas pulkstenis]
wijzerplaat (de)	ciparnīca (s)	[tsiparni:tsa]
wijzer (de)	bultiņa (s)	[bultiɲa]
metalen horlogeband (de)	metāla siksniņa (s)	[mɛta:la siksniɲa]
horlogebandje (het)	siksniņa (s)	[siksniɲa]

batterij (de)	baterija (s)	[baterija]
leeg zijn (ww)	izlādēties	[izla:de:tiɛs]
batterij vervangen	nomainīt bateriju	[nɔmaini:t bateriju]
voorlopen (ww)	steigties	[stɛigtiɛs]
achterlopen (ww)	atpalikt	[atpalikt]

wandklok (de)	sienas pulkstenis (v)	[siɛnas pulkstenis]
zandloper (de)	smilšu pulkstenis (v)	[smilʃu pulkstenis]
zonnewijzer (de)	saules pulkstenis (v)	[saules pulkstenis]
wekker (de)	modinātājs (v)	[mɔdina:ta:js]
horlogemaker (de)	pulksteņmeistars (v)	[pulksteɲmɛistars]
repareren (ww)	remontēt	[remɔnte:t]

Voedsel. Voeding

44. Voedsel

vlees (het)	gaļa (s)	[gaļa]
kip (de)	vista (s)	[vista]
kuiken (het)	cālis (v)	[tsa:lis]
eend (de)	pīle (s)	[pi:le]
gans (de)	zoss (s)	[zɔs]
wild (het)	medījums (v)	[medi:jums]
kalkoen (de)	tītars (v)	[ti:tars]

varkensvlees (het)	cūkgaļa (s)	[tsu:kgaļa]
kalfsvlees (het)	teļa gaļa (s)	[tɛļa gaļa]
schapenvlees (het)	jēra gaļa (s)	[je:ra gaļa]
rundvlees (het)	liellopu gaļa (s)	[liɛllɔpu gaļa]
konijnenvlees (het)	trusis (v)	[trusis]

worst (de)	desa (s)	[dɛsa]
saucijs (de)	cīsiņš (v)	[tsi:siɲʃ]
spek (het)	bekons (v)	[bekɔns]
ham (de)	šķiņķis (v)	[ʃtʲiɲtʲis]
gerookte achterham (de)	šķiņķis (v)	[ʃtʲiɲtʲis]

paté, pastei (de)	pastēte (s)	[pastɛ:te]
lever (de)	aknas (s dsk)	[aknas]
gehakt (het)	malta gaļa (s)	[malta gaļa]
tong (de)	mēle (s)	[mɛ:le]

ei (het)	ola (s)	[ɔla]
eieren (mv.)	olas (s dsk)	[ɔlas]
eiwit (het)	baltums (v)	[baltums]
eigeel (het)	dzeltenums (v)	[dzeltenums]

vis (de)	zivs (s)	[zɪvs]
zeevruchten (mv.)	jūras produkti (v dsk)	[ju:ras prɔdukti]
schaaldieren (mv.)	vēžveidīgie (v dsk)	[ve:ʒvɛidi:giɛ]
kaviaar (de)	ikri (v dsk)	[ikri]

krab (de)	krabis (v)	[krabis]
garnaal (de)	garnele (s)	[garnɛle]
oester (de)	austere (s)	[austɛre]
langoest (de)	langusts (v)	[laŋgusts]
octopus (de)	astoņkājis (v)	[astɔɲka:jis]
inktvis (de)	kalmārs (v)	[kalma:rs]

steur (de)	store (s)	[stɔre]
zalm (de)	lasis (v)	[lasis]
heilbot (de)	āte (s)	[a:te]
kabeljauw (de)	menca (s)	[mentsa]

makreel (de)	skumbrija (s)	[skumbrija]
tonijn (de)	tuncis (v)	[tuntsis]
paling (de)	zutis (v)	[zutis]

forel (de)	forele (s)	[forɛle]
sardine (de)	sardīne (s)	[sardi:ne]
snoek (de)	līdaka (s)	[li:daka]
haring (de)	siļķe (s)	[siļʲtʲe]

brood (het)	maize (s)	[maize]
kaas (de)	siers (v)	[siɛrs]
suiker (de)	cukurs (v)	[tsukurs]
zout (het)	sāls (v)	[sa:ls]

rijst (de)	rīsi (v dsk)	[ri:si]
pasta (de)	makaroni (v dsk)	[makarɔni]
noedels (mv.)	nūdeles (s dsk)	[nu:dɛles]

boter (de)	sviests (v)	[sviɛsts]
plantaardige olie (de)	augu eļļa (s)	[augu eļʲa]
zonnebloemolie (de)	saulespuķu eļļa (s)	[saulesputʲu eļʲa]
margarine (de)	margarīns (v)	[margari:ns]

| olijven (mv.) | olīvas (s dsk) | [ɔli:vas] |
| olijfolie (de) | olīveļļa (s) | [ɔli:veļʲa] |

melk (de)	piens (v)	[piɛns]
gecondenseerde melk (de)	kondensētais piens (v)	[kɔndensɛ:tais piɛns]
yoghurt (de)	jogurts (v)	[jɔgurts]
zure room (de)	krējums (v)	[kre:jums]
room (de)	salds krējums (v)	[salds kre:jums]

| mayonaise (de) | majonēze (s) | [majɔnɛ:ze] |
| crème (de) | krēms (v) | [kre:ms] |

graan (het)	putraimi (v dsk)	[putraimi]
meel (het), bloem (de)	milti (v dsk)	[milti]
conserven (mv.)	konservi (v dsk)	[kɔnservi]

maïsvlokken (mv.)	kukurūzas pārslas (s dsk)	[kukuru:zas pa:rslas]
honing (de)	medus (v)	[mɛdus]
jam (de)	džems, ievārījums (v)	[dʒems], [iɛva:ri:jums]
kauwgom (de)	košļājamā gumija (s)	[kɔʃlʲa:jama: gumija]

45. Drankjes

water (het)	ūdens (v)	[u:dens]
drinkwater (het)	dzeramais ūdens (v)	[dzɛramais u:dens]
mineraalwater (het)	minerālūdens (v)	[minɛra:lu:dens]

zonder gas	negāzēts	[nɛga:ze:ts]
koolzuurhoudend (bn)	gāzēts	[ga:ze:ts]
bruisend (bn)	dzirkstošs	[dzirkstɔʃs]
IJs (het)	ledus (v)	[lɛdus]

met ijs	ar ledu	[ar lɛdu]
alcohol vrij (bn)	bezalkoholisks	[bɛzalkɔxɔlisks]
alcohol vrije drank (de)	bezalkoholiskais dzēriens (v)	[bɛzalkɔxɔliskais dze:riɛns]
frisdrank (de)	atspirdzinošs dzēriens (v)	[atspirdzinɔʃs dze:riɛns]
limonade (de)	limonāde (s)	[limɔna:de]

alcoholische dranken (mv.)	alkoholiskie dzērieni (v dsk)	[alkɔxɔliskiɛ dze:riɛni]
wijn (de)	vīns (v)	[vi:ns]
witte wijn (de)	baltvīns (v)	[baltvi:ns]
rode wijn (de)	sarkanvīns (v)	[sarkanvi:ns]

likeur (de)	liķieris (v)	[litʲiɛris]
champagne (de)	šampanietis (v)	[ʃampaniɛtis]
vermout (de)	vermuts (v)	[vermuts]

whisky (de)	viskijs (v)	[viskijs]
wodka (de)	degvīns (v)	[degvi:ns]
gin (de)	džins (v)	[dʒins]
cognac (de)	konjaks (v)	[kɔnjaks]
rum (de)	rums (v)	[rums]

koffie (de)	kafija (s)	[kafija]
zwarte koffie (de)	melnā kafija (s)	[melna: kafija]
koffie (de) met melk	kafija (s) ar pienu	[kafija ar piɛnu]
cappuccino (de)	kapučīno (v)	[kaputʃi:nɔ]
oploskoffie (de)	šķīstošā kafija (s)	[ʃtʲi:stɔʃa: kafija]

melk (de)	piens (v)	[piɛns]
cocktail (de)	kokteilis (v)	[kɔktɛilis]
milkshake (de)	piena kokteilis (v)	[piɛna kɔktɛilis]

sap (het)	sula (s)	[sula]
tomatensap (het)	tomātu sula (s)	[tɔma:tu sula]
sinaasappelsap (het)	apelsīnu sula (s)	[apɛlsi:nu sula]
vers geperst sap (het)	svaigi spiesta sula (s)	[svaigi spiɛsta sula]

bier (het)	alus (v)	[alus]
licht bier (het)	gaišais alus (v)	[gaiʃais alus]
donker bier (het)	tumšais alus (v)	[tumʃais alus]

thee (de)	tēja (s)	[te:ja]
zwarte thee (de)	melnā tēja (s)	[melna: te:ja]
groene thee (de)	zaļā tēja (s)	[zalʲa: te:ja]

46. Groenten

groenten (mv.)	dārzeņi (v dsk)	[da:rzeɲi]
verse kruiden (mv.)	zaļumi (v dsk)	[zalʲumi]

tomaat (de)	tomāts (v)	[tɔma:ts]
augurk (de)	gurķis (v)	[gurtʲis]
wortel (de)	burkāns (v)	[burka:ns]
aardappel (de)	kartupelis (v)	[kartupelis]

HERE

ui (de)	sīpols (v)	[si:pɔls]
knoflook (de)	ķiploks (v)	[tʲiplɔks]

kool (de)	kāposti (v dsk)	[ka:posti]
bloemkool (de)	puķkāposti (v dsk)	[putʲka:posti]
spruitkool (de)	Briseles kāposti (v dsk)	[brisɛles ka:posti]
broccoli (de)	brokolis (v)	[brɔkɔlis]

rode biet (de)	biete (s)	[biɛte]
aubergine (de)	baklažāns (v)	[baklaʒa:ns]
courgette (de)	kabacis (v)	[kabatsis]
pompoen (de)	ķirbis (v)	[tʲirbis]
raap (de)	rācenis (v)	[ra:tsenis]

peterselie (de)	pētersīlis (v)	[pɛ:tɛrsi:lis]
dille (de)	dilles (s dsk)	[dilles]
sla (de)	dārza salāti (v dsk)	[da:rza sala:ti]
selderij (de)	selerija (s)	[sɛlerija]
asperge (de)	sparģelis (v)	[spardʲelis]
spinazie (de)	spināti (v dsk)	[spina:ti]

erwt (de)	zirnis (v)	[zirnis]
bonen (mv.)	pupas (s dsk)	[pupas]
maïs (de)	kukurūza (s)	[kukuru:za]
boon (de)	pupiņas (s dsk)	[pupiɲas]

peper (de)	graudu pipars (v)	[graudu pipars]
radijs (de)	redīss (v)	[redi:s]
artisjok (de)	artišoks (v)	[artiʃɔks]

47. Vruchten. Noten

vrucht (de)	auglis (v)	[auglis]
appel (de)	ābols (v)	[a:bols]
peer (de)	bumbieris (v)	[bumbiɛris]
citroen (de)	citrons (v)	[tsitrons]
sinaasappel (de)	apelsīns (v)	[apɛlsi:ns]
aardbei (de)	zemene (s)	[zɛmɛne]

mandarijn (de)	mandarīns (v)	[mandari:ns]
pruim (de)	plūme (s)	[plu:me]
perzik (de)	persiks (v)	[pɛrsiks]
abrikoos (de)	aprikoze (s)	[aprikɔze]
framboos (de)	avene (s)	[avɛne]
ananas (de)	ananāss (v)	[anana:s]

banaan (de)	banāns (v)	[bana:ns]
watermeloen (de)	arbūzs (v)	[arbu:zs]
druif (de)	vīnoga (s)	[vi:nɔga]
zure kers (de)	skābais ķirsis (v)	[ska:bais tʲirsis]
zoete kers (de)	saldais ķirsis (v)	[saldais tʲirsis]
meloen (de)	melone (s)	[melɔne]
grapefruit (de)	greipfrūts (v)	[grɛipfru:ts]
avocado (de)	avokado (v)	[avɔkadɔ]

papaja (de)	papaija (s)	[papaija]
mango (de)	mango (v)	[maŋgɔ]
granaatappel (de)	granātābols (v)	[grana:ta:bɔls]

rode bes (de)	sarkanā jāņoga (s)	[sarkana: ja:ɲɔga]
zwarte bes (de)	upene (s)	[upɛne]
kruisbes (de)	ērkšķoga (s)	[e:rkʃtʲɔga]
bosbes (de)	mellene (s)	[mellɛne]
braambes (de)	kazene (s)	[kazɛne]

rozijn (de)	rozīne (s)	[rɔzi:ne]
vijg (de)	vīģe (s)	[vi:dʲe]
dadel (de)	datele (s)	[datɛle]

pinda (de)	zemesrieksts (v)	[zɛmesriɛksts]
amandel (de)	mandeles (s dsk)	[mandɛles]
walnoot (de)	valrieksts (v)	[valriɛksts]
hazelnoot (de)	lazdu rieksts (v)	[lazdu riɛksts]
kokosnoot (de)	kokosrieksts (v)	[kɔkɔsriɛksts]
pistaches (mv.)	pistācijas (s dsk)	[pista:tsijas]

48. Brood. Snoep

suikerbakkerij (de)	konditorejas izstrādājumi (v dsk)	[kɔnditɔrejas izstra:da:jumi]
brood (het)	maize (s)	[maize]
koekje (het)	cepumi (v dsk)	[tsɛpumi]

chocolade (de)	šokolāde (s)	[ʃɔkɔla:de]
chocolade- (abn)	šokolādes	[ʃɔkɔla:des]
snoepje (het)	konfekte (s)	[kɔnfekte]
cakeje (het)	kūka (s)	[ku:ka]
taart (bijv. verjaardags~)	torte (s)	[tɔrte]

pastei (de)	pīrāgs (v)	[pi:ra:gs]
vulling (de)	pildījums (v)	[pildi:jums]

confituur (de)	ievārījums (v)	[iɛva:ri:jums]
marmelade (de)	marmelāde (s)	[marmɛla:de]
wafel (de)	vafeles (s dsk)	[vafɛles]
IJsje (het)	saldējums (v)	[salde:jums]
pudding (de)	pudiņš (v)	[pudiɲʃ]

49. Bereide gerechten

gerecht (het)	ēdiens (v)	[e:diɛns]
keuken (bijv. Franse ~)	virtuve (s)	[virtuve]
recept (het)	recepte (s)	[retsepte]
portie (de)	porcija (s)	[pɔrtsija]

salade (de)	salāti (v dsk)	[sala:ti]
soep (de)	zupa (s)	[zupa]

bouillon (de)	buljons (v)	[buljɔns]
boterham (de)	sviestmaize (s)	[sviɛstmaize]
spiegelei (het)	ceptas olas (s dsk)	[tseptas ɔlas]

hamburger (de)	hamburgers (v)	[xamburgɛrs]
biefstuk (de)	bifšteks (v)	[bifʃteks]

garnering (de)	piedeva (s)	[piɛdɛva]
spaghetti (de)	spageti (v dsk)	[spageti]
aardappelpuree (de)	kartupeļu biezenis (v)	[kartupɛlʲu biɛzenis]
pizza (de)	pica (s)	[pitsa]
pap (de)	biezputra (s)	[biɛzputra]
omelet (de)	omlete (s)	[ɔmlɛte]

gekookt (in water)	vārīts	[va:ri:ts]
gerookt (bn)	kūpināts	[ku:pina:ts]
gebakken (bn)	cepts	[tsepts]
gedroogd (bn)	žāvēts	[ʒa:ve:ts]
diepvries (bn)	sasaldēts	[sasalde:ts]
gemarineerd (bn)	marinēts	[marine:ts]

zoet (bn)	salds	[salds]
gezouten (bn)	sāļš	[sa:lʲʃ]
koud (bn)	auksts	[auksts]
heet (bn)	karsts	[karsts]
bitter (bn)	rūgts	[ru:gts]
lekker (bn)	garšīgs	[garʃi:gs]

koken (in kokend water)	vārīt	[va:ri:t]
bereiden (avondmaaltijd ~)	gatavot	[gatavɔt]
bakken (ww)	cept	[tsept]
opwarmen (ww)	uzsildīt	[uzsildi:t]

zouten (ww)	piebērt sāli	[piɛbe:rt sa:li]
peperen (ww)	piparot	[piparɔt]
raspen (ww)	rīvēt	[ri:ve:t]
schil (de)	miza (s)	[miza]
schillen (ww)	mizot	[mizɔt]

50. Kruiden

zout (het)	sāls (v)	[sa:ls]
gezouten (bn)	sāļš	[sa:lʲʃ]
zouten (ww)	piebērt sāli	[piɛbe:rt sa:li]

zwarte peper (de)	melnie pipari (v dsk)	[melniɛ pipari]
rode peper (de)	paprika (s)	[paprika]
mosterd (de)	sinepes (s dsk)	[sinɛpes]
mierikswortel (de)	mārrutki (v dsk)	[ma:rrutki]

condiment (het)	piedeva (s)	[piɛdɛva]
specerij , kruiderij (de)	garšviela (s)	[garʃviɛla]
saus (de)	mērce (s)	[me:rtse]
azijn (de)	etiķis (v)	[ɛtitʲis]

anijs (de)	anīss (v)	[aniːs]
basilicum (de)	baziliks (v)	[baziliks]
kruidnagel (de)	krustnagliņas (s dsk)	[krustnagliɲas]
gember (de)	ingvers (v)	[iŋgvɛrs]
koriander (de)	koriandrs (v)	[kɔriandrs]
kaneel (de/het)	kanēlis (v)	[kaneːlis]

sesamzaad (het)	sezams (v)	[sɛzams]
laurierblad (het)	lauru lapa (s)	[lauru lapa]
paprika (de)	paprika (s)	[paprika]
komijn (de)	ķimenes (s dsk)	[tʲimɛnes]
saffraan (de)	safrāns (v)	[safraːns]

51. Maaltijden

eten (het)	ēdiens (v)	[eːdiɛns]
eten (ww)	ēst	[ɛːst]

ontbijt (het)	brokastis (s dsk)	[brɔkastis]
ontbijten (ww)	brokastot	[brɔkastɔt]
lunch (de)	pusdienas (s dsk)	[pusdiɛnas]
lunchen (ww)	pusdienot	[pusdiɛnɔt]
avondeten (het)	vakariņas (s dsk)	[vakariɲas]
souperen (ww)	vakariņot	[vakariɲɔt]

eetlust (de)	apetīte (s)	[apetiːte]
Eet smakelijk!	Labu apetīti!	[labu apetiːti!]

openen (een fles ~)	atvērt	[atveːrt]
morsen (koffie, enz.)	izliet	[izliɛt]
zijn gemorst	izlieties	[izliɛtiɛs]

koken (water kookt bij 100°C)	vārīties	[vaːriːtiɛs]
koken (Hoe om water te ~)	vārīt	[vaːriːt]
gekookt (~ water)	vārīts	[vaːriːts]
afkoelen (koeler maken)	atdzesēt	[atdzɛseːt]
afkoelen (koeler worden)	atdzesēties	[atdzɛseːtiɛs]

smaak (de)	garša (s)	[garʃa]
nasmaak (de)	piegarša (s)	[piɛgarʃa]

volgen een dieet	tievēt	[tiɛveːt]
dieet (het)	diēta (s)	[diɛːta]
vitamine (de)	vitamīns (v)	[vitamiːns]
calorie (de)	kalorija (s)	[kalɔrija]
vegetariër (de)	veģetārietis (v)	[vɛdʲɛtaːriɛtis]
vegetarisch (bn)	veģetāriešu	[vɛdʲɛtaːriɛʃu]

vetten (mv.)	tauki (v dsk)	[tauki]
eiwitten (mv.)	olbaltumvielas (s dsk)	[ɔlbaltumviɛlas]
koolhydraten (mv.)	ogļhidrāti (v dsk)	[ɔglʲxidraːti]
snede (de)	šķēlīte (s)	[ʃtʲeːliːte]
stuk (bijv. een ~ taart)	gabals (v)	[gabals]
kruimel (de)	gabaliņš (v)	[gabaliɲʃ]

52. Tafelschikking

lepel (de)	karote (s)	[karɔte]
mes (het)	nazis (v)	[nazis]
vork (de)	dakša (s)	[dakʃa]

kopje (het)	tase (s)	[tase]
bord (het)	šķīvis (v)	[ʃtʲiːvis]
schoteltje (het)	apakštase (s)	[apakʃtase]
servet (het)	salvete (s)	[salvɛte]
tandenstoker (de)	zobu bakstāmais (v)	[zɔbu bakstaːmais]

53. Restaurant

restaurant (het)	restorāns (v)	[restɔraːns]
koffiehuis (het)	kafejnīca (s)	[kafejniːtsa]
bar (de)	bārs (v)	[baːrs]
tearoom (de)	tēju nams (v)	[teːju nams]

kelner, ober (de)	oficiants (v)	[ɔfitsiants]
serveerster (de)	oficiante (s)	[ɔfitsiante]
barman (de)	bārmenis (v)	[baːrmenis]

menu (het)	ēdienkarte (s)	[eːdiɛnkarte]
wijnkaart (de)	vīnu karte (s)	[viːnu karte]
een tafel reserveren	rezervēt galdiņu	[rɛzerveːt galdiɲu]

gerecht (het)	ēdiens (v)	[eːdiɛns]
bestellen (eten ~)	pasūtīt	[pasuːtiːt]
een bestelling maken	pasūtīt	[pasuːtiːt]

aperitief (de/het)	aperitīvs (v)	[aperitiːvs]
voorgerecht (het)	uzkožamais (v)	[uzkɔʒamais]
dessert (het)	deserts (v)	[dɛserts]

rekening (de)	rēķins (v)	[reːtʲins]
de rekening betalen	samaksāt rēķinu	[samaksaːt reːtʲinu]
wisselgeld teruggeven	iedot atlikumu	[iɛdɔt atlikumu]
fooi (de)	dzeramnauda (s)	[dzɛramnauda]

Familie, verwanten en vrienden

54. Persoonlijke informatie. Formulieren

naam (de)	vārds (v)	[va:rds]
achternaam (de)	uzvārds (v)	[uzva:rds]
geboortedatum (de)	dzimšanas datums (v)	[dzimʃanas datums]
geboorteplaats (de)	dzimšanas vieta (s)	[dzimʃanas viɛta]
nationaliteit (de)	tautība (s)	[tauti:ba]
woonplaats (de)	dzīves vieta (s)	[dzi:ves viɛta]
land (het)	valsts (s)	[valsts]
beroep (het)	profesija (s)	[profesija]
geslacht (ov. het vrouwelijk ~)	dzimums (v)	[dzimums]
lengte (de)	augums (v)	[augums]
gewicht (het)	svars (v)	[svars]

55. Familieleden. Verwanten

moeder (de)	māte (s)	[ma:te]
vader (de)	tēvs (v)	[te:vs]
zoon (de)	dēls (v)	[dɛ:ls]
dochter (de)	meita (s)	[mɛita]
jongste dochter (de)	jaunākā meita (s)	[jauna:ka: mɛita]
jongste zoon (de)	jaunākais dēls (v)	[jauna:kais dɛ:ls]
oudste dochter (de)	vecākā meita (s)	[vetsa:ka: mɛita]
oudste zoon (de)	vecākais dēls (v)	[vetsa:kais dɛ:ls]
broer (de)	brālis (v)	[bra:lis]
oudere broer (de)	vecākais brālis (v)	[vetsa:kais bra:lis]
jongere broer (de)	jaunākais brālis (v)	[jauna:kais bra:lis]
zuster (de)	māsa (s)	[ma:sa]
oudere zuster (de)	vecākā māsa (s)	[vetsa:ka: ma:sa]
jongere zuster (de)	jaunākā māsa (s)	[jauna:ka: ma:sa]
neef (zoon van oom, tante)	brālēns (v)	[bra:le:ns]
nicht (dochter van oom, tante)	māsīca (s)	[ma:si:tsa]
mama (de)	māmiņa (s)	[ma:miɲa]
papa (de)	tētis (v)	[te:tis]
ouders (mv.)	vecāki (v dsk)	[vetsa:ki]
kind (het)	bērns (v)	[be:rns]
kinderen (mv.)	bērni (v dsk)	[be:rni]
oma (de)	vecmāmiņa (s)	[vetsma:miɲa]
opa (de)	vectēvs (v)	[vetste:vs]

kleinzoon (de)	mazdēls (v)	[mazdɛ:ls]
kleindochter (de)	mazmeita (s)	[mazmɛita]
kleinkinderen (mv.)	mazbērni (v dsk)	[mazbe:rni]

| oom (de) | onkulis (v) | [ɔnkulis] |
| tante (de) | tante (s) | [tante] |

schoonmoeder (de)	sievasmāte, vīramāte (s)	[siɛvasma:te], [vi:rama:te]
schoonvader (de)	sievastēvs, vīratēvs (v)	[siɛvaste:vs], [vi:rate:vs]
schoonzoon (de)	znots (v)	[znɔts]
stiefmoeder (de)	pamāte (s)	[pama:te]
stiefvader (de)	patēvs (v)	[pate:vs]

zuigeling (de)	krūts bērns (v)	[kru:ts be:rns]
wiegenkind (het)	zīdainis (v)	[zi:dainis]
kleuter (de)	mazulis (v)	[mazulis]

vrouw (de)	sieva (s)	[siɛva]
man (de)	vīrs (v)	[vi:rs]
echtgenoot (de)	dzīvesbiedrs (v)	[dzi:vesbiɛdrs]
echtgenote (de)	dzīvesbiedre (s)	[dzi:vesbiɛdre]

gehuwd (mann.)	precējies	[pretse:jiɛs]
gehuwd (vrouw.)	precējusies	[pretse:jusiɛs]
ongehuwd (mann.)	neprecējies	[nepretse:jiɛs]
vrijgezel (de)	vecpuisis (v)	[vetspuisis]
gescheiden (bn)	šķīries	[ʃķi:riɛs]
weduwe (de)	atraitne (s)	[atraitne]
weduwnaar (de)	atraitnis (v)	[atraitnis]

familielid (het)	radinieks (v)	[radiniɛks]
dichte familielid (het)	tuvs radinieks (v)	[tuvs radiniɛks]
verre familielid (het)	tāls radinieks (v)	[ta:ls radiniɛks]
familieleden (mv.)	radi (v dsk)	[radi]

wees (weesjongen)	bārenis (v)	[ba:renis]
wees (weesmeisje)	bārene (s)	[ba:rɛne]
voogd (de)	aizbildnis (v)	[aizbildnis]
adopteren (een jongen te ~)	adoptēt zēnu	[adɔpte:t zɛ:nu]
adopteren (een meisje te ~)	adoptēt meiteni	[adɔpte:t mɛiteni]

56. Vrienden. Collega's

vriend (de)	draugs (v)	[draugs]
vriendin (de)	draudzene (s)	[draudzɛne]
vriendschap (de)	draudzība (s)	[draudzi:ba]
bevriend zijn (ww)	draudzēties	[draudze:tiɛs]

makker (de)	draugs (v)	[draugs]
vriendin (de)	draudzene (s)	[draudzɛne]
partner (de)	partneris (v)	[partneris]

| chef (de) | šefs (v) | [ʃefs] |
| baas (de) | priekšnieks (v) | [priɛkʃniɛks] |

eigenaar (de)	īpašnieks (v)	[i:paʃniɛks]
ondergeschikte (de)	padotais (v)	[padɔtais]
collega (de)	kolēģis (v)	[kɔle:dʲis]

kennis (de)	paziņa (v, s)	[paziɳa]
medereiziger (de)	ceļabiedrs (v)	[tsɛlʲabiɛdrs]
klasgenoot (de)	klases biedrs (v)	[klases biɛdrs]

buurman (de)	kaimiņš (v)	[kaimiɳʃ]
buurvrouw (de)	kaimiņiene (s)	[kaimiɲiɛne]
buren (mv.)	kaimiņi (v dsk)	[kaimiɲi]

57. Man. Vrouw

vrouw (de)	sieviete (s)	[siɛviɛte]
meisje (het)	jauniete (s)	[jauniɛte]
bruid (de)	līgava (s)	[li:gava]

mooi(e) (vrouw, meisje)	skaista	[skaista]
groot, grote (vrouw, meisje)	augsta	[augsta]
slank(e) (vrouw, meisje)	slaida	[slaida]
korte, kleine (vrouw, meisje)	neliela auguma	[neliɛla auguma]

blondine (de)	blondīne (s)	[blɔndi:ne]
brunette (de)	brunete (s)	[brunɛte]

dames- (abn)	dāmu	[da:mu]
maagd (de)	jaunava (s)	[jaunava]
zwanger (bn)	grūta	[gru:ta]

man (de)	vīrietis (v)	[vi:riɛtis]
blonde man (de)	blondīns (v)	[blɔndi:ns]
bruinharige man (de)	brunets (v)	[brunets]
groot (bn)	augsts	[augsts]
klein (bn)	neliela auguma	[neliɛla auguma]

onbeleefd (bn)	rupjš	[rupjʃ]
gedrongen (bn)	drukns	[drukns]
robuust (bn)	spēcīgs	[spe.tsi.gs]
sterk (bn)	spēcīgs	[spe:tsi:gs]
sterkte (de)	spēks (v)	[spe:ks]

mollig (bn)	tukls	[tukls]
getaand (bn)	melnīgsnējs	[melni:gsne:js]
slank (bn)	slaids	[slaids]
elegant (bn)	elegants	[elɛgants]

58. Leeftijd

leeftijd (de)	vecums (v)	[vetsums]
jeugd (de)	jaunība (s)	[jauni:ba]
jong (bn)	jauns	[jauns]

| jonger (bn) | jaunāks | [jauna:ks] |
| ouder (bn) | vecāks | [vetsa:ks] |

jongen (de)	jauneklis (v)	[jauneklis]
tiener, adolescent (de)	pusaudzis (v)	[pusaudzis]
kerel (de)	puisis (v)	[puisis]

| oude man (de) | vecītis (v) | [vetsi:tis] |
| oude vrouw (de) | vecenīte (s) | [vetseni:te] |

volwassen (bn)	pieaudzis	[piɛaudzis]
van middelbare leeftijd (bn)	pusmūža gados	[pusmu:ʒa gadɔs]
bejaard (bn)	pavecs	[pavets]
oud (bn)	vecs	[vets]

pensioen (het)	pensionēšanās (s)	[pensiɔne:ʃana:s]
met pensioen gaan	aiziet pensijā	[aiziɛt pensija:]
gepensioneerde (de)	pensionārs (v)	[pensiɔna:rs]

59. Kinderen

kind (het)	bērns (v)	[be:rns]
kinderen (mv.)	bērni (v dsk)	[be:rni]
tweeling (de)	dvīņi (v dsk)	[dvi:ɲi]

wieg (de)	šūpulis (v)	[ʃu:pulis]
rammelaar (de)	grābeklis (v)	[gra:beklis]
luier (de)	paklājiņš (v)	[pakla:jiɲʃ]

speen (de)	knupis (v)	[knupis]
kinderwagen (de)	bērnu ratiņi (v dsk)	[be:rnu ratiɲi]
kleuterschool (de)	bērnudārzs (v)	[be:rnuda:rzs]
babysitter (de)	aukle (s)	[aukle]

kindertijd (de)	bērnība (s)	[be:rni:ba]
pop (de)	lelle (s)	[lelle]
speelgoed (het)	rotaļlieta (s)	[rɔtaḷliɛta]
bouwspeelgoed (het)	konstruktors (v)	[kɔnstruktɔrs]

welopgevoed (bn)	audzināts	[audzina:ts]
onopgevoed (bn)	neaudzināts	[neaudzina:ts]
verwend (bn)	izlutināts	[izlutina:ts]

stout zijn (ww)	draiskoties	[draiskɔtiɛs]
stout (bn)	draiskulīgs	[draiskuli:gs]
stoutheid (de)	draiskulība (s)	[draiskuli:ba]
stouterd (de)	draiskulis (v)	[draiskulis]

| gehoorzaam (bn) | paklausīgs | [paklausi:gs] |
| ongehoorzaam (bn) | nepaklausīgs | [nɛpaklausi:gs] |

braaf (bn)	saprātīgs	[sapra:ti:gs]
slim (verstandig)	gudrs	[gudrs]
wonderkind (het)	brīnumbērns (v)	[bri:numbe:rns]

60. Gehuwde paren. Gezinsleven

kussen (een kus geven)	skūpstīt	[sku:psti:t]
elkaar kussen (ww)	skūpstīties	[sku:psti:tiɛs]
gezin (het)	ģimene (s)	[dⁱimɛne]
gezins- (abn)	ģimenes	[dⁱimɛnes]
paar (het)	pāris (v)	[pa:ris]
huwelijk (het)	laulība (s)	[lauli:ba]
thuis (het)	ģimenes pavards (v)	[dⁱimɛnes pavards]
dynastie (de)	dinastija (s)	[dinastija]

date (de)	randiņš (v)	[randiɲʃ]
zoen (de)	skūpsts (v)	[sku:psts]

liefde (de)	mīlestība (s)	[mi:lesti:ba]
liefhebben (ww)	mīlēt	[mi:le:t]
geliefde (bn)	mīļotais	[mi:lⁱɔtais]

tederheid (de)	maigums (v)	[maigums]
teder (bn)	maigs	[maigs]
trouw (de)	uzticība (s)	[uztitsi:ba]
trouw (bn)	uzticīgs	[uztitsi:gs]
zorg (bijv. bejaarden~)	rūpes (s dsk)	[ru:pes]
zorgzaam (bn)	rūpīgs	[ru:pi:gs]

jonggehuwden (mv.)	jaunlaulātie (v dsk)	[jaunlaula:tiɛ]
wittebroodsweken (mv.)	medus mēnesis (v)	[mɛdus mɛ:nesis]
trouwen (vrouw)	apprecēties	[appretse:tiɛs]
trouwen (man)	apprecēties	[appretse:tiɛs]

bruiloft (de)	kāzas (s dsk)	[ka:zas]
gouden bruiloft (de)	zelta kāzas (s dsk)	[zelta ka:zas]
verjaardag (de)	gadadiena (s)	[gadadiɛna]

minnaar (de)	mīļākais (v)	[mi:lⁱa:kais]
minnares (de)	mīļākā (s)	[mi:lⁱa:ka:]

overspel (het)	nodevība (s)	[nɔdevi:ba]
overspel plegen (ww)	nodot	[nɔdɔt]
jaloers (bn)	greizsirdīgs	[grɛizsirdi:gs]
jaloers zijn (echtgenoot, enz.)	būt greizsirdīgam	[bu:t grɛizsirdi:gam]
echtscheiding (de)	šķiršanās (s)	[ʃtⁱirʃana:s]
scheiden (ww)	šķirties	[ʃtⁱirtiɛs]

ruzie hebben (ww)	strīdēties	[stri:de:tiɛs]
vrede sluiten (ww)	līgt mieru	[li:gt miɛru]
samen (bw)	kopā	[kɔpa:]
seks (de)	sekss (v)	[seks]

geluk (het)	laime (s)	[laime]
gelukkig (bn)	laimīgs	[laimi:gs]
ongeluk (het)	nelaime (s)	[nɛlaime]
ongelukkig (bn)	nelaimīgs	[nɛlaimi:gs]

Karakter. Gevoelens. Emoties

61. Gevoelens. Emoties

gevoel (het)	sajūta (s)	[saju:ta]
gevoelens (mv.)	jūtas (s dsk)	[ju:tas]
voelen (ww)	just	[just]
honger (de)	izsalkums (v)	[izsalkums]
honger hebben (ww)	gribēt ēst	[gribe:t e:st]
dorst (de)	slāpes (s dsk)	[sla:pes]
dorst hebben	gribēt dzert	[gribe:t dzert]
slaperigheid (de)	miegainība (s)	[miɛgaini:ba]
willen slapen	justies miegainam	[justies miɛgainam]
moeheid (de)	nogurums (v)	[nɔgurums]
moe (bn)	noguris	[nɔguris]
vermoeid raken (ww)	nogurt	[nɔgurt]
stemming (de)	garastāvoklis (v)	[garasta:vɔklis]
verveling (de)	garlaicība (s)	[garlaitsi:ba]
zich vervelen (ww)	garlaikoties	[garlaikɔtiɛs]
afzondering (de)	vientulība (s)	[viɛntuli:ba]
zich afzonderen (ww)	nošķirties	[nɔʃ^jirtiɛs]
bezorgd maken (ww)	uztraukt	[uztraukt]
zich bezorgd maken	uztraukties	[uztrauktiɛs]
zorg (bijv. geld~en)	satraukums (v)	[satraukums]
ongerustheid (de)	nemiers (v)	[nemiɛrs]
ongerust (bn)	noraizējies	[nɔraize:jiɛs]
zenuwachtig zijn (ww)	nervozēt	[nervɔze:t]
in paniek raken	padoties panikai	[padɔties panikai]
hoop (de)	cerība (s)	[tseri:ba]
hopen (ww)	cerēt	[tsɛre:t]
zekerheid (de)	pārliecība (s)	[pa:rliɛtsi:ba]
zeker (bn)	pārliecināts	[pa:rliɛtsina:ts]
onzekerheid (de)	nedrošība (s)	[nedrɔʃi:ba]
onzeker (bn)	nedrošs	[nedrɔʃs]
dronken (bn)	piedzēries	[piɛdze:riɛs]
nuchter (bn)	nedzēris	[nedze:ris]
zwak (bn)	vājš	[va:jʃ]
gelukkig (bn)	laimīgs	[laimi:gs]
doen schrikken (ww)	nobiedēt	[nɔbiɛde:t]
toorn (de)	trakums (v)	[trakums]
woede (de)	niknums (v)	[niknums]
depressie (de)	depresija (s)	[depresija]
ongemak (het)	diskomforts (v)	[diskɔmfɔrts]

gemak, comfort (het)	komforts (v)	[komforts]
spijt hebben (ww)	nožēlot	[nɔʒeːlɔt]
spijt (de)	nožēla (s)	[nɔʒɛːla]
pech (de)	neveiksme (s)	[nevɛiksme]
bedroefdheid (de)	sarūgtinājums (v)	[saruːgtinaːjums]

schaamte (de)	kauns (v)	[kauns]
pret (de), plezier (het)	jautrība (s)	[jautriːba]
enthousiasme (het)	entuziasms (v)	[entuziasms]
enthousiasteling (de)	entuziasts (v)	[entuziasts]
enthousiasme vertonen	izrādīt entuziasmu	[izraːdiːt entuziasmu]

62. Karakter. Persoonlijkheid

karakter (het)	raksturs (v)	[raksturs]
karakterfout (de)	trūkums (v)	[truːkums]
verstand (het)	prāts (v)	[praːts]
rede (de)	saprāts (v)	[sapraːts]

geweten (het)	sirdsapziņa (s)	[sirdsapziɲa]
gewoonte (de)	ieradums (v)	[iɛradums]
bekwaamheid (de)	spēja (s)	[speːja]
kunnen (bijv., ~ zwemmen)	prast	[prast]

geduldig (bn)	pacietīgs	[patsiɛtiːgs]
ongeduldig (bn)	nepacietīgs	[nɛpatsiɛtiːgs]
nieuwsgierig (bn)	ziņkārīgs	[ziɲkaːriːgs]
nieuwsgierigheid (de)	ziņkārība (s)	[ziɲkaːriːba]

bescheidenheid (de)	kautrība (s)	[kautriːba]
bescheiden (bn)	kautrīgs	[kautriːgs]
onbescheiden (bn)	nekautrīgs	[nɛkautriːgs]

luiheid (de)	slinkums (v)	[slinkums]
lui (bn)	slinks	[slinks]
luiwammes (de)	sliņķis (v)	[sliɲtʲis]

sluwheid (de)	viltība (s)	[viltiːba]
sluw (bn)	viltīgs	[viltiːgs]
wantrouwen (het)	neuzticība (s)	[nɛuztitsiːba]
wantrouwig (bn)	neuzticīgs	[nɛuztitsiːgs]

gulheid (de)	devība (s)	[deviːba]
gul (bn)	devīgs	[deviːgs]
talentrijk (bn)	talantīgs	[talantiːgs]
talent (het)	talants (v)	[talants]

moedig (bn)	drosmīgs	[drɔsmiːgs]
moed (de)	drosme (s)	[drɔsme]
eerlijk (bn)	godīgs	[gɔdiːgs]
eerlijkheid (de)	godīgums (v)	[gɔdiːgums]

| voorzichtig (bn) | piesardzīgs | [piɛsardziːgs] |
| manhaftig (bn) | drošsirdīgs | [drɔʃsirdiːgs] |

ernstig (bn)	nopietns	[nɔpiɛtns]
streng (bn)	stingrs	[stiŋgrs]

resoluut (bn)	apņēmīgs	[apɲe:mi:gs]
onzeker, irresoluut (bn)	neapņēmīgs	[neapɲe:mi:gs]
schuchter (bn)	bikls	[bikls]
schuchterheid (de)	biklums (v)	[biklums]

vertrouwen (het)	uzticība (s)	[uztitsi:ba]
vertrouwen (ww)	uzticēt	[uztitse:t]
goedgelovig (bn)	lētticīgs	[le:ttitsi:gs]

oprecht (bw)	vaļsirdīgi	[valʲsirdi:gi]
oprecht (bn)	vaļsirdīgs	[valʲsirdi:gs]
oprechtheid (de)	vaļsirdība (s)	[valʲsirdi:ba]
open (bn)	atklāts	[atkla:ts]

rustig (bn)	mierīgs	[miɛri:gs]
openhartig (bn)	klajš	[klajʃ]
naïef (bn)	naivs	[naivs]
verstrooid (bn)	izklaidīgs	[izklaidi:gs]
leuk, grappig (bn)	smieklīgs	[smiɛkli:gs]

gierigheid (de)	alkatība (s)	[alkati:ba]
gierig (bn)	alkatīgs	[alkati:gs]
inhalig (bn)	skops	[skɔps]
kwaad (bn)	ļauns	[lʲauns]
koppig (bn)	stūrgalvīgs	[stu:rgalvi:gs]
onaangenaam (bn)	nepatīkams	[nɛpati:kams]

egoïst (de)	egoists (v)	[egɔists]
egoïstisch (bn)	egoistisks	[egɔistisks]
lafaard (de)	gļēvulis (v)	[glʲɛ:vulis]
laf (bn)	gļēvulīgs	[glʲɛ:vuli:gs]

63. Slaap. Dromen

slapen (ww)	gulēt	[gule:t]
slaap (in ~ vallen)	miegs (v)	[miɛgs]
droom (de)	sapnis (v)	[sapnis]
dromen (in de slaap)	sapņot	[sapɲɔt]
slaperig (bn)	miegains	[miɛgains]

bed (het)	gulta (s)	[gulta]
matras (de)	matracis (v)	[matratsis]
deken (de)	sega (s)	[sɛga]
kussen (het)	spilvens (v)	[spilvens]
laken (het)	palags (v)	[palags]

slapeloosheid (de)	bezmiegs (v)	[bezmiɛgs]
slapeloos (bn)	bezmiega	[bezmiɛga]
slaapmiddel (het)	miegazāles (s dsk)	[miɛgaza:les]
slaapmiddel innemen	iedzert miegazāles	[iɛdzert miɛgaza:les]
willen slapen	justies miegainam	[justies miɛgainam]

geeuwen (ww)	žāvāties	[ʒa:va:tiɛs]
gaan slapen	iet gulēt	[iɛt gule:t]
het bed opmaken	saklāt gultu	[sakla:t gultu]
inslapen (ww)	aizmigt	[aizmigt]

nachtmerrie (de)	murgi (v dsk)	[murgi]
gesnurk (het)	krākšana (s)	[kra:kʃana]
snurken (ww)	krākt	[kra:kt]

wekker (de)	modinātājs (v)	[mɔdina:ta:js]
wekken (ww)	uzmodināt	[uzmɔdina:t]
wakker worden (ww)	uzmosties	[uzmɔstiɛs]
opstaan (ww)	piecelties no gultas	[piɛtselties nɔ gultas]
zich wassen (ww)	mazgāties	[mazga:tiɛs]

64. Humor. Gelach. Blijdschap

humor (de)	humors (v)	[xumɔrs]
gevoel (het) voor humor	humora izjūta (s)	[xumɔra izju:ta]
plezier hebben (ww)	līksmot	[li:ksmɔt]
vrolijk (bn)	jautrs	[jautrs]
pret (de), plezier (het)	jautrība (s)	[jautri:ba]

glimlach (de)	smaids (v)	[smaids]
glimlachen (ww)	smaidīt	[smaidi:t]
beginnen te lachen (ww)	iesmieties	[iɛsmiɛtiɛs]
lachen (ww)	smieties	[smiɛtiɛs]
lach (de)	smiekli (v dsk)	[smiɛkli]

mop (de)	anekdote (s)	[anegdɔte]
grappig (een ~ verhaal)	smieklīgs	[smiɛkli:gs]
grappig (~e clown)	jocīgs	[jɔtsi:gs]

grappen maken (ww)	jokot	[jɔkɔt]
grap (de)	joks (v)	[jɔks]
blijheid (de)	prieks (v)	[priɛks]
blij zijn (ww)	priecāties	[priɛtsa:tiɛs]
blij (bn)	priecīgs	[priɛtsi:gs]

65. Discussie, conversatie. Deel 1

communicatie (de)	sazināšanās (s)	[sazina:ʃana:s]
communiceren (ww)	saieties	[saiɛtiɛs]

conversatie (de)	saruna (s)	[saruna]
dialoog (de)	dialogs (v)	[dialɔgs]
discussie (de)	diskusija (s)	[diskusija]
debat (het)	strīds (v)	[stri:ds]
debatteren, twisten (ww)	strīdēties	[stri:de:tiɛs]

gesprekspartner (de)	sarunu biedrs (v)	[sarunu biɛdrs]
thema (het)	temats (v)	[tɛmats]

standpunt (het)	viedoklis (v)	[viɛdɔklis]
mening (de)	uzskats (v)	[uzskats]
toespraak (de)	runa (s)	[runa]

bespreking (de)	apspriešana (s)	[apspriɛʃana]
bespreken (spreken over)	apspriest	[apspriɛst]
gesprek (het)	saruna (s)	[saruna]
spreken (converseren)	sarunāties	[saruna:tiɛs]
ontmoeting (de)	satikšanās (s)	[satikʃana:s]
ontmoeten (ww)	satikt	[satikt]

spreekwoord (het)	sakāmvārds (v)	[saka:mva:rds]
gezegde (het)	paruna (s)	[paruna]
raadsel (het)	mīkla (s)	[mi:kla]
een raadsel opgeven	uzdot mīklu	[uzdɔt mi:klu]
wachtwoord (het)	parole (s)	[parɔle]
geheim (het)	noslēpums (v)	[nɔslɛ:pums]

eed (de)	zvērests (v)	[zvɛ:rests]
zweren (een eed doen)	zvērēt	[zvɛ:re:t]
belofte (de)	solījums (v)	[sɔli:jums]
beloven (ww)	solīt	[sɔli:t]

advies (het)	padoms (v)	[padɔms]
adviseren (ww)	dot padomu	[dɔt padɔmu]
advies volgen (iemands ~)	sekot padomam	[sekɔt padɔmam]
luisteren (gehoorzamen)	klausīt padomam	[klausi:t padɔmam]

nieuws (het)	jaunums (v)	[jaunums]
sensatie (de)	sensācija (s)	[sensa:tsija]
informatie (de)	ziņas (s dsk)	[ziɲas]
conclusie (de)	secinājums (v)	[setsina:jums]
stem (de)	balss (v)	[bals]
compliment (het)	kompliments (v)	[kɔmpliments]
vriendelijk (bn)	laipns	[laipns]

woord (het)	vārds (v)	[va:rds]
zin (de), zinsdeel (het)	frāze (s)	[fra:ze]
antwoord (het)	atbilde (s)	[atbilde]

| waarheid (de) | patiesība (s) | [patiɛsi:ba] |
| leugen (de) | meli (v dsk) | [meli] |

gedachte (de)	doma (s)	[dɔma]
idee (de/het)	ideja (s), doma (s)	[ideja], [dɔma]
fantasie (de)	fantāzija (s)	[fanta:zija]

66. Discussie, conversatie. Deel 2

gerespecteerd (bn)	cienījams	[tsiɛni:jams]
respecteren (ww)	cienīt	[tsiɛni:t]
respect (het)	cieņa (s)	[tsiɛɲa]
Geachte ... (brief)	Cienījamais ...	[tsiɛni:jamais ...]
voorstellen (Mag ik jullie ~)	iepazīstināt	[iɛpazi:stina:t]

kennismaken (met ...)	iepazīties	[iɛpazi:tiɛs]
intentie (de)	nodoms (v)	[nɔdɔms]
intentie hebben (ww)	domāt	[dɔma:t]
wens (de)	novēlējums (v)	[nɔvɛ:le:jums]
wensen (ww)	novēlēt	[nɔvɛ:le:t]

verbazing (de)	izbrīns (v)	[izbri:ns]
verbazen (verwonderen)	pārsteigt	[pa:rstɛigt]
verbaasd zijn (ww)	brīnīties	[bri:ni:tiɛs]

geven (ww)	dot	[dɔt]
nemen (ww)	paņemt	[paɲemt]
teruggeven (ww)	atdot atpakaļ	[atdɔt atpakalʲ]
retourneren (ww)	atdot	[atdɔt]

zich verontschuldigen	atvainoties	[atvainɔtiɛs]
verontschuldiging (de)	atvainošanās (s dsk)	[atvainɔʃana:s]
vergeven (ww)	piedot	[piɛdɔt]

spreken (ww)	sarunāties	[saruna:tiɛs]
luisteren (ww)	klausīt	[klausi:t]
aanhoren (ww)	noklausīties	[nɔklausi:tiɛs]
begrijpen (ww)	saprast	[saprast]

tonen (ww)	parādīt	[para:di:t]
kijken naar ...	skatīties uz ...	[skati:ties uz ...]
roepen (vragen te komen)	saukt	[saukt]
afleiden (storen)	traucēt	[trautse:t]
storen (lastigvallen)	traucēt	[trautse:t]
doorgeven (ww)	nodot	[nɔdɔt]

verzoek (het)	lūgums (v)	[lu:gums]
verzoeken (ww)	lūgt	[lu:gt]
eis (de)	pieprasījums (v)	[piɛprasi:jums]
eisen (met klem vragen)	prasīt	[prasi:t]

beledigen	kaitināt	[kaitina:t]
(beledigende namen geven)		
uitlachen (ww)	zoboties	[zɔbɔtiɛs]
spot (de)	izsmiekls (v)	[izsmiɛkls]
bijnaam (de)	iesauka (s)	[iɛsauka]

zinspeling (de)	netiešs norādījums (v)	[netiɛʃs nɔra:di:jums]
zinspelen (ww)	netieši norādīt	[netiɛʃi nɔra:di:t]
impliceren (duiden op)	domāt	[dɔma:t]

beschrijving (de)	rakstturojums (v)	[rakstturojums]
beschrijven (ww)	aprakstīt	[apraksti:t]
lof (de)	uzslava (s)	[uzslava]
loven (ww)	slavēt	[slave:t]

teleurstelling (de)	vilšanās (s)	[vilʃana:s]
teleurstellen (ww)	likt vilties	[likt viltiɛs]
teleurgesteld zijn (ww)	vilties	[viltiɛs]
veronderstelling (de)	pieņēmums (v)	[piɛɲɛ:mums]
veronderstellen (ww)	pieņemt	[piɛɲemt]

waarschuwing (de)	brīdinājums (v)	[bri:dina:jums]
waarschuwen (ww)	brīdināt	[bri:dina:t]

67. Discussie, conversatie. Deel 3

aanpraten (ww)	pierunāt	[piɛruna:t]
kalmeren (kalm maken)	nomierināt	[nɔmiɛrina:t]

stilte (de)	klusēšana (s)	[kluse:ʃana]
zwijgen (ww)	klusēt	[kluse:t]
fluisteren (ww)	iečukstēt	[iɛtʃukste:t]
gefluister (het)	čuksts (v)	[tʃuksts]

open, eerlijk (bw)	vaļsirdīgi	[valʲsirdi:gi]
volgens mij ...	manuprāt ...	[manupra:t ...]

detail (het)	sīkums (v)	[si:kums]
gedetailleerd (bn)	sīks	[si:ks]
gedetailleerd (bw)	sīki	[si:ki]

hint (de)	priekšā teikšana (s)	[priɛkʃa: tɛikʃana]
een hint geven	dot mājienu	[dɔt ma:jiɛnu]

blik (de)	skatiens (v)	[skatiɛns]
een kijkje nemen	paskatīties	[paskati:tiɛs]
strak (een ~ke blik)	stingrs skatiens	[stiŋgrs skatiɛns]
knipperen (ww)	mirkšķināt	[mirkʃtʲina:t]
knipogen (ww)	pamirkšķināt	[pamirkʃtʲina:t]
knikken (ww)	pamāt ar galvu	[pama:t ar galvu]

zucht (de)	nopūta (s)	[nɔpu:ta]
zuchten (ww)	nopūsties	[nɔpu:stiɛs]
huiveren (ww)	satrūkties	[satru:ktiɛs]
gebaar (het)	žests (v)	[ʒests]
aanraken (ww)	pieskarties	[piɛskartiɛs]
grijpen (ww)	tvert	[tvert]
een schouderklopje geven	blīkšķināt	[bli:kʃtʲina:t]

Kijk uit!	Uzmanīgi!	[uzmani:gi!]
Echt?	Vai tiešām?	[vai tiɛʃa:m?]
Bent je er zeker van?	Vai esi pārliecināts?	[vai esi pa:rliɛtsina:ts?]
Succes!	Veiksmi!	[vɛiksmi!]
Juist, ja!	Skaidrs!	[skaidrs!]
Wat jammer!	Žēl!	[ʒe:l!]

68. Overeenstemming. Weigering

instemming (het)	piekrišana (s)	[piɛkriʃana]
instemmen (akkoord gaan)	piekrist	[piɛkrist]
goedkeuring (de)	aprobēšana (s)	[aprɔbe:ʃana]
goedkeuren (ww)	aprobēt	[aprɔbe:t]
weigering (de)	atteice (s)	[attɛitse]

weigeren (ww)	atteikties	[attɛiktiɛs]
Geweldig!	Lieliski!	[liɛliski!]
Goed!	Labi!	[labi!]
Akkoord!	Lai ir!	[lai ir!]

verboden (bn)	aizliegts	[aizliɛgts]
het is verboden	nedrīkst	[nedri:kst]
het is onmogelijk	nav iespējams	[nav iɛspe:jams]
onjuist (bn)	nepareizs	[nɛparɛizs]

afwijzen (ww)	noraidīt	[nɔraidi:t]
steunen	atbalstīt	[atbalsti:t]
(een goed doel, enz.)		
aanvaarden (excuses ~)	pieņemt	[piɛɳemt]

bevestigen (ww)	apstiprināt	[apstiprina:t]
bevestiging (de)	apstiprinājums (v)	[apstiprina:jums]
toestemming (de)	atļaušana (s)	[atlʲauʃana]
toestaan (ww)	atļaut	[atlʲaut]
beslissing (de)	lēmums (v)	[lɛ:mums]
z'n mond houden (ww)	noklusēt	[nɔkluse:t]

voorwaarde (de)	nosacījums (v)	[nɔsatsi:jums]
smoes (de)	atruna (s)	[atruna]
lof (de)	uzslava (s)	[uzslava]
loven (ww)	slavēt	[slave:t]

69. Succes. Veel geluk. Mislukking

succes (het)	sekmes (s dsk)	[sekmes]
succesvol (bw)	sekmīgi	[sekmi:gi]
succesvol (bn)	sekmīgs	[sekmi:gs]

geluk (het)	veiksme (s)	[vɛiksme]
Succes!	Veiksmi!	[vɛiksmi!]
geluks- (bn)	veiksmīgs	[vɛiksmi:gs]
gelukkig (fortuinlijk)	laimīgs	[laimi:gs]

mislukking (de)	neveiksme (s)	[nevɛiksme]
tegenslag (de)	neveiksme (s)	[nevɛiksme]
pech (de)	neveiksme (s)	[nevɛiksme]
zonder succes (bn)	neveiksmīgs	[nevɛiksmi:gs]
catastrofe (de)	katastrofa (s)	[katastrɔfa]

fierheid (de)	lepnums (v)	[lepnums]
fier (bn)	lepns	[lepns]
fier zijn (ww)	lepoties	[lepɔtiɛs]

winnaar (de)	uzvarētājs (v)	[uzvarɛ:ta:js]
winnen (ww)	uzvarēt	[uzvare:t]
verliezen (ww)	zaudēt	[zaude:t]
poging (de)	mēģinājums (v)	[me:dʲina:jums]
pogen, proberen (ww)	mēģināt	[me:dʲina:t]
kans (de)	izdevība (s)	[izdevi:ba]

70. Ruzies. Negatieve emoties

schreeuw (de)	kliedziens (v)	[kliɛdziɛns]
schreeuwen (ww)	kliegt	[kliɛgt]
beginnen te schreeuwen	iekliegties	[iɛkliɛgtiɛs]
ruzie (de)	ķilda (s)	[tʲilda]
ruzie hebben (ww)	strīdēties	[stri:de:tiɛs]
schandaal (het)	skandāls (v)	[skanda:ls]
schandaal maken (ww)	skandalēt	[skandale:t]
conflict (het)	konflikts (v)	[konflikts]
misverstand (het)	pārpratums (v)	[pa:rpratums]
belediging (de)	apvainošana (s)	[apvainoʃana]
beledigen	aizvainot	[aizvainot]
(met scheldwoorden)		
beledigd (bn)	apvainotais	[apvainotais]
krenking (de)	aizvainojums (v)	[aizvainojums]
krenken (beledigen)	aizvainot	[aizvainot]
gekwetst worden (ww)	aizvainoties	[aizvainotiɛs]
verontwaardiging (de)	sašutums (v)	[saʃutums]
verontwaardigd zijn (ww)	paust sašutumu	[paust saʃutumu]
klacht (de)	sūdzība (s)	[su:dzi:ba]
klagen (ww)	sūdzēties	[su:dze:tiɛs]
verontschuldiging (de)	atvainošanās (s dsk)	[atvainoʃana:s]
zich verontschuldigen	atvainoties	[atvainotiɛs]
excuus vragen	lūgt piedošanu	[lu:gt piɛdoʃanu]
kritiek (de)	kritika (s)	[kritika]
bekritiseren (ww)	kritizēt	[kritize:t]
beschuldiging (de)	apsūdzība (s)	[apsu:dzi:ba]
beschuldigen (ww)	apsūdzēt	[apsu:dze:t]
wraak (de)	atriebība (s)	[atriɛbi:ba]
wreken (ww)	atriebties	[atriɛbtiɛs]
wraak nemen (ww)	atmaksāt	[atmaksa:t]
minachting (de)	nicinājums (v)	[nitsina:jums]
minachten (ww)	nicināt	[nitsina:t]
haat (de)	naids (v)	[naids]
haten (ww)	ienīst	[iɛni:st]
zenuwachtig (bn)	nervozs	[nervozs]
zenuwachtig zijn (ww)	nervozēt	[nervoze:t]
boos (bn)	dusmīgs	[dusmi:gs]
boos maken (ww)	sadusmot	[sadusmot]
vernedering (de)	pazemošana (s)	[pazemoʃana]
vernederen (ww)	pazemot	[pazemot]
zich vernederen (ww)	pazemoties	[pazemotiɛs]
schok (de)	šoks (v)	[ʃoks]
schokken (ww)	šokēt	[ʃoke:t]

onaangenaamheid (de)	nepatikšanas (s dsk)	[nɛpatikʃanas]
onaangenaam (bn)	nepatīkams	[nɛpati:kams]
vrees (de)	bailes (s dsk)	[bailes]
vreselijk (bijv. ~ onweer)	baigs	[baigs]
eng (bn)	šausmīgs	[ʃausmi:gs]
gruwel (de)	šausmas (s dsk)	[ʃausmas]
vreselijk (~ nieuws)	briesmīgs	[briɛsmi:gs]
beginnen te beven	iedrebēties	[iɛdrɛbe:tiɛs]
huilen (wenen)	raudāt	[rauda:t]
beginnen te huilen (wenen)	ieraudāties	[iɛrauda:tiɛs]
traan (de)	asara (s)	[asara]
schuld (~ geven aan)	vaina (s)	[vaina]
schuldgevoel (het)	vaina (s)	[vaina]
schande (de)	kauns (v)	[kauns]
protest (het)	protests (v)	[prɔtests]
stress (de)	stress (v)	[stres]
storen (lastigvallen)	traucēt	[trautse:t]
kwaad zijn (ww)	niknoties	[niknɔtiɛs]
kwaad (bn)	nikns	[nikns]
beëindigen (een relatie ~)	pārtraukt	[pa:rtraukt]
vloeken (ww)	lamāties	[lama:tiɛs]
schrikken (schrik krijgen)	baidīties	[baidi:tiɛs]
slaan (iemand ~)	iesist	[iɛsist]
vechten (ww)	kauties	[kautiɛs]
regelen (conflict)	nokārtot	[nɔka:rtɔt]
ontevreden (bn)	neapmierināts	[neapmiɛrina:ts]
woedend (bn)	sīvs	[si:vs]
Dat is niet goed!	Tas nav labi!	[tas nav labi!]
Dat is slecht!	Tas ir slikti!	[tas ir slikti!]

Geneeskunde

71. Ziekten

ziekte (de)	slimība (s)	[slimi:ba]
ziek zijn (ww)	slimot	[slimɔt]
gezondheid (de)	veselība (s)	[vɛseli:ba]
snotneus (de)	iesnas (s dsk)	[iɛsnas]
angina (de)	angīna (s)	[aŋgi:na]
verkoudheid (de)	saaukstēšanās (s)	[saaukste:ʃana:s]
verkouden raken (ww)	saaukstēties	[saaukste:tiɛs]
bronchitis (de)	bronhīts (v)	[brɔnxi:ts]
longontsteking (de)	plaušu karsonis (v)	[plauʃu karsɔnis]
griep (de)	gripa (s)	[gripa]
bijziend (bn)	tuvredzīgs	[tuvredzi:gs]
verziend (bn)	tālredzīgs	[ta:lredzi:gs]
scheelheid (de)	šķielēšana (s)	[ʃtʲiɛle:ʃana]
scheel (bn)	šķielējošs	[ʃtʲiɛle:jɔʃs]
grauwe staar (de)	katarakta (s)	[katarakta]
glaucoom (het)	glaukoma (s)	[glaukɔma]
beroerte (de)	insults (v)	[insults]
hartinfarct (het)	infarkts (v)	[infarkts]
myocardiaal infarct (het)	miokarda infarkts (v)	[miɔkarda infarkts]
verlamming (de)	paralīze (s)	[parali:ze]
verlammen (ww)	paralizēt	[paralize:t]
allergie (de)	alerģija (s)	[alerdʲija]
astma (de/het)	astma (s)	[astma]
diabetes (de)	diabēts (v)	[diabe:ts]
tandpijn (de)	zobu sāpes (s dsk)	[zɔbu sa:pes]
tandbederf (het)	kariess (v)	[kariɛs]
diarree (de)	caureja (s)	[tsaureja]
constipatie (de)	aizcietējums (v)	[aiztsiɛte:jums]
maagstoornis (de)	gremošanas traucējumi (v dsk)	[gremɔʃanas trautse:jumi]
voedselvergiftiging (de)	saindēšanās (s)	[sainde:ʃana:s]
voedselvergiftiging oplopen	saindēties	[sainde:tiɛs]
artritis (de)	artrīts (v)	[artri:ts]
rachitis (de)	rahīts (v)	[raxi:ts]
reuma (het)	reimatisms (v)	[rɛimatisms]
arteriosclerose (de)	ateroskleroze (s)	[aterɔsklerɔze]
gastritis (de)	gastrīts (v)	[gastri:ts]
blindedarmontsteking (de)	apendicīts (v)	[apenditsi:ts]

galblaasontsteking (de)	holecistīts (v)	[xɔletsisti:ts]
zweer (de)	čūla (s)	[tʃu:la]

mazelen (mv.)	masalas (s dsk)	[masalas]
rodehond (de)	masaliņas (s dsk)	[masaliɲas]
geelzucht (de)	dzeltenā kaite (s)	[dzeltɛna: kaite]
leverontsteking (de)	hepatīts (v)	[xɛpati:ts]

schizofrenie (de)	šizofrēnija (s)	[ʃizɔfre:nija]
dolheid (de)	trakumsērga (s)	[trakumse:rga]
neurose (de)	neiroze (s)	[nɛirɔze]
hersenschudding (de)	smadzeņu satricinājums (v)	[smadzɛɲu satritsina:jums]

kanker (de)	vēzis (v)	[ve:zis]
sclerose (de)	skleroze (s)	[sklerɔze]
multiple sclerose (de)	multiplā skleroze (s)	[multipla: sklerɔze]

alcoholisme (het)	alkoholisms (v)	[alkɔxɔlisms]
alcoholicus (de)	alkoholiķis (v)	[alkɔxɔlitʲis]
syfilis (de)	sifiliss (v)	[sifilis]
AIDS (de)	AIDS (v)	[aids]

tumor (de)	audzējs (v)	[audze:js]
kwaadaardig (bn)	ļaundabīgs	[lʲaundabi:gs]
goedaardig (bn)	labdabīgs	[labdabi:gs]
koorts (de)	drudzis (v)	[drudzis]
malaria (de)	malārija (s)	[mala:rija]
gangreen (het)	gangrēna (s)	[gaŋgrɛ:na]
zeeziekte (de)	jūras slimība (s)	[ju:ras slimi:ba]
epilepsie (de)	epilepsija (s)	[epilepsija]

epidemie (de)	epidēmija (s)	[epide:mija]
tyfus (de)	tīfs (v)	[ti:fs]
tuberculose (de)	tuberkuloze (s)	[tuberkulɔze]
cholera (de)	holēra (s)	[xɔlɛ:ra]
pest (de)	mēris (v)	[me:ris]

72. Symptomen. Behandelingen. Deel 1

symptoom (het)	simptoms (v)	[simptɔms]
temperatuur (de)	temperatūra (s)	[tempɛratu:ra]
verhoogde temperatuur (de)	augsta temperatūra (s)	[augsta tempɛratu:ra]
polsslag (de)	pulss (v)	[puls]

duizeling (de)	galvas reibšana (s)	[galvas rɛibʃana]
heet (erg warm)	karsts	[karsts]
koude rillingen (mv.)	drebuļi (v dsk)	[drɛbulʲi]
bleek (bn)	bāls	[ba:ls]

hoest (de)	klepus (v)	[klɛpus]
hoesten (ww)	klepot	[klepot]
niezen (ww)	šķaudīt	[ʃtʲaudi:t]
flauwte (de)	ģībonis (v)	[dʲi:bonis]
flauwvallen (ww)	paģībt	[padʲi:bt]

blauwe plek (de)	zilums (v)	[zilums]
buil (de)	puns (v)	[puns]
zich stoten (ww)	atsisties	[atsistiɛs]
kneuzing (de)	sasitums (v)	[sasitums]
kneuzen (gekneusd zijn)	sasisties	[sasistiɛs]

hinken (ww)	klibot	[klibɔt]
verstuiking (de)	izmežģījums (v)	[izmeʒdʲi:jums]
verstuiken (enkel, enz.)	izmežģīt	[izmeʒdʲi:t]
breuk (de)	lūzums (v)	[lu:zums]
een breuk oplopen	dabūt lūzumu	[dabu:t lu:zumu]

snijwond (de)	iegriezums (v)	[iɛgriɛzums]
zich snijden (ww)	sagriezties	[sagriɛztiɛs]
bloeding (de)	asiņošana (s)	[asiɲoʃana]

brandwond (de)	apdegums (v)	[apdɛgums]
zich branden (ww)	apdedzināties	[apdedzina:tiɛs]

prikken (ww)	sadurt	[sadurt]
zich prikken (ww)	sadurties	[sadurtiɛs]
blesseren (ww)	sabojāt	[sabɔja:t]
blessure (letsel)	traumēšana (s)	[traume:ʃana]
wond (de)	ievainojums (v)	[iɛvainɔjums]
trauma (het)	trauma (s)	[trauma]

IJlen (ww)	murgot	[murgɔt]
stotteren (ww)	stostīties	[stɔsti:tiɛs]
zonnesteek (de)	saules dūriens (v)	[saules du:riɛns]

73. Symptomen. Behandelingen. Deel 2

pijn (de)	sāpes (s dsk)	[sa:pes]
splinter (de)	skabarga (s)	[skabarga]

zweet (het)	sviedri (v dsk)	[sviɛdri]
zweten (ww)	svīst	[svi:st]
braking (de)	vemšana (s)	[vemʃana]
stuiptrekkingen (mv.)	krampji (v dsk)	[krampji]

zwanger (bn)	grūta	[gru:ta]
geboren worden (ww)	piedzimt	[piɛdzimt]
geboorte (de)	dzemdības (s dsk)	[dzemdi:bas]
baren (ww)	dzemdēt	[dzemde:t]
abortus (de)	aborts (v)	[abɔrts]

ademhaling (de)	elpošana (s)	[elpɔʃana]
inademing (de)	ieelpa (s)	[iɛelpa]
uitademing (de)	izelpa (s)	[izelpa]
uitademen (ww)	izelpot	[izelpɔt]
inademen (ww)	ieelpot	[iɛelpɔt]

invalide (de)	invalīds (v)	[invali:ds]
gehandicapte (de)	kroplis (v)	[krɔplis]

drugsverslaafde (de)	narkomāns (v)	[narkɔma:ns]
doof (bn)	kurls	[kurls]
stom (bn)	mēms	[me:ms]
doofstom (bn)	kurlmēms	[kurlme:ms]

krankzinnig (bn)	traks	[traks]
krankzinnige (man)	trakais (v)	[trakais]
krankzinnige (vrouw)	traka (s)	[traka]
krankzinnig worden	zaudēt prātu	[zaude:t pra:tu]

gen (het)	gēns (v)	[ge:ns]
immuniteit (de)	imunitāte (s)	[imunita:te]
erfelijk (bn)	mantojams	[mantɔjams]
aangeboren (bn)	iedzimts	[iɛdzimts]

virus (het)	vīruss (v)	[vi:rus]
microbe (de)	mikrobs (v)	[mikrɔbs]
bacterie (de)	baktērija (s)	[bakte:rija]
infectie (de)	infekcija (s)	[infektsija]

74. Symptomen. Behandelingen. Deel 3

ziekenhuis (het)	slimnīca (s)	[slimni:tsa]
patiënt (de)	pacients (v)	[patsiɛnts]

diagnose (de)	diagnoze (s)	[diagnɔze]
genezing (de)	ārstēšana (s)	[a:rste:ʃana]
medische behandeling (de)	ārstēšana (s)	[a:rste:ʃana]
onder behandeling zijn	ārstēties	[a:rste:tiɛs]
behandelen (ww)	ārstēt	[a:rste:t]
zorgen (zieken ~)	apkopt	[apkɔpt]
ziekenzorg (de)	apkope (s)	[apkɔpe]

operatie (de)	operācija (s)	[ɔpɛra:tsija]
verbinden (een arm ~)	pārsiet	[pa:rsiɛt]
verband (het)	pārsiešana (s)	[pa:rsiɛʃana]

vaccin (het)	potēšana (s)	[pote:ʃana]
inonton (vaɔɔinɔrɔn)	potōt	[pɔtǝ:t]
injectie (de)	injekcija (s)	[injektsija]
een injectie geven	injicēt	[iɲitse:t]

aanval (de)	lēkme (s)	[le:kme]
amputatie (de)	amputācija (s)	[amputa:tsija]
amputeren (ww)	amputēt	[ampute:t]
coma (het)	koma (s)	[kɔma]
in coma liggen	būt komā	[bu:t kɔma:]
intensieve zorg, ICU (de)	reanimācija (s)	[reanima:tsija]

zich herstellen (ww)	atveseļoties	[atvɛseļɔtiɛs]
toestand (de)	stāvoklis (v)	[sta:vɔklis]
bewustzijn (het)	apziņa (s)	[apziɲa]
geheugen (het)	atmiņa (s)	[atmiɲa]
trekken (een kies ~)	izraut	[izraut]

| vulling (de) | plomba (s) | [plɔmba] |
| vullen (ww) | plombēt | [plɔmbe:t] |

| hypnose (de) | hipnoze (s) | [xipnɔze] |
| hypnotiseren (ww) | hipnotizēt | [xipnɔtize:t] |

75. Artsen

dokter, arts (de)	ārsts (v)	[a:rsts]
ziekenzuster (de)	medmāsa (s)	[medma:sa]
lijfarts (de)	personīgais ārsts (v)	[pɛrsɔni:gais a:rsts]

tandarts (de)	dentists (v)	[dentists]
oogarts (de)	okulists (v)	[ɔkulists]
therapeut (de)	terapeits (v)	[tɛrapɛits]
chirurg (de)	ķirurgs (v)	[tʲirurgs]

psychiater (de)	psihiatrs (v)	[psixiatrs]
pediater (de)	pediatrs (v)	[pediatrs]
psycholoog (de)	psihologs (v)	[psixɔlɔgs]
gynaecoloog (de)	ginekologs (v)	[ginekɔlɔgs]
cardioloog (de)	kardiologs (v)	[kardiɔlɔgs]

76. Geneeskunde. Medicijnen. Accessoires

geneesmiddel (het)	zāles (s dsk)	[za:les]
middel (het)	līdzeklis (v)	[li:dzeklis]
voorschrijven (ww)	izrakstīt	[izraksti:t]
recept (het)	recepte (s)	[retsepte]

tablet (de/het)	tablete (s)	[tablɛte]
zalf (de)	ziede (s)	[ziɛde]
ampul (de)	ampula (s)	[ampula]
drank (de)	mikstūra (s)	[mikstu:ra]
siroop (de)	sīrups (v)	[si:rups]
pil (de)	zāļu kapsula (s)	[za:lʲu kapsula]
poeder (de/het)	pulveris (v)	[pulveris]

verband (het)	saite (s)	[saite]
watten (mv.)	vate (s)	[vate]
jodium (het)	jods (v)	[jɔds]

pleister (de)	plāksteris (v)	[pla:ksteris]
pipet (de)	pipete (s)	[pipɛte]
thermometer (de)	termometrs (v)	[termɔmetrs]
spuit (de)	šļirce (s)	[ʃlʲirtse]

| rolstoel (de) | ratiņkrēsls (v) | [ratiŋkre:sls] |
| krukken (mv.) | kruķi (v dsk) | [krutʲi] |

| pijnstiller (de) | pretsāpju līdzeklis (v) | [pretsa:pju li:dzeklis] |
| laxeermiddel (het) | caurejas līdzeklis (v) | [tsaurejas li:dzeklis] |

spiritus (de)	spirts (v)	[spirts]
medicinale kruiden (mv.)	zāle (s)	[za:le]
kruiden- (abn)	zāļu	[za:lʲu]

77. Roken. Tabaksproducten

tabak (de)	tabaka (s)	[tabaka]
sigaret (de)	cigarete (s)	[tsigarɛte]
sigaar (de)	cigārs (v)	[tsiga:rs]
pijp (de)	pīpe (s)	[pi:pe]
pakje (~ sigaretten)	paciņa (s)	[patsiɲa]

lucifers (mv.)	sērkociņi (v dsk)	[se:rkɔtsiɲi]
luciferdoosje (het)	sērkociņu kastīte (s)	[se:rkɔtsiɲu kasti:te]
aansteker (de)	šķiltavas (s dsk)	[ʃtʲiltavas]
asbak (de)	pelnu trauks (v)	[pelnu trauks]
sigarettendoosje (het)	etvija (s)	[ɛtvija]

| sigarettenpijpje (het) | iemutis (v) | [iɛmutis] |
| filter (de/het) | filtrs (v) | [filtrs] |

roken (ww)	smēķēt	[smɛ:tʲe:t]
een sigaret opsteken	uzsmēķēt	[uzsmɛ:tʲe:t]
roken (het)	smēķēšana (s)	[smɛ:tʲe:ʃana]
roker (de)	smēķētājs (v)	[smɛ:tʲɛ:ta:js]

peuk (de)	izsmēķis (v)	[izsme:tʲis]
rook (de)	dūmi (v dsk)	[du:mi]
as (de)	pelni (v dsk)	[pelni]

HET MENSELIJKE LEEFGEBIED

Stad

78. Stad. Het leven in de stad

stad (de)	pilsēta (s)	[pilsɛ:ta]
hoofdstad (de)	galvaspilsēta (s)	[galvaspilsɛ:ta]
dorp (het)	ciems (v)	[tsiɛms]
plattegrond (de)	pilsētas plāns (v)	[pilsɛ:tas pla:ns]
centrum (ov. een stad)	pilsētas centrs (v)	[pilsɛ:tas tsentrs]
voorstad (de)	piepilsēta (s)	[piɛpilsɛ:ta]
voorstads- (abn)	piepilsētas	[piɛpilsɛ:tas]
randgemeente (de)	nomale (s)	[nɔmale]
omgeving (de)	apkārtnes (s dsk)	[apka:rtnes]
blok (huizenblok)	kvartāls (v)	[kvarta:ls]
woonwijk (de)	dzīvojamais kvartāls (v)	[dzi:vɔjamais kvarta:ls]
verkeer (het)	satiksme (s)	[satiksme]
verkeerslicht (het)	luksofors (v)	[luksɔfɔrs]
openbaar vervoer (het)	sabiedriskais transports (v)	[sabiɛdriskais transpɔrts]
kruispunt (het)	krustojums (v)	[krustɔjums]
zebrapad (oversteekplaats)	gājēju pāreja (s)	[ga:je:ju pa:reja]
onderdoorgang (de)	pazemes pāreja (s)	[pazɛmes pa:reja]
oversteken (de straat ~)	pāriet	[pa:riɛt]
voetganger (de)	kājāmgājējs (v)	[ka:ja:mga:je:js]
trottoir (het)	trotuārs (v)	[trɔtua:rs]
brug (de)	tilts (v)	[tilts]
dijk (de)	krastmala (s)	[krastmala]
fontein (de)	strūklaka (s)	[stru:klaka]
allee (de)	gatve (s)	[gatve]
park (het)	parks (v)	[parks]
boulevard (de)	bulvāris (v)	[bulva:ris]
plein (het)	laukums (v)	[laukums]
laan (de)	prospekts (v)	[prɔspekts]
straat (de)	iela (s)	[iɛla]
zijstraat (de)	šķērsiela (s)	[ʃcʲɛ:rsiɛla]
doodlopende straat (de)	strupceļš (v)	[struptselʲʃ]
huis (het)	māja (s)	[ma:ja]
gebouw (het)	ēka (s)	[ɛ:ka]
wolkenkrabber (de)	augstceltne (s)	[augsttseltne]
gevel (de)	fasāde (s)	[fasa:de]
dak (het)	jumts (v)	[jumts]

venster (het)	logs (v)	[lɔgs]
boog (de)	loks (v)	[lɔks]
pilaar (de)	kolona (s)	[kɔlɔna]
hoek (ov. een gebouw)	stūris (v)	[stuːris]

vitrine (de)	skatlogs (v)	[skatlɔgs]
gevelreclame (de)	izkārtne (s)	[izkaːrtne]
affiche (de/het)	afiša (s)	[afiʃa]
reclameposter (de)	reklāmu plakāts (v)	[reklaːmu plakaːts]
aanplakbord (het)	reklāmu dēlis (v)	[reklaːmu deːlis]

vuilnis (de/het)	atkritumi (v dsk)	[atkritumi]
vuilnisbak (de)	atkritumu tvertne (s)	[atkritumu tvertne]
afval weggooien (ww)	piegružot	[piɛgruʒɔt]
stortplaats (de)	izgāztuve (s)	[izgaːztuve]

telefooncel (de)	telefona būda (s)	[tɛlefɔna buːda]
straatlicht (het)	laterna (s)	[laterna]
bank (de)	sols (v)	[sɔls]

politieagent (de)	policists (v)	[pɔlitsists]
politie (de)	policija (s)	[pɔlitsija]
zwerver (de)	nabags (v)	[nabags]
dakloze (de)	bezpajumtnieks (v)	[bezpajumtniɛks]

79. Stedelijke instellingen

winkel (de)	veikals (v)	[vɛikals]
apotheek (de)	aptieka (s)	[aptiɛka]
optiek (de)	optika (s)	[ɔptika]
winkelcentrum (het)	tirdzniecības centrs (v)	[tirdzniɛtsiːbas tsentrs]
supermarkt (de)	lielveikals (v)	[liɛlvɛikals]

bakkerij (de)	maiznīca (s)	[maizniːtsa]
bakker (de)	maiznieks (v)	[maizniɛks]
banketbakkerij (de)	konditoreja (s)	[kɔnditɔreja]
kruidenier (de)	pārtikas preču veikals (v)	[paːrtikas pretʃu vɛikals]
slagerij (de)	gaļas veikals (v)	[gaļas vɛikals]

groentewinkel (de)	sakņu veikals (v)	[sakņu vɛikals]
markt (de)	tirgus (v)	[tirgus]

koffiehuis (het)	kafejnīca (s)	[kafejniːtsa]
restaurant (het)	restorāns (v)	[restɔraːns]
bar (de)	alus krogs (v)	[alus krɔgs]
pizzeria (de)	picērija (s)	[pitseːrija]

kapperssalon (de/het)	frizētava (s)	[frizɛːtava]
postkantoor (het)	pasts (v)	[pasts]
stomerij (de)	ķīmiskā tīrītava (s)	[tʲiːmiskaː tiːriːtava]
fotostudio (de)	fotostudija (s)	[fɔtɔstudija]

schoenwinkel (de)	apavu veikals (v)	[apavu vɛikals]
boekhandel (de)	grāmatnīca (s)	[graːmatniːtsa]

sportwinkel (de)	sporta preču veikals (v)	[sporta pretʃu vɛikals]
kledingreparatie (de)	apģērbu labošana (s)	[apdʲeːrbu laboʃana]
kledingverhuur (de)	apģērbu noma (s)	[apdʲeːrbu nɔma]
videotheek (de)	filmu noma (s)	[filmu nɔma]

circus (de/het)	cirks (v)	[tsirks]
dierentuin (de)	zoodārzs (v)	[zɔɔdaːrzs]
bioscoop (de)	kinoteātris (v)	[kinɔteaːtris]
museum (het)	muzejs (v)	[muzejs]
bibliotheek (de)	bibliotēka (s)	[bibliɔtɛːka]

theater (het)	teātris (v)	[teaːtris]
opera (de)	opera (s)	[ɔpɛra]
nachtclub (de)	naktsklubs (v)	[naktsklubs]
casino (het)	kazino (v)	[kazinɔ]

moskee (de)	mošeja (s)	[mɔʃeja]
synagoge (de)	sinagoga (s)	[sinagɔga]
kathedraal (de)	katedrāle (s)	[katedraːle]
tempel (de)	dievnams (v)	[diɛvnams]
kerk (de)	baznīca (s)	[bazniːtsa]

instituut (het)	institūts (v)	[instituːts]
universiteit (de)	universitāte (s)	[univɛrsitaːte]
school (de)	skola (s)	[skɔla]

gemeentehuis (het)	prefektūra (s)	[prefektuːra]
stadhuis (het)	mērija (s)	[meːrija]
hotel (het)	viesnīca (s)	[viɛsniːtsa]
bank (de)	banka (s)	[banka]

ambassade (de)	vēstniecība (s)	[veːstniɛtsiːba]
reisbureau (het)	tūrisma aģentūra (s)	[tuːrisma adʲentuːra]
informatieloket (het)	izziņu birojs (v)	[izziɲu birɔjs]
wisselkantoor (het)	apmaiņas punkts (v)	[apmaiɲas punkts]

| metro (de) | metro (v) | [metrɔ] |
| ziekenhuis (het) | slimnīca (s) | [slimniːtsa] |

| benzinestation (het) | degvielas uzpildes stacija (s) | [degviɛlas uzpildes statsija] |

| parking (de) | autostāvvieta (s) | [autɔstaːvviɛta] |

80. Borden

gevelreclame (de)	izkārtne (s)	[izkaːrtne]
opschrift (het)	uzraksts (v)	[uzraksts]
poster (de)	plakāts (v)	[plakaːts]
wegwijzer (de)	ceļrādis (v)	[tselʲraːdis]
pijl (de)	bultiņa (s)	[bultiɲa]

waarschuwing (verwittiging)	brīdinājums (v)	[briːdinaːjums]
waarschuwingsbord (het)	brīdinājums (v)	[briːdinaːjums]
waarschuwen (ww)	brīdināt	[briːdinaːt]

77

vrije dag (de)	brīvdiena (s)	[bri:vdiɛna]
dienstregeling (de)	saraksts (v)	[saraksts]
openingsuren (mv.)	darba laiks (v)	[darba laiks]

WELKOM!	LAIPNI LŪDZAM!	[laipni lu:dzam!]
INGANG	IEEJA	[iɛeja]
UITGANG	IZEJA	[izeja]

DUWEN	GRŪST	[gru:st]
TREKKEN	VILKT	[vilkt]
OPEN	ATVĒRTS	[atve:rts]
GESLOTEN	SLĒGTS	[sle:gts]

| DAMES | SIEVIEŠU | [siɛviɛʃu] |
| HEREN | VĪRIEŠU | [vi:riɛʃu] |

KORTING	ATLAIDES	[atlaides]
UITVERKOOP	IZPĀRDOŠANA	[izpa:rdoʃana]
NIEUW!	JAUNUMS!	[jaunums!]
GRATIS	BEZMAKSAS	[bezmaksas]

PAS OP!	UZMANĪBU!	[uzmani:bu!]
VOLGEBOEKT	BRĪVU VIETU NAV	[bri:vu viɛtu nav]
GERESERVEERD	REZERVĒTS	[rɛzerve:ts]

| ADMINISTRATIE | ADMINISTRĀCIJA | [administra:tsija] |
| ALLEEN VOOR PERSONEEL | TIKAI PERSONĀLAM | [tikai pɛrsona:lam] |

GEVAARLIJKE HOND	NIKNS SUNS	[nikns suns]
VERBODEN TE ROKEN!	SMĒĶĒT AIZLIEGTS!	[smɛ:tʲe:t aizliɛgts!]
NIET AANRAKEN!	AR ROKĀM NEAIZTIKT	[ar roka:m neaiztikt]

GEVAARLIJK	BĪSTAMI	[bi:stami]
GEVAAR	BĪSTAMS	[bi:stams]
HOOGSPANNING	AUGSTSPRIEGUMS	[augstspriɛgums]
VERBODEN TE ZWEMMEN	PELDĒT AIZLIEGTS!	[pelde:t aizliɛgts!]
BUITEN GEBRUIK	NESTRĀDĀ	[nestra:da:]

ONTVLAMBAAR	UGUNSNEDROŠS	[ugunsnedroʃs]
VERBODEN	AIZLIEGTS	[aizliɛgts]
DOORGANG VERBODEN	IEIEJA AIZLIEGTA	[iɛiɛja aizliɛgta]
OPGELET PAS GEVERFD	SVAIGI KRĀSOTS	[svaigi kra:sots]

81. Stedelijk vervoer

bus, autobus (de)	autobuss (v)	[autobus]
tram (de)	tramvajs (v)	[tramvajs]
trolleybus (de)	trolejbuss (v)	[trolejbus]
route (de)	maršruts (v)	[marʃruts]
nummer (busnummer, enz.)	numurs (v)	[numurs]

| rijden met ... | braukt ar ... | [braukt ar ...] |
| stappen (in de bus ~) | iekāpt | [iɛka:pt] |

afstappen (ww)	izkāpt	[izka:pt]
halte (de)	pietura (s)	[piɛtura]
volgende halte (de)	nākamā pietura (s)	[na:kama: piɛtura]
eindpunt (het)	galapunkts (v)	[galapunkts]
dienstregeling (de)	saraksts (v)	[saraksts]
wachten (ww)	gaidīt	[gaidi:t]

| kaartje (het) | biļete (s) | [bilʲɛte] |
| reiskosten (de) | biļetes maksa (s) | [bilʲɛtes maksa] |

kassier (de)	kasieris (v)	[kasiɛris]
kaartcontrole (de)	kontrole (s)	[kontrɔle]
controleur (de)	kontrolieris (v)	[kontrɔliɛris]

te laat zijn (ww)	nokavēties	[nɔkave:tiɛs]
missen (de bus ~)	nokavēt ...	[nɔkave:t ...]
zich haasten (ww)	steigties	[stɛigtiɛs]

taxi (de)	taksometrs (v)	[taksɔmetrs]
taxichauffeur (de)	taksists (v)	[taksists]
met de taxi (bw)	ar taksometru	[ar taksɔmetru]
taxistandplaats (de)	taksometru stāvvieta (s)	[taksɔmetru sta:vviɛta]
een taxi bestellen	izsaukt taksometru	[izsaukt taksɔmetru]
een taxi nemen	nolīgt taksometru	[nɔli:gt taksɔmetru]

verkeer (het)	satiksme (s)	[satiksme]
file (de)	sastrēgums (v)	[sastrɛ:gums]
spitsuur (het)	maksimālās slodzes laiks (v)	[maksima:la:s slɔdzes laiks]
parkeren (on.ww.)	novietot auto	[nɔviɛtɔt autɔ]
parkeren (ov.ww.)	novietot auto	[nɔviɛtɔt autɔ]
parking (de)	autostāvvieta (s)	[autɔsta:vviɛta]

metro (de)	metro (v)	[metrɔ]
halte (bijv. kleine treinhalte)	stacija (s)	[statsija]
de metro nemen	braukt ar metro	[braukt ar metrɔ]
trein (de)	vilciens (v)	[viltsiɛns]
station (treinstation)	dzelzceļa stacija (s)	[dzelztsɛlʲa statsija]

82. Bezienswaardigheden

monument (het)	piemineklis (v)	[piɛmineklis]
vesting (de)	cietoksnis (v)	[tsiɛtɔksnis]
paleis (het)	pils (s)	[pils]
kasteel (het)	pils (s)	[pils]
toren (de)	tornis (v)	[tɔrnis]
mausoleum (het)	mauzolejs (v)	[mauzɔlejs]

architectuur (de)	arhitektūra (s)	[arxitektu:ra]
middeleeuws (bn)	viduslaiku	[viduslaiku]
oud (bn)	senlaiku	[senlaiku]
nationaal (bn)	nacionāls	[natsiɔna:ls]
bekend (bn)	slavens	[slavens]
toerist (de)	tūrists (v)	[tu:rists]

gids (de)	gids (v)	[gids]
rondleiding (de)	ekskursija (s)	[ekskursija]
tonen (ww)	parādīt	[paraːdiːt]
vertellen (ww)	stāstīt	[staːstiːt]

vinden (ww)	atrast	[atrast]
verdwalen (de weg kwijt zijn)	nomaldīties	[nɔmaldiːtiɛs]
plattegrond (~ van de metro)	shēma (s)	[sxɛːma]
plattegrond (~ van de stad)	plāns (v)	[plaːns]

souvenir (het)	suvenīrs (v)	[suveniːrs]
souvenirwinkel (de)	suvenīru veikals (v)	[suveniːru vɛikals]
een foto maken (ww)	fotografēt	[fɔtɔgrafeːt]
zich laten fotograferen	fotografēties	[fɔtɔgrafeːtiɛs]

83. Winkelen

kopen (ww)	pirkt	[pirkt]
aankoop (de)	pirkums (v)	[pirkums]
winkelen (ww)	iepirkties	[iɛpirktiɛs]
winkelen (het)	iepirkšanās (s)	[iɛpirkʃanaːs]

| open zijn (ov. een winkel, enz.) | strādāt | [straːdaːt] |
| gesloten zijn (ww) | slēgties | [sleːgtiɛs] |

schoeisel (het)	apavi (v dsk)	[apavi]
kleren (mv.)	apģērbs (v)	[apdʲeːrbs]
cosmetica (de)	kosmētika (s)	[kɔsmeːtika]
voedingswaren (mv.)	pārtikas produkti (v dsk)	[paːrtikas prɔdukti]
geschenk (het)	dāvana (s)	[daːvana]

| verkoper (de) | pārdevējs (v) | [paːrdɛveːjs] |
| verkoopster (de) | pārdevēja (s) | [paːrdɛveːja] |

kassa (de)	kase (s)	[kase]
spiegel (de)	spogulis (v)	[spɔgulis]
toonbank (de)	lete (s)	[lɛte]
paskamer (de)	pielaikošanas kabīne (s)	[piɛlaikɔjanas kabiːnɛ]

aanpassen (ww)	pielaikot	[piɛlaikɔt]
passen (ov. kleren)	derēt	[dɛreːt]
bevallen (prettig vinden)	patikt	[patikt]

prijs (de)	cena (s)	[tsɛna]
prijskaartje (het)	cenas zīme (s)	[tsɛnas ziːme]
kosten (ww)	maksāt	[maksaːt]
Hoeveel?	Cik?	[tsik?]
korting (de)	atlaide (s)	[atlaide]

niet duur (bn)	ne visai dārgs	[ne visai daːrgs]
goedkoop (bn)	lēts	[leːts]
duur (bn)	dārgs	[daːrgs]
Dat is duur.	Tas ir dārgi	[tas ir daːrgi]

verhuur (de)	noma (s)	[nɔma]
huren (smoking, enz.)	paņemt nomā	[paɲemt nɔma:]
krediet (het)	kredīts (v)	[kredi:ts]
op krediet (bw)	uz kredīta	[uz kredi:ta]

84. Geld

geld (het)	nauda (s)	[nauda]
ruil (de)	maiņa (s)	[maiɲa]
koers (de)	kurss (v)	[kurs]
geldautomaat (de)	bankomāts (v)	[bankɔma:ts]
muntstuk (de)	monēta (s)	[mɔnɛ:ta]

dollar (de)	dolārs (v)	[dɔla:rs]
euro (de)	eiro (v)	[ɛirɔ]

lire (de)	lira (s)	[lira]
Duitse mark (de)	marka (s)	[marka]
frank (de)	franks (v)	[franks]
pond sterling (het)	sterliņu mārciņa (s)	[sterliɲu ma:rtsiɲa]
yen (de)	jena (s)	[jena]

schuld (geldbedrag)	parāds (v)	[para:ds]
schuldenaar (de)	parādnieks (v)	[para:dniɛks]
uitlenen (ww)	aizdot	[aizdɔt]
lenen (geld ~)	aizņemties	[aizɲemtiɛs]

bank (de)	banka (s)	[banka]
bankrekening (de)	konts (v)	[kɔnts]
storten (ww)	noguldīt	[nɔguldi:t]
op rekening storten	noguldīt kontā	[nɔguldi:t kɔnta:]
opnemen (ww)	izņemt no konta	[izɲemt nɔ kɔnta]

kredietkaart (de)	kredītkarte (s)	[kredi:tkarte]
baar geld (het)	skaidra nauda (v)	[skaidra nauda]
cheque (de)	čeks (v)	[tʃeks]
een cheque uitschrijven	izrakstīt čeku	[izraksti:t tʃeku]
chequeboekje (het)	čeku grāmatiņa (s)	[tʃɛku gra:matiɲa]

portefeuille (de)	maks (v)	[maks]
geldbeugel (de)	maks (v)	[maks]
safe (de)	seifs (v)	[sɛifs]

erfgenaam (de)	mantinieks (v)	[mantiniɛks]
erfenis (de)	mantojums (v)	[mantɔjums]
fortuin (het)	mantība (s)	[mɑnti:ba]

huur (de)	rentēšana (s)	[rente:ʃana]
huurprijs (de)	īres maksa (s)	[i:res maksa]
huren (huis, kamer)	īrēt	[i:re:t]

prijs (de)	cena (s)	[tsɛna]
kostprijs (de)	vērtība (s)	[ve:rti:ba]
som (de)	summa (s)	[summa]

uitgeven (geld besteden)	tērēt	[tɛ:re:t]
kosten (mv.)	izdevumi (v dsk)	[izdɛvumi]
bezuinigen (ww)	taupīt	[taupi:t]
zuinig (bn)	taupīgs	[taupi:gs]

betalen (ww)	maksāt	[maksa:t]
betaling (de)	samaksa (s)	[samaksa]
wisselgeld (het)	atlikums (v)	[atlikums]

belasting (de)	nodoklis (v)	[nɔdɔklis]
boete (de)	sods (v)	[sɔds]
beboeten (bekeuren)	uzlikt naudas sodu	[uzlikt naudas sɔdu]

85. Post. Postkantoor

postkantoor (het)	pasts (v)	[pasts]
post (de)	pasts (v)	[pasts]
postbode (de)	pastnieks (v)	[pastnieks]
openingsuren (mv.)	darba laiks (v)	[darba laiks]

brief (de)	vēstule (s)	[ve:stule]
aangetekende brief (de)	ierakstīta vēstule (s)	[iɛraksti:ta ve:stule]
briefkaart (de)	pastkarte (s)	[pastkarte]
telegram (het)	telegramma (s)	[tɛlegramma]
postpakket (het)	sūtījums (v)	[su:ti:jums]
overschrijving (de)	naudas pārvedums (v)	[naudas pa:rvɛdums]

ontvangen (ww)	saņemt	[saɲemt]
sturen (zenden)	nosūtīt	[nɔsu:ti:t]
verzending (de)	aizsūtīšana (s)	[aizsu:ti:ʃana]

adres (het)	adrese (s)	[adrɛse]
postcode (de)	indekss (v)	[indeks]
verzender (de)	sūtītājs (v)	[su:ti:ta:js]
ontvanger (de)	saņēmējs (v)	[saɲɛ:me:js]

| naam (de) | vārds (v) | [va:rds] |
| achternaam (de) | uzvārds (v) | [uzva:rds] |

tarief (het)	tarifs (v)	[tarifs]
standaard (bn)	parasts	[parasts]
zuinig (bn)	ekonomisks	[ekɔnɔmisks]

gewicht (het)	svars (v)	[svars]
afwegen (op de weegschaal)	svērt	[sve:rt]
envelop (de)	aploksne (s)	[aplɔksne]
postzegel (de)	marka (s)	[marka]
een postzegel plakken op	uzlīmēt marku	[uzli:me:t marku]

Woning. Huis. Thuis

86. Huis. Woning

huis (het)	māja (s)	[ma:ja]
thuis (bw)	mājās	[ma:ja:s]
cour (de)	sēta (s)	[sɛ:ta]
omheining (de)	žogs (v)	[ʒɔgs]

baksteen (de)	ķieģelis (v)	[tʲiɛdʲelis]
van bakstenen	ķieģeļu	[tʲiɛdʲɛlʲu]
steen (de)	akmens (v)	[akmens]
stenen (bn)	akmeņu	[akmɛɲu]
beton (het)	betons (v)	[betɔns]
van beton	betona	[betɔna]

nieuw (bn)	jauns	[jauns]
oud (bn)	vecs	[vets]
vervallen (bn)	vecs	[vets]
modern (bn)	moderns	[mɔderns]
met veel verdiepingen	daudzstāvu	[daudzsta:vu]
hoog (bn)	augsts	[augsts]

verdieping (de)	stāvs (v)	[sta:vs]
met een verdieping	vienstāva	[viɛnsta:va]

laagste verdieping (de)	apakšstāvs (v)	[apakʃsta:vs]
bovenverdieping (de)	augšstāvs (v)	[augʃsta:vs]

dak (het)	jumts (v)	[jumts]
schoorsteen (de)	skurstenis (v)	[skurstenis]

dakpan (de)	dakstiņi (v dsk)	[dakstiɲi]
pannen- (abn)	dakstiņu	[dakstiɲu]
zolder (de)	bēniņi (v dsk)	[be:niɲi]

venster (het)	logs (v)	[lɔgs]
glas (het)	stikls (v)	[stikls]

vensterbank (de)	palodze (s)	[palɔdze]
luiken (mv.)	slēģi (v dsk)	[sle:dʲi]

muur (de)	siena (s)	[siɛna]
balkon (het)	balkons (v)	[balkɔns]
regenpijp (de)	notekcaurule (s)	[nɔtektsaurule]

boven (bw)	augšā	[augʃa:]
naar boven gaan (ww)	kāpt augšup	[ka:pt augʃup]
afdalen (on.ww.)	nokāpt	[nɔka:pt]
verhuizen (ww)	pārcelties	[pa:rtseltiɛs]

87. Huis. Ingang. Lift

ingang (de)	ieeja (s)	[iɛeja]
trap (de)	kāpnes (s dsk)	[ka:pnes]
treden (mv.)	pakāpieni (v dsk)	[paka:piɛni]
trapleuning (de)	margas (s dsk)	[margas]
hal (de)	halle (s)	[xalle]

postbus (de)	pastkastīte (s)	[pastkasti:te]
vuilnisbak (de)	atkritumu tvertne (s)	[atkritumu tvertne]
vuilniskoker (de)	atkritumvads (v)	[atkritumvads]

lift (de)	lifts (v)	[lifts]
goederenlift (de)	kravas lifts (v)	[kravas lifts]
liftcabine (de)	kabīne (s)	[kabi:ne]
de lift nemen	braukt ar liftu	[braukt ar liftu]

appartement (het)	dzīvoklis (v)	[dzi:vɔklis]
bewoners (mv.)	mājas iedzīvotāji (v dsk)	[ma:jas iɛdzi:vɔta:ji]
buurman (de)	kaimiņš (v)	[kaimiɲʃ]
buurvrouw (de)	kaimiņiene (s)	[kaimiɲiɛne]
buren (mv.)	kaimiņi (v dsk)	[kaimiɲi]

88. Huis. Elektriciteit

elektriciteit (de)	elektrība (s)	[ɛlektri:ba]
lamp (de)	spuldze (s)	[spuldze]
schakelaar (de)	izslēdzējs (v)	[izsle:dze:js]
zekering (de)	drošinātājs (v)	[drɔʃina:ta:js]

draad (de)	vads (v)	[vads]
bedrading (de)	instalācija (s)	[instala:tsija]
elektriciteitsmeter (de)	skaitītājs (v)	[skaiti:ta:js]
gegevens (mv.)	rādījums (v)	[ra:di:jums]

89. Huis. Deuren. Sloten

deur (de)	durvis (s dsk)	[durvis]
toegangspoort (de)	vārti (v dsk)	[va:rti]
deurkruk (de)	rokturis (v)	[rɔkturis]
ontsluiten (ontgrendelen)	attaisīt	[attaisi:t]
openen (ww)	atvērt	[atve:rt]
sluiten (ww)	aizvērt	[aizve:rt]

sleutel (de)	atslēga (s)	[atslɛ:ga]
sleutelbos (de)	saišķis (v)	[saiʃtʲis]
knarsen (bijv. scharnier)	čirkstēt	[tʃirkste:t]
knarsgeluid (het)	čirkstoņa (s)	[tʃirkstɔɲa]
scharnier (het)	eņģe (s)	[eɲdʲe]
deurmat (de)	paklājiņš (v)	[pakla:jiɲʃ]
slot (het)	slēdzis (v)	[sle:dzis]

sleutelgat (het)	atslēgas caurums (v)	[atslɛ:gas tsaurums]
grendel (de)	aizšaujamais (v)	[aizʃaujamais]
schuif (de)	aizbīdnis (v)	[aizbi:dnis]
hangslot (het)	piekaramā slēdzene (s)	[piɛkarama: sle:dzɛne]

aanbellen (ww)	zvanīt	[zvani:t]
bel (geluid)	zvans (v)	[zvans]
deurbel (de)	zvans (v)	[zvans]
belknop (de)	poga (s)	[pɔga]
geklop (het)	klaudziens (v)	[klaudziɛns]
kloppen (ww)	klauvēt	[klauve:t]

code (de)	kods (v)	[kɔds]
cijferslot (het)	kodu slēdzene (s)	[kɔdu sle:dzɛne]
parlofoon (de)	namrunis (v)	[namrunis]
nummer (het)	numurs (v)	[numurs]
naambordje (het)	tabuliņa (s)	[tabuliɲa]
deurspion (de)	actiņa (s)	[atstiɲa]

90. Huis op het platteland

dorp (het)	ciems (v)	[tsiɛms]
moestuin (de)	sakņu dārzs (v)	[sakɲu da:rzs]
hek (het)	žogs (v)	[ʒɔgs]
houten hekwerk (het)	sēta (s)	[sɛ:ta]
tuinpoortje (het)	vārtiņi (v dsk)	[va:rtiɲi]

graanschuur (de)	klēts (v)	[kle:ts]
wortelkelder (de)	pagrabs (v)	[pagrabs]
schuur (de)	šķūnis (v)	[ʃtʲu:nis]
waterput (de)	aka (s)	[aka]

kachel (de)	krāsns (v)	[kra:sns]
de kachel stoken	kurināt	[kurina:t]
brandhout (het)	malka (v, s)	[malka]
houtblok (het)	pagale (s)	[pagale]

veranda (de)	veranda (s)	[vɛranda]
terras (het)	terase (s)	[tɛrase]
bordes (het)	lievenis (v)	[liɛvenis]
schommel (de)	šūpoles (s dsk)	[ʃu:pɔles]

91. Villa. Herenhuis

landhuisje (het)	ārpilsētas māja (s)	[a:rpilsɛ:tas ma:ja]
villa (de)	villa (s)	[villa]
vleugel (de)	ēkas spārns (v)	[ɛ:kas spa:rns]

tuin (de)	dārzs (v)	[da:rzs]
park (het)	parks (v)	[parks]
oranjerie (de)	oranžērija (s)	[ɔranʒe:rija]
onderhouden (tuin, enz.)	kopt	[kɔpt]

zwembad (het)	baseins (v)	[basɛins]
gym (het)	sporta zāle (s)	[spɔrta zɑ:le]
tennisveld (het)	tenisa laukums (v)	[tenisa laukums]
bioscoopkamer (de)	kinoteātris (v)	[kinɔtea:tris]
garage (de)	garāža (s)	[gara:ʒa]

| privé-eigendom (het) | privātīpašums (v) | [priva:ti:paʃums] |
| eigen terrein (het) | privātīpašums (v) | [priva:ti:paʃums] |

| waarschuwing (de) | brīdinājums (v) | [bri:dina:jums] |
| waarschuwingsbord (het) | brīdinājuma zīme (s) | [bri:dina:juma zi:me] |

bewaking (de)	apsardze (s)	[apsardze]
bewaker (de)	apsargs (v)	[apsargs]
inbraakalarm (het)	signalizācija (s)	[signaliza:tsija]

92. Kasteel. Paleis

kasteel (het)	pils (s)	[pils]
paleis (het)	pils (s)	[pils]
vesting (de)	cietoksnis (v)	[tsiɛtɔksnis]
ringmuur (de)	cietokšņa mūris (v)	[tsiɛtɔkʃɲa mu:ris]
toren (de)	tornis (v)	[tɔrnis]
donjon (de)	galvenais tornis (v)	[galvɛnais tɔrnis]

valhek (het)	nolaižamie vārti (v dsk)	[nɔlaiʒamiɛ va:rti]
onderaardse gang (de)	pazemes eja (s)	[pazɛmes eja]
slotgracht (de)	grāvis (v)	[gra:vis]
ketting (de)	ķēde (s)	[tʲɛ:de]
schietgat (het)	šaujamlūka (s)	[ʃaujamlu:ka]

prachtig (bn)	lielisks	[liɛlisks]
majestueus (bn)	dižens	[diʒens]
onneembaar (bn)	neaizsniedzams	[neaizsniɛdzams]
middeleeuws (bn)	viduslaiku	[viduslaiku]

93. Appartement

appartement (het)	dzīvoklis (v)	[dzi:vɔklis]
kamer (de)	istaba (s)	[istaba]
slaapkamer (de)	guļamistaba (s)	[guļamistaba]
eetkamer (de)	ēdamistaba (s)	[ɛ:damistaba]
salon (de)	viesistaba (s)	[viɛsistaba]
studeerkamer (de)	kabinets (v)	[kabinets]

gang (de)	priekštelpa (s)	[priɛkʃtelpa]
badkamer (de)	vannas istaba (s)	[vannas istaba]
toilet (het)	tualete (s)	[tualɛte]

plafond (het)	griesti (v dsk)	[griɛsti]
vloer (de)	grīda (s)	[gri:da]
hoek (de)	kakts (v)	[kakts]

94. Appartement. Schoonmaken

schoonmaken (ww)	uzkopt	[uzkɔpt]
opbergen (in de kast, enz.)	aizvākt	[aizvaːkt]
stof (het)	putekļi (v dsk)	[puteklʲi]
stoffig (bn)	putekļains	[puteklʲains]
stoffen (ww)	slaucīt putekļus	[slautsiːt puteklʲus]
stofzuiger (de)	putekļu sūcējs (v)	[puteklʲu suːtseːjs]
stofzuigen (ww)	sūkt putekļus	[suːkt puteklʲus]

vegen (de vloer ~)	slaucīt	[slautsiːt]
veegsel (het)	saslaukas (s dsk)	[saslaukas]
orde (de)	kārtība (s)	[kaːrtiːba]
wanorde (de)	nekārtība (s)	[nɛkaːrtiːba]

zwabber (de)	birste (s)	[birste]
poetsdoek (de)	lupata (s)	[lupata]
veger (de)	slota (s)	[slɔta]
stofblik (het)	liekšķere (s)	[liɛkʃtʲɛre]

95. Meubels. Interieur

meubels (mv.)	mēbeles (s dsk)	[meːbɛles]
tafel (de)	galds (v)	[galds]
stoel (de)	krēsls (v)	[kreːsls]
bed (het)	gulta (s)	[gulta]
bankstel (het)	dīvāns (v)	[diːvaːns]
fauteuil (de)	atpūtas krēsls (v)	[atpuːtas kreːsls]

boekenkast (de)	grāmatplaukts (v)	[graːmatplaukts]
boekenrek (het)	plaukts (v)	[plaukts]

kledingkast (de)	drēbju skapis (v)	[dreːbju skapis]
kapstok (de)	pakaramais (v)	[pakaramais]
staande kapstok (de)	stāvpakaramais (v)	[staːvpakaramais]

commode (de)	kumode (s)	[kumɔde]
salontafeltje (het)	žurnālu galdiņš (v)	[ʒurnaːlu galdiɲʃ]

spiegel (de)	spogulis (v)	[spɔgulis]
tapijt (het)	paklājs (v)	[paklaːjs]
tapijtje (het)	paklājiņš (v)	[paklaːjiɲʃ]

haard (de)	kamīns (v)	[kamiːns]
kaars (de)	svece (s)	[svetse]
kandelaar (de)	svečturis (v)	[svetʃturis]

gordijnen (mv.)	aizkari (v dsk)	[aizkari]
behang (het)	tapetes (s dsk)	[tapɛtes]
jaloezie (de)	žalūzijas (s dsk)	[ʒaluːzijas]

bureaulamp (de)	galda lampa (s)	[galda lampa]
wandlamp (de)	gaismeklis (v)	[gaismeklis]

staande lamp (de)	**stāvlampa** (s)	[sta:vlampa]
luchter (de)	**lustra** (s)	[lustra]

poot (ov. een tafel, enz.)	**kāja** (s)	[ka:ja]
armleuning (de)	**elkoņa balsts** (v)	[elkoɲa balsts]
rugleuning (de)	**atzveltne** (s)	[atzveltne]
la (de)	**atvilktne** (s)	[atvilktne]

96. Beddengoed

beddengoed (het)	**gultas veļa** (s)	[gultas vɛlʲa]
kussen (het)	**spilvens** (v)	[spilvens]
kussenovertrek (de)	**spilvendrāna** (s)	[spilvendra:na]
deken (de)	**sega** (s)	[sɛga]
laken (het)	**palags** (v)	[palags]
sprei (de)	**pārsegs** (v)	[pa:rsegs]

97. Keuken

keuken (de)	**virtuve** (s)	[virtuve]
gas (het)	**gāze** (s)	[ga:ze]
gasfornuis (het)	**gāzes plīts** (v)	[ga:zes pli:ts]
elektrisch fornuis (het)	**elektriskā plīts** (v)	[ɛlektriska: pli:ts]
oven (de)	**cepeškrāsns** (v)	[tsɛpeʃkra:sns]
magnetronoven (de)	**mikroviļņu krāsns** (v)	[mikrɔvilʲɲu kra:sns]

koelkast (de)	**ledusskapis** (v)	[lɛduskapis]
diepvriezer (de)	**saldētava** (s)	[saldɛ:tava]
vaatwasmachine (de)	**trauku mazgājamā mašīna** (s)	[trauku mazga:jama: maʃi:na]

vleesmolen (de)	**gaļas mašīna** (s)	[galʲas maʃi:na]
vruchtenpers (de)	**sulu spiede** (s)	[sulu spiɛde]
toaster (de)	**tosters** (v)	[tɔstɛrs]
mixer (de)	**mikseris** (v)	[mikseris]

koffiemachine (de)	**kafijas aparāts** (v)	[kafijas apara:ts]
koffiepot (de)	**kafijas kanna** (s)	[kafijas kanna]
koffiemolen (de)	**kafijas dzirnaviņas** (s)	[kafijas dzirnaviɲas]

fluitketel (de)	**tējkanna** (s)	[te:jkanna]
theepot (de)	**tējkanna** (s)	[te:jkanna]
deksel (de/het)	**vāciņš** (v)	[va:tsiɲʃ]
theezeefje (het)	**sietiņš** (v)	[siɛtiɲʃ]

lepel (de)	**karote** (s)	[karɔte]
theelepeltje (het)	**tējkarote** (s)	[te:jkarɔte]
eetlepel (de)	**ēdamkarote** (s)	[ɛ:damkarɔte]
vork (de)	**dakša** (s)	[dakʃa]
mes (het)	**nazis** (v)	[nazis]
vaatwerk (het)	**galda piederumi** (v dsk)	[galda piɛdɛrumi]
bord (het)	**šķīvis** (v)	[ʃtʲi:vis]

schoteltje (het)	apakštase (s)	[apakʃtase]
likeurglas (het)	glāzīte (s)	[gla:zi:te]
glas (het)	glāze (s)	[gla:ze]
kopje (het)	tase (s)	[tase]

suikerpot (de)	cukurtrauks (v)	[tsukurtrauks]
zoutvat (het)	sālstrauks (v)	[sa:lstrauks]
pepervat (het)	piparu trauciņš (v)	[piparu trautsiɲʃ]
boterschaaltje (het)	sviesta trauks (v)	[sviɛsta trauks]

steelpan (de)	kastrolis (v)	[kastrɔlis]
bakpan (de)	panna (s)	[panna]
pollepel (de)	smeļamkarote (s)	[smɛlʲamkarɔte]
vergiet (de/het)	caurduris (v)	[tsaurduris]
dienblad (het)	paplāte (s)	[papla:te]

fles (de)	pudele (s)	[pudɛle]
glazen pot (de)	burka (s)	[burka]
blik (conserven~)	bundža (s)	[bundʒa]

flesopener (de)	atvere (s)	[atvɛre]
blikopener (de)	atvere (s)	[atvɛre]
kurkentrekker (de)	korķviļķis (v)	[kortʲvilʲtʲis]
filter (de/het)	filtrs (v)	[filtrs]
filteren (ww)	filtrēt	[filtre:t]

| huisvuil (het) | atkritumi (v dsk) | [atkritumi] |
| vuilnisemmer (de) | atkritumu tvertne (s) | [atkritumu tvertne] |

98. Badkamer

badkamer (de)	vannas istaba (s)	[vannas istaba]
water (het)	ūdens (v)	[u:dens]
kraan (de)	krāns (v)	[kra:ns]
warm water (het)	karsts ūdens (v)	[karsts u:dens]
koud water (het)	auksts ūdens (v)	[auksts u:dens]

tandpasta (de)	zobu pasta (s)	[zɔbu pasta]
tanden poetsen (ww)	tīrīt zobus	[ti:ri:t zɔbus]
tandenborstel (de)	zobu birste (s)	[zɔbu birste]

zich scheren (ww)	skūties	[sku:tiɛs]
scheercrème (de)	skūšanās putas (s)	[sku:ʃana:s putas]
scheermes (het)	skuveklis (v)	[skuveklis]

wassen (ww)	mazgāt	[mazga:t]
een bad nemen	mazgāties	[mazga:tiɛs]
douche (de)	duša (s)	[duʃa]
een douche nemen	iet dušā	[iɛt duʃa:]

bad (het)	vanna (s)	[vanna]
toiletpot (de)	klozetpods (v)	[klɔzetpɔds]
wastafel (de)	izlietne (s)	[izliɛtne]
zeep (de)	ziepes (s dsk)	[ziɛpes]

zeepbakje (het)	ziepju trauks (v)	[ziɛpju trauks]
spons (de)	sūklis (v)	[su:klis]
shampoo (de)	šampūns (v)	[ʃampu:ns]
handdoek (de)	dvielis (v)	[dviɛlis]
badjas (de)	halāts (v)	[xala:ts]

was (bijv. handwas)	veļas mazgāšana (s)	[vɛlʲas mazga:ʃana]
wasmachine (de)	veļas mazgājamā mašīna (s)	[vɛlʲas mazga:jama: maʃi:na]
de was doen	mazgāt veļu	[mazga:t vɛlʲu]
waspoeder (de)	veļas pulveris (v)	[vɛlʲas pulveris]

99. Huishoudelijke apparaten

televisie (de)	televizors (v)	[tɛlevizɔrs]
cassettespeler (de)	magnetofons (v)	[magnetɔfɔns]
videorecorder (de)	videomagnetofons (v)	[videɔmagnetɔfɔns]
radio (de)	radio uztvērējs (v)	[radiɔ uztvɛ:re:js]
speler (de)	atskaņotājs (v)	[atskaɲɔta:js]

videoprojector (de)	video projektors (v)	[videɔ prɔjektɔrs]
home theater systeem (het)	mājas kinoteātris (v)	[ma:jas kinɔtea:tris]
DVD-speler (de)	DVD atskaņotājs (v)	[dvd atskaɲɔta:js]
versterker (de)	pastiprinātājs (v)	[pastiprina:ta:js]
spelconsole (de)	spēļu konsole (s)	[spɛ:lʲu kɔnsɔle]

videocamera (de)	videokamera (s)	[videɔkamɛra]
fotocamera (de)	fotoaparāts (v)	[fɔtɔapara:ts]
digitale camera (de)	digitālais fotoaparāts (v)	[digita:lais fɔtɔapara:ts]

stofzuiger (de)	putekļu sūcējs (v)	[puteklʲu su:tse:js]
strijkijzer (het)	gludeklis (v)	[gludeklis]
strijkplank (de)	gludināmais dēlis (v)	[gludina:mais de:lis]

telefoon (de)	tālrunis (v)	[ta:lrunis]
mobieltje (het)	mobilais tālrunis (v)	[mɔbilais ta:lrunis]
schrijfmachine (de)	rakstāmmašīna (s)	[raksta:mmaʃi:na]
naaimachine (de)	šujmašīna (s)	[ʃujmaʃi:na]

microfoon (de)	mikrofons (v)	[mikrɔfɔns]
koptelefoon (de)	austiņas (s dsk)	[austiɲas]
afstandsbediening (de)	pults (v)	[pults]

CD (de)	kompaktdisks (v)	[kɔmpaktdisks]
cassette (de)	kasete (s)	[kasɛte]
vinylplaat (de)	plate (s)	[plate]

100. Reparaties. Renovatie

renovatie (de)	remonts (v)	[remɔnts]
renoveren (ww)	renovēt	[renɔve:t]
repareren (ww)	remontēt	[remɔnte:t]

op orde brengen	sakārtot	[saka:rtɔt]
overdoen (ww)	pārtaisīt	[pa:rtaisi:t]

verf (de)	krāsa (s)	[kra:sa]
verven (muur ~)	krāsot	[kra:sɔt]
schilder (de)	krāsotājs (v)	[kra:sɔta:js]
kwast (de)	ota (s)	[ɔta]

kalk (de)	krīts (v)	[kri:ts]
kalken (ww)	balināt	[balina:t]

behang (het)	tapetes (s dsk)	[tapɛtes]
behangen (ww)	izlīmēt tapetes	[izli:me:t tapɛtes]
lak (de/het)	laka (s)	[laka]
lakken (ww)	nolakot	[nɔlakɔt]

101. Loodgieterswerk

water (het)	ūdens (v)	[u:dens]
warm water (het)	karsts ūdens (v)	[karsts u:dens]
koud water (het)	auksts ūdens (v)	[auksts u:dens]
kraan (de)	krāns (v)	[kra:ns]

druppel (de)	piliens (v)	[piliɛns]
druppelen (ww)	pilēt	[pile:t]
lekken (een lek hebben)	tecēt	[tetse:t]
lekkage (de)	sūce (s)	[su:tse]
plasje (het)	peļķe (s)	[pelˈtˈe]

buis, leiding (de)	caurule (s)	[tsaurule]
stopkraan (de)	ventilis (v)	[ventilis]
verstopt raken (ww)	aizsērēt	[aizsɛ:re:t]

gereedschap (het)	instrumenti (v dsk)	[instrumenti]
Engelse sleutel (de)	bīdatslēga (s)	[bi:datslɛ:ga]
losschroeven (ww)	atgriezt	[atgriɛzt]
aanschroeven (ww)	aizgriezt	[aizgriɛzt]

ontstoppen (riool, enz.)	izslaucīt	[izslautsi:t]
loodgieter (de)	santehniķis (v)	[santexnitˈis]
kelder (de)	pagrabs (v)	[pagrabs]
riolering (de)	kanalizācija (s)	[kanaliza:tsija]

102. Brand. Vuurzee

vuur (het)	uguns (v)	[uguns]
vlam (de)	liesma (s)	[liɛsma]
vonk (de)	dzirkstele (s)	[dzirkstɛle]
rook (de)	dūmi (v dsk)	[du:mi]
fakkel (de)	lāpa (s)	[la:pa]
kampvuur (het)	ugunskurs (v)	[ugunskurs]
benzine (de)	benzīns (v)	[benzi:ns]

T&P Books. Thematische woordenschat Nederlands-Lets - 9000 woorden

kerosine (de)	petroleja (s)	[petrɔleja]
brandbaar (bn)	degošs	[degɔʃs]
ontplofbaar (bn)	eksplozīvs	[eksplɔzi:vs]
VERBODEN TE ROKEN!	SMĒĶĒT AIZLIEGTS!	[smɛ:tʲe:t aizliɛgts!]

veiligheid (de)	drošība (s)	[drɔʃi:ba]
gevaar (het)	bīstams (v)	[bi:stams]
gevaarlijk (bn)	bīstams	[bi:stams]

in brand vliegen (ww)	iedegties	[iɛdegtiɛs]
explosie (de)	sprādziens (v)	[spra:dziɛns]
in brand steken (ww)	aizdedzināt	[aizdedzina:t]
brandstichter (de)	dedzinātājs (v)	[dedzina:ta:js]
brandstichting (de)	dedzināšana (s)	[dedzina:ʃana]

vlammen (ww)	liesmot	[liɛsmɔt]
branden (ww)	degt	[degt]
afbranden (ww)	nodegt	[nɔdegt]

de brandweer bellen	izsaukt ugunsdzēsējus	[izsaukt ugunsdzɛ:se:jus]
brandweerman (de)	ugunsdzēsējs (v)	[ugunsdzɛ:se:js]
brandweerwagen (de)	ugunsdzēsēju mašīna (s)	[ugunsdzɛ:se:ju maʃi:na]
brandweer (de)	ugunsdzēsēju komanda (s)	[ugunsdzɛ:se:ju kɔmanda]
uitschuifbare ladder (de)	ugunsdzēsēju kāpnes (s dsk)	[ugunsdzɛ:se:ju ka:pnes]

brandslang (de)	šļūtene (s)	[ʃlʲu:tɛne]
brandblusser (de)	ugunsdzēšamais aparāts (v)	[ugunsdze:ʃamais apara:ts]
helm (de)	ķivere (s)	[tʲivɛre]
sirene (de)	sirēna (s)	[sirɛ:na]

roepen (ww)	kliegt	[kliɛgt]
hulp roepen	saukt palīgā	[saukt pali:ga:]
redder (de)	glābējs (v)	[gla:be:js]
redden (ww)	glābt	[gla:bt]

aankomen (per auto, enz.)	atbraukt	[atbraukt]
blussen (ww)	dzēst	[dze:st]
water (het)	ūdens (v)	[u:dens]
zand (het)	smiltis (s dsk)	[smiltis]

ruïnes (mv.)	drupas (s dsk)	[drupas]
instorten (gebouw, enz.)	sabrukt	[sabrukt]
ineenstorten (ww)	sabrukt	[sabrukt]
inzakken (ww)	sagāzties	[saga:ztiɛs]

brokstuk (het)	atlūza (s)	[atlu:za]
as (de)	pelni (v dsk)	[pelni]

verstikken (ww)	nosmakt	[nɔsmakt]
omkomen (ww)	nomirt	[nɔmirt]

MENSELIJKE ACTIVITEITEN

Baan. Business. Deel 1

103. Kantoor. Op kantoor werken

kantoor (het)	birojs (v)	[birɔjs]
kamer (de)	kabinets (v)	[kabinets]
receptie (de)	reģistratūra (s)	[redistratu:ra]
secretaris (de)	sekretārs (v)	[sekrɛta:rs]
secretaresse (de)	sekretāre (s)	[sekrɛta:re]
directeur (de)	direktors (v)	[direktɔrs]
manager (de)	menedžeris (v)	[mɛnedʒeris]
boekhouder (de)	grāmatvedis (v)	[gra:matvedis]
werknemer (de)	darbinieks (v)	[darbiniɛks]
meubilair (het)	mēbeles (s dsk)	[me:bɛles]
tafel (de)	galds (v)	[galds]
bureaustoel (de)	krēsls (v)	[kre:sls]
ladeblok (het)	atvilktņu bloks (v)	[atvilktɲu blɔks]
kapstok (de)	stāvpakaramais (v)	[sta:vpakaramais]
computer (de)	dators (v)	[datɔrs]
printer (de)	printeris (v)	[printeris]
fax (de)	fakss (v)	[faks]
kopieerapparaat (het)	kopējamais aparāts (v)	[kɔpe:jamais apara:ts]
papier (het)	papīrs (v)	[papi:rs]
kantoorartikelen (mv.)	kancelejas preces (s dsk)	[kantsɛlejas pretses]
muismat (de)	paliktnis (v)	[paliktnis]
blad (het)	lapa (s)	[lapa]
ordner (de)	mape (s)	[mape]
catalogus (de)	katalogs (v)	[katalɔgs]
telefoongids (de)	rokasgrāmata (s)	[rɔkasgra:mata]
documentatie (de)	dokumentācija (s)	[dɔkumenta:tsija]
brochure (de)	brošūra (s)	[brɔʃu:ra]
flyer (de)	skrejlapa (s)	[skrejlapa]
monster (het), staal (de)	paraugs (v)	[paraugs]
training (de)	praktiskā nodarbība (s)	[praktiska: nɔdarbi:ba]
vergadering (de)	sapulce (s)	[sapultse]
lunchpauze (de)	pusdienu pārtraukums (v)	[pusdiɛnu pa:rtraukums]
een kopie maken	kopēt	[kɔpe:t]
de kopieën maken	pavairot	[pavairɔt]
een fax ontvangen	saņemt faksu	[saɲemt faksu]
een fax versturen	sūtīt faksu	[su:ti:t faksu]

opbellen (ww)	piezvanīt	[piɛzvani:t]
antwoorden (ww)	atbildēt	[atbilde:t]
doorverbinden (ww)	savienot	[saviɛnɔt]

afspreken (ww)	nozīmēt	[nɔzi:me:t]
demonstreren (ww)	demonstrēt	[demɔnstre:t]
absent zijn (ww)	nebūt klāt	[nɛbu:t kla:t]
afwezigheid (de)	kavējums (v)	[kave:jums]

104. Bedrijfsprocessen. Deel 1

bedrijf (business)	darīšanas (s dsk)	[dari:ʃanas]
zaak (de), beroep (het)	process (v)	[prɔtses]
firma (de)	firma (s)	[firma]
bedrijf (maatschap)	kompānija (s)	[kɔmpa:nija]
corporatie (de)	korporācija (s)	[kɔrpɔra:tsija]
onderneming (de)	uzņēmums (v)	[uzɲɛ:mums]
agentschap (het)	aģentūra (s)	[adʲentu:ra]

overeenkomst (de)	līgums (v)	[li:gums]
contract (het)	līgums (v)	[li:gums]
transactie (de)	darījums (v)	[dari:jums]
bestelling (de)	pasūtījums (v)	[pasu:ti:jums]
voorwaarde (de)	nosacījums (v)	[nɔsatsi:jums]

in het groot (bw)	vairumā	[vairuma:]
groothandels- (abn)	vairum-	[vairum-]
groothandel (de)	vairumtirdzniecība (s)	[vairumtirdzniɛtsi:ba]
kleinhandels- (abn)	mazumtirdzniecības-	[mazumtirdzniɛtsi:bas-]
kleinhandel (de)	mazumtirdzniecība (s)	[mazumtirdzniɛtsi:ba]

concurrent (de)	konkurents (v)	[kɔnkurents]
concurrentie (de)	konkurence (s)	[kɔnkurentse]
concurreren (ww)	konkurēt	[kɔnkure:t]

| partner (de) | partneris (v) | [partneris] |
| partnerschap (het) | partnerība (s) | [partneri:ba] |

crisis (de)	krīze (s)	[kri:ze]
bankroet (het)	bankrots (v)	[bankrɔts]
bankroet gaan (ww)	bankrotēt	[bankrɔte:t]
moeilijkheid (de)	grūtības (s dsk)	[gru:ti:bas]
probleem (het)	problēma (s)	[prɔblɛ:ma]
catastrofe (de)	katastrofa (s)	[katastrɔfa]

economie (de)	ekonomika (s)	[ekɔnɔmika]
economisch (bn)	ekonomisks	[ekɔnɔmisks]
economische recessie (de)	ekonomikas lejupeja (s)	[ekɔnɔmikas lejupeja]

| doel (het) | mērķis (v) | [me:rtʲis] |
| taak (de) | uzdevums (v) | [uzdɛvums] |

| handelen (handel drijven) | tirgot | [tirgɔt] |
| netwerk (het) | tīkls (v) | [ti:kls] |

| voorraad (de) | noliktava (s) | [noliktava] |
| assortiment (het) | sortiments (v) | [sortiments] |

leider (de)	līderis (v)	[liːderis]
groot (bn)	liels	[liɛls]
monopolie (het)	monopols (v)	[monopols]

theorie (de)	teorija (s)	[teorija]
praktijk (de)	prakse (s)	[prakse]
ervaring (de)	pieredze (s)	[piɛredze]
tendentie (de)	tendence (s)	[tendentse]
ontwikkeling (de)	attīstība (s)	[attiːstiːba]

105. Bedrijfsprocessen. Deel 2

| voordeel (het) | labums (v) | [labums] |
| voordelig (bn) | izdevīgs | [izdeviːgs] |

delegatie (de)	delegācija (s)	[delɛgaːtsija]
salaris (het)	darba alga (s)	[darba alga]
corrigeren (fouten ~)	labot	[labot]
zakenreis (de)	komandējums (v)	[komandeːjums]
commissie (de)	komisija (s)	[komisija]

controleren (ww)	kontrolēt	[kontroleːt]
conferentie (de)	konference (s)	[konfɛrentse]
licentie (de)	licence (s)	[litsentse]
betrouwbaar (partner, enz.)	uzticams	[uztitsams]

aanzet (de)	pasākums (v)	[pasaːkums]
norm (bijv. ~ stellen)	norma (s)	[norma]
omstandigheid (de)	apstāklis (v)	[apstaːklis]
taak, plicht (de)	pienākums (v)	[piɛnaːkums]

organisatie (bedrijf, zaak)	organizācija (s)	[organizaːtsija]
organisatie (proces)	organizēšana (s)	[organizeːʃana]
georganiseerd (bn)	organizēts	[organizeːts]
afzegging (de)	atcelšana (s)	[attselʃana]
afzeggen (ww)	atcelt	[attselt]
verslag (het)	atskaite (s)	[atskaite]

patent (het)	patents (v)	[patents]
patenteren (ww)	patentēt	[patenteːt]
plannen (ww)	plānot	[plaːnot]

premie (de)	prēmija (s)	[preːmija]
professioneel (bn)	profesionāls	[profesionaːls]
procedure (de)	procedūra (s)	[protsɛduːra]

onderzoeken (contract, enz.)	izskatīt	[izskatiːt]
berekening (de)	aprēķins (v)	[apreːtʲins]
reputatie (de)	reputācija (s)	[rɛputaːtsija]
risico (het)	risks (v)	[risks]
beheren (managen)	vadīt	[vadiːt]

informatie (de)	ziņas (s dsk)	[ziɲas]
eigendom (bezit)	īpašums (v)	[i:paʃums]
unie (de)	savienība (s)	[saviɛni:ba]

levensverzekering (de)	dzīvības apdrošināšana (s)	[dzi:vi:bas apdrɔʃina:ʃana]
verzekeren (ww)	apdrošināt	[apdrɔʃina:t]
verzekering (de)	apdrošināšana (s)	[apdrɔʃina:ʃana]

veiling (de)	izsole (s)	[izsɔle]
verwittigen (ww)	paziņot	[paziɲɔt]
beheer (het)	vadīšana (s)	[vadi:ʃana]
dienst (de)	pakalpojums (v)	[pakalpɔjums]

forum (het)	forums (v)	[fɔrums]
functioneren (ww)	funkcionēt	[funktsiɔne:t]
stap, etappe (de)	posms (v)	[pɔsms]
juridisch (bn)	juridisks	[juridisks]
jurist (de)	jurists (v)	[jurists]

106. Productie. Werken

industriële installatie (fabriek)	rūpnīca (s)	[ru:pni:tsa]
fabriek (de)	fabrika (s)	[fabrika]
werkplaatsruimte (de)	cehs (v)	[tsexs]
productielocatie (de)	rūpniecības nozare (s)	[ru:pniɛtsi:bas nɔzare]

industrie (de)	rūpniecība (s)	[ru:pniɛtsi:ba]
industrieel (bn)	rūpniecisks	[ru:pniɛtsisks]
zware industrie (de)	smagā rūpniecība (s)	[smaga: ru:pniɛtsi:ba]
lichte industrie (de)	vieglā rūpniecība (s)	[viɛgla: ru:pniɛtsi:ba]

productie (de)	produkcija (s)	[prɔduktsija]
produceren (ww)	ražot	[raʒɔt]
grondstof (de)	izejviela (s)	[izejviɛla]

voorman, ploegbaas (de)	brigadieris (v)	[brigadiɛris]
ploeg (de)	brigāde (s)	[briga:de]
arbeider (de)	strādnieks (v)	[stra:dniɛks]

werkdag (de)	darba diena (s)	[darba diɛna]
pauze (de)	pārtraukums (v)	[pa:rtraukums]
samenkomst (de)	sapulce (s)	[sapultse]
bespreken (spreken over)	apspriest	[apspriɛst]

plan (het)	plāns (v)	[pla:ns]
het plan uitvoeren	izpildīt plānu	[izpildi:t pla:nu]
productienorm (de)	norma (s)	[nɔrma]
kwaliteit (de)	kvalitāte (s)	[kvalita:te]
controle (de)	kontrole (s)	[kɔntrole]
kwaliteitscontrole (de)	kvalitātes kontrole (s)	[kvalita:tes kɔntrole]

arbeidsveiligheid (de)	darba drošība (s)	[darba drɔʃi:ba]
discipline (de)	disciplīna (s)	[distsipli:na]
overtreding (de)	pārkāpums (v)	[pa:rka:pums]

overtreden (ww)	pārkāpt	[pa:rka:pt]
staking (de)	streiks (v)	[strɛiks]
staker (de)	streikotājs (v)	[strɛikota:js]
staken (ww)	streikot	[strɛikot]
vakbond (de)	arodbiedrība (s)	[arɔdbiɛdri:ba]

uitvinden (machine, enz.)	izgudrot	[izgudrɔt]
uitvinding (de)	izgudrojums (v)	[izgudrɔjums]
onderzoek (het)	pētījums (v)	[pe:ti:jums]
verbeteren (beter maken)	uzlabot	[uzlabɔt]
technologie (de)	tehnoloģija (s)	[texnɔlɔdiija]
technische tekening (de)	rasējums (v)	[rase:jums]

vracht (de)	krava (s)	[krava]
lader (de)	krāvējs (v)	[kra:ve:js]
laden (vrachtwagen)	iekraut	[iɛkraut]
laden (het)	iekraušana (s)	[iɛkrauʃana]
lossen (ww)	izkraut	[izkraut]
lossen (het)	izkraušana (s)	[izkrauʃana]

transport (het)	transports (v)	[transpɔrts]
transportbedrijf (de)	transporta kompānija (s)	[transpɔrta kɔmpa:nija]
transporteren (ww)	transportēt	[transpɔrte:t]

goederenwagon (de)	vagons (v)	[vagɔns]
tank (bijv. ketelwagen)	cisterna (s)	[tsisterna]
vrachtwagen (de)	kravas automašīna (s)	[kravas autɔmaʃi:na]

| machine (de) | darbmašīna (s) | [darbmaʃi:na] |
| mechanisme (het) | mehānisms (v) | [mexa:nisms] |

industrieel afval (het)	atkritumi (v dsk)	[atkritumi]
verpakking (de)	iesaiņošana (s)	[iɛsaiɲɔʃana]
verpakken (ww)	iesaiņot	[iɛsaiɲɔt]

107. Contract. Overeenstemming

contract (het)	līgums (v)	[li:gums]
overeenkomst (de)	vienošanās (s)	[viɛnɔʃana:s]
bijlage (de)	pielikums (v)	[piɛlikums]

een contract sluiten	noslēgt līgumu	[nɔsle:gt li:gumu]
handtekening (de)	paraksts (v)	[paraksts]
ondertekenen (ww)	parakstīt	[paraksti:t]
stempel (de)	zīmogs (v)	[zi:mɔgs]

| voorwerp (het) van de overeenkomst | līguma priekšmets (v) | [li:guma priɛkʃmets] |

| clausule (de) | punkts (v) | [punkts] |
| partijen (mv.) | puses (s dsk) | [puses] |

| vestigingsadres (het) | juridiska adrese (s) | [juridiska adrɛse] |
| het contract verbreken (overtreden) | pārkāpt līgumu | [pa:rka:pt li:gumu] |

verplichting (de)	pienākums (v)	[piɛna:kums]
verantwoordelijkheid (de)	atbildība (s)	[atbildi:ba]
overmacht (de)	nepārvarama vara (s)	[nɛpa:rvarama vara]
geschil (het)	strīds (v)	[stri:ds]
sancties (mv.)	soda sankcijas (s dsk)	[sɔda sanktsijas]

108. Import & Export

import (de)	imports (v)	[impɔrts]
importeur (de)	importētājs (v)	[impɔrtɛ:ta:js]
importeren (ww)	importēt	[impɔrte:t]
import- (abn)	importa-	[impɔrta-]

uitvoer (export)	eksports (v)	[ekspɔrts]
exporteur (de)	eksportētājs (v)	[ekspɔrtɛ:ta:js]
exporteren (ww)	eksportēt	[ekspɔrte:t]
uitvoer- (bijv., ~goederen)	eksporta	[ekspɔrta]

| goederen (mv.) | prece (s) | [pretse] |
| partij (de) | partija (s) | [partija] |

gewicht (het)	svars (v)	[svars]
volume (het)	apjoms (v)	[apjoms]
kubieke meter (de)	kubikmetrs (v)	[kubikmetrs]

producent (de)	ražotājs (v)	[raʒota:js]
transportbedrijf (de)	transporta kompānija (s)	[transpɔrta kompa:nija]
container (de)	konteiners (v)	[kɔntɛinɛrs]

grens (de)	robeža (s)	[rɔbeʒa]
douane (de)	muita (s)	[muita]
douanerecht (het)	muitas nodeva (s)	[muitas nɔdɛva]
douanier (de)	muitas ierēdnis (v)	[muitas iɛre:dnis]
smokkelen (het)	kontrabanda (s)	[kɔntrabanda]
smokkelwaar (de)	kontrabanda (s)	[kɔntrabanda]

109. Financiën

aandeel (het)	akcija (s)	[aktsija]
obligatie (de)	obligācija (s)	[ɔbliga:tsija]
wissel (de)	vekselis (v)	[vekselis]

| beurs (de) | birža (s) | [birʒa] |
| aandelenkoers (de) | akciju kurss (v) | [aktsiju kurs] |

| dalen (ww) | kļūt lētākam | [kļu:t lɛ:ta:kam] |
| stijgen (ww) | kļūt dārgākam | [kļu:t da:rga:kam] |

deel (het)	akcija, paja (s)	[aktsija], [paja]
meerderheidsbelang (het)	kontroles pakete (s)	[kɔntrɔles pakɛte]
investeringen (mv.)	investīcijas (s dsk)	[investi:tsijas]
investeren (ww)	investēt	[investe:t]

| procent (het) | procents (v) | [prɔtsents] |
| rente (de) | procenti (v dsk) | [prɔtsenti] |

winst (de)	peļņa (s)	[pelʲɲa]
winstgevend (bn)	ienesīgs	[iɛnesi:gs]
belasting (de)	nodoklis (v)	[nɔdɔklis]

valuta (vreemde ~)	valūta (s)	[valu:ta]
nationaal (bn)	nacionāls	[natsiɔna:ls]
ruil (de)	apmaiņa (s)	[apmaiɲa]

| boekhouder (de) | grāmatvedis (v) | [gra:matvedis] |
| boekhouding (de) | grāmatvedība (s) | [gra:matvedi:ba] |

bankroet (het)	bankrots (v)	[bankrɔts]
ondergang (de)	krahs (v)	[kraxs]
faillissement (het)	izputēšana (s)	[izpute:ʃana]
geruïneerd zijn (ww)	izputēt	[izpute:t]
inflatie (de)	inflācija (s)	[infla:tsija]
devaluatie (de)	devalvācija (s)	[dɛvalva:tsija]

kapitaal (het)	kapitāls (v)	[kapita:ls]
inkomen (het)	ienākums (v)	[iɛna:kums]
omzet (de)	apgrieziens (v)	[apgriɛziɛns]
middelen (mv.)	resursi (v dsk)	[rɛsursi]
financiële middelen (mv.)	naudas līdzekļi (v dsk)	[naudas li:dzeklʲi]

| operationele kosten (mv.) | pieskaitāmie izdevumi (v dsk) | [piɛskaita:miɛ izdɛvumi] |
| reduceren (kosten ~) | samazināt | [samazina:t] |

110. Marketing

marketing (de)	mārketings (v)	[ma:rketiŋgs]
markt (de)	tirgus (v)	[tirgus]
marktsegment (het)	tirgus segments (v)	[tirgus segments]
product (het)	produkts (v)	[prɔdukts]
goederen (mv.)	prece (s)	[pretse]

merk (het)	zīmols (v)	[zi:mɔls]
handelsmerk (het)	tirdzniecības zīme (s)	[tirdzniɛtsi:bas zi:me]
beeldmerk (het)	firmas zīme (s)	[firmas zi:me]
logo (het)	logotips (v)	[lɔgɔtips]
vraag (de)	pieprasījums (v)	[piɛprasi:jums]
aanbod (het)	piedāvājums (v)	[piɛda:va:jums]
behoefte (de)	vajadzība (s)	[vajadzi:ba]
consument (de)	patērētājs (v)	[patɛ:rɛ:ta:js]

analyse (de)	analīze (s)	[anali:ze]
analyseren (ww)	analizēt	[analize:t]
positionering (de)	pozicionēšana (s)	[pɔzitsiɔne:ʃana]
positioneren (ww)	pozicionēt	[pɔzitsiɔne:t]
prijs (de)	cena (s)	[tsɛna]
prijspolitiek (de)	cenu politika (s)	[tsenu pɔlitika]
prijsvorming (de)	cenu izveidošana (s)	[tsenu izvɛidɔʃana]

111. Reclame

reclame (de)	reklāma (s)	[rekla:ma]
adverteren (ww)	reklamēt	[reklame:t]
budget (het)	budžets (v)	[budʒets]
advertentie, reclame (de)	reklāma (s)	[rekla:ma]
TV-reclame (de)	telereklāma (s)	[tɛlɛrekla:ma]
radioreclame (de)	radioreklāma (s)	[radiorekla:ma]
buitenreclame (de)	ārējā reklāma (s)	[a:re:ja: rekla:ma]
massamedia (de)	masu informācijas līdzekļi (v dsk)	[masu informa:tsijas li:dzeklʲi]
periodiek (de)	periodisks izdevums (v)	[periodisks izdɛvums]
imago (het)	imidžs (v)	[imidʒs]
slagzin (de)	lozungs (v)	[lozuŋgs]
motto (het)	devīze (s)	[devi:ze]
campagne (de)	kampaņa (s)	[kampaɲa]
reclamecampagne (de)	reklāmas kampaņa (s)	[rekla:mas kampaɲa]
doelpubliek (het)	mērķa auditorija (s)	[me:rtʲa auditorija]
visitekaartje (het)	vizītkarte (s)	[vizi:tkarte]
flyer (de)	skrejlapa (s)	[skrejlapa]
brochure (de)	brošūra (s)	[broʃu:ra]
folder (de)	buklets (v)	[buklets]
nieuwsbrief (de)	slimības lapa (s)	[slimi:bas lapa]
gevelreclame (de)	izkārtne (s)	[izka:rtne]
poster (de)	plakāts (v)	[plaka:ts]
aanplakbord (het)	reklāmu dēlis (v)	[rekla:mu de:lis]

112. Bankieren

bank (de)	banka (s)	[banka]
bankfiliaal (het)	nodaļa (s)	[nodalʲa]
bankbediende (de)	konsultants (v)	[konsultants]
manager (de)	pārvaldnieks (v)	[pa:rvaldnɛks]
bankrekening (de)	konts (v)	[konts]
rekeningnummer (het)	konta numurs (v)	[konta numurs]
lopende rekening (de)	tekošais konts (v)	[tekoʃais konts]
spaarrekening (de)	iekrājumu konts (v)	[iɛkra:jumu konts]
een rekening openen	atvērt kontu	[atve:rt kontu]
de rekening sluiten	aizvērt kontu	[aizve:rt kontu]
op rekening storten	nolikt kontā	[nolikt konta:]
opnemen (ww)	izņemt no konta	[izɲemt no konta]
storting (de)	ieguldījums (v)	[iɛguldi:jums]
een storting maken	veikt ieguldījumu	[vɛikt iɛguldi:jumu]

overschrijving (de)	pārskaitījums (v)	[pa:rskaiti:jums]
een overschrijving maken	pārskaitīt	[pa:rskaiti:t]

som (de)	summa (s)	[summa]
Hoeveel?	Cik?	[tsik?]

handtekening (de)	paraksts (v)	[paraksts]
ondertekenen (ww)	parakstīt	[paraksti:t]

kredietkaart (de)	kredītkarte (s)	[kredi:tkarte]
code (de)	kods (v)	[kɔds]
kredietkaartnummer (het)	kredītkartes numurs (v)	[kredi:tkartes numurs]
geldautomaat (de)	bankomāts (v)	[bankɔma:ts]

cheque (de)	čeks (v)	[tʃeks]
een cheque uitschrijven	izrakstīt čeku	[izraksti:t tʃɛku]
chequeboekje (het)	čeku grāmatiņa (s)	[tʃɛku gra:matiɲa]

lening, krediet (de)	kredīts (v)	[kredi:ts]
een lening aanvragen	griezties pēc kredīta	[griɛzties pe:ts kredi:ta]
een lening nemen	ņemt kredītu	[ɲemt kredi:tu]
een lening verlenen	dot kredītu	[dɔt kredi:tu]
garantie (de)	garantija (s)	[garantija]

113. Telefoon. Telefoongesprek

telefoon (de)	tālrunis (v)	[ta:lrunis]
mobieltje (het)	mobilais tālrunis (v)	[mɔbilais ta:lrunis]
antwoordapparaat (het)	autoatbildētājs (v)	[autɔatbildɛ:ta:js]

bellen (ww)	zvanīt	[zvani:t]
belletje (telefoontje)	zvans (v)	[zvans]

een nummer draaien	uzgriezt telefona numuru	[uzgriɛzt tɛlefɔna numuru]
Hallo!	Hallo!	[xallɔ!]
vragen (ww)	pajautāt	[pajauta:t]
antwoorden (ww)	atbildēt	[atbilde:t]

horen (ww)	dzirdēt	[dzirde:t]
goed (bw)	labi	[labi]
slecht (bw)	slikti	[slikti]
storingen (mv.)	traucējumi (v dsk)	[trautse:jumi]

hoorn (de)	klausule (s)	[klausule]
opnemen (ww)	noņemt klausuli	[nɔɲemt klausuli]
ophangen (ww)	nolikt klausuli	[nɔlikt klausuli]

bezet (bn)	aizņemts	[aizɲemts]
overgaan (ww)	zvanīt	[zvani:t]
telefoonboek (het)	telefona grāmata (s)	[tɛlefɔna gra:mata]

lokaal (bn)	vietējais	[viɛte:jais]
interlokaal (bn)	starppilsētu	[starppilsɛ:tu]
buitenlands (bn)	starptautiskais	[starptautiskais]

114. Mobiele telefoon

mobieltje (het)	mobilais tālrunis (v)	[mobilais ta:lrunis]
scherm (het)	displejs (v)	[displejs]
toets, knop (de)	poga (s)	[poga]
simkaart (de)	SIM-karte (s)	[sim-karte]

batterij (de)	baterija (s)	[baterija]
leeg zijn (ww)	izlādēties	[izla:de:tiɛs]
acculader (de)	uzlādes ierīce (s)	[uzla:des iɛri:tse]

menu (het)	izvēlne (s)	[izve:lne]
instellingen (mv.)	uzstādījumi (v dsk)	[uzsta:di:jumi]
melodie (beltoon)	melodija (s)	[melodija]
selecteren (ww)	izvēlēties	[izvɛ:le:tiɛs]

rekenmachine (de)	kalkulators (v)	[kalkulators]
voicemail (de)	autoatbildētājs (v)	[autoatbildɛ:ta:js]
wekker (de)	modinātājs (v)	[modina:ta:js]
contacten (mv.)	telefona grāmata (s)	[tɛlefona gra:mata]

SMS-bericht (het)	SMS-ziņa (s)	[sms-ziņa]
abonnee (de)	abonents (v)	[abonents]

115. Schrijfbehoeften

balpen (de)	lodīšu pildspalva (s)	[lodi:ʃu pildspalva]
vulpen (de)	spalvaskāts (v)	[spalvaska:ts]

potlood (het)	zīmulis (v)	[zi:mulis]
marker (de)	marķieris (v)	[martʲiɛris]
viltstift (de)	flomasteris (v)	[flomasteris]

notitieboekje (het)	bloknots (v)	[bloknots]
agenda (boekje)	dienasgrāmata (s)	[diɛnasgra:mata]

liniaal (de/het)	lineāls (v)	[linea:ls]
rekenmachine (de)	kalkulators (v)	[kalkulators]
gom (de)	dzēšgumija (s)	[dze:ʃgumija]
punaise (de)	piespraude (s)	[piɛspraude]
paperclip (de)	saspraude (s)	[saspraude]

lijm (de)	līme (s)	[li:me]
nietmachine (de)	skavotājs (v)	[skavota:js]
perforator (de)	caurumotājs (v)	[tsaurumota:js]
potloodslijper (de)	zīmuļu asināmais (v)	[zi:muʲu asina:mais]

116. Verschillende soorten documenten

verslag (het)	atskaite (s)	[atskaite]
overeenkomst (de)	vienošanās (s)	[viɛnoʃana:s]

aanvraagformulier (het)	**pieteikums** (v)	[piɛtɛikums]
origineel, authentiek (bn)	**īsts**	[i:sts]
badge, kaart (de)	**personas karte** (s)	[pɛrsɔnas karte]
visitekaartje (het)	**vizītkarte** (s)	[vizi:tkarte]

certificaat (het)	**sertifikāts** (v)	[sertifika:ts]
cheque (de)	**čeks** (v)	[tʃeks]
rekening (in restaurant)	**rēķins** (v)	[re:tʲins]
grondwet (de)	**konstitūcija** (s)	[kɔnstitu:tsija]

contract (het)	**līgums** (v)	[li:gums]
kopie (de)	**kopija** (s)	[kɔpija]
exemplaar (het)	**eksemplārs** (v)	[eksempla:rs]

douaneaangifte (de)	**muitas deklerācija** (s)	[muitas deklɛra:tsija]
document (het)	**dokuments** (v)	[dɔkuments]
rijbewijs (het)	**vadītāja apliecība** (s)	[vadi:ta:ja aplieɛtsi:ba]
bijlage (de)	**pielikums** (v)	[piɛlikums]
formulier (het)	**anketa** (s)	[ankɛta]

identiteitskaart (de)	**apliecība** (s)	[apliɛtsi:ba]
aanvraag (de)	**pieprasījums** (v)	[piɛprasi:jums]
uitnodigingskaart (de)	**ielūgums** (v)	[iɛlu:gums]
factuur (de)	**rēķins** (v)	[re:tʲins]

wet (de)	**likums** (v)	[likums]
brief (de)	**vēstule** (s)	[ve:stule]
briefhoofd (het)	**veidlapa** (s)	[vɛidlapa]
lijst (de)	**saraksts** (v)	[saraksts]
manuscript (het)	**rokraksts** (v)	[rɔkraksts]
nieuwsbrief (de)	**slimības lapa** (s)	[slimi:bas lapa]
briefje (het)	**zīmīte** (s)	[zi:mi:te]

pasje (voor personeel, enz.)	**caurlaide** (s)	[tsaurlaide]
paspoort (het)	**pase** (s)	[pase]
vergunning (de)	**atļauja** (s)	[atlʲauja]
CV, curriculum vitae (het)	**kopsavilkums** (v)	[kɔpsavilkums]
schuldbekentenis (de)	**parādzīme** (s)	[para:dzi:me]
kwitantie (de)	**kvīts** (v)	[kvi:ts]

bon (kassabon)	**čeks** (v)	[tʃeks]
rapport (het)	**atskaite** (s)	[atskaite]

tonen (paspoort, enz.)	**uzrādīt**	[uzra:di:t]
ondertekenen (ww)	**parakstīt**	[paraksti:t]
handtekening (de)	**paraksts** (v)	[paraksts]
stempel (de)	**zīmogs** (v)	[zi:mɔgs]

tekst (de)	**teksts** (v)	[teksts]
biljet (het)	**biļete** (s)	[bilʲɛte]

doorhalen (doorstrepen)	**izsvītrot**	[izsvi:trɔt]
invullen (een formulier ~)	**aizpildīt**	[aizpildi:t]

vrachtbrief (de)	**pavadzīme** (s)	[pavadzi:me]
testament (het)	**testaments** (v)	[testaments]

117. Soorten bedrijven

uitzendbureau (het)	nodarbinātības aģentūra (s)	[nɔdarbina:ti:bas adʲentu:ra]
bewakingsfirma (de)	apsardzes aģentūra (s)	[apsardzes adʲentu:ra]
persbureau (het)	informāciju aģentūra (s)	[infɔrma:tsiju adʲentu:ra]
reclamebureau (het)	reklāmas aģentūra (s)	[rekla:mas adʲentu:ra]

antiek (het)	antikvariāts (v)	[antikvaria:ts]
verzekering (de)	apdrošināšana (s)	[apdrɔʃina:ʃana]
naaiatelier (het)	ateljē (v)	[atelje:]

banken (mv.)	banku bizness (v)	[banku biznes]
bar (de)	bārs (v)	[ba:rs]
bouwbedrijven (mv.)	būvniecība (s)	[bu:vniɛtsi:ba]
juwelen (mv.)	juvelieru izstrādājumi (v dsk)	[juveliɛru izstra:da:jumi]
juwelier (de)	juvelieris (v)	[juveliɛris]

wasserette (de)	veļas mazgātava (s)	[vɛlʲas mazga:tava]
alcoholische dranken (mv.)	alkoholiskie dzērieni (v dsk)	[alkɔxɔliskiɛ dze:riɛni]
nachtclub (de)	naktsklubs (v)	[naktsklubs]
handelsbeurs (de)	birža (s)	[birʒa]
bierbrouwerij (de)	alus darītava (s)	[alus dari:tava]
uitvaartcentrum (het)	apbedīšanas birojs (v)	[apbedi:ʃanas birɔjs]

casino (het)	kazino (v)	[kazinɔ]
zakencentrum (het)	bizness-centrs (v)	[biznes-tsentrs]
bioscoop (de)	kinoteātris (v)	[kinɔtea:tris]
airconditioning (de)	kondicionieri (v dsk)	[kɔnditsiɔniɛri]

handel (de)	tirdzniecība (s)	[tirdzniɛtsi:ba]
luchtvaartmaatschappij (de)	aviokompānija (s)	[aviɔkɔmpa:nija]
adviesbureau (het)	konsultācijas (s dsk)	[kɔnsulta:tsijas]
koerierdienst (de)	kurjeru dienests (v)	[kurjeru diɛnests]

tandheelkunde (de)	stomatoloģija (s)	[stɔmatolodʲija]
design (het)	dizains (v)	[dizains]
business school (de)	bizness-skola (s)	[biznes-skɔla]
magazijn (het)	noliktava (s)	[nɔliktava]
kunstgalerie (de)	mākslas galerija (s)	[ma:kslas ɡaleriia]
lJsje (het)	šaldējums (v)	[salde:jums]
hotel (het)	viesnīca (s)	[viɛsni:tsa]

vastgoed (het)	nekustamais īpašums (v)	[nɛkustamais i:paʃums]
drukkerij (de)	poligrāfija (s)	[pɔligra:fija]
industrie (de)	rūpniecība (s)	[ru:pniɛtsi:ba]
Internet (het)	internets (v)	[internets]
investeringen (mv.)	investīcijas (s dsk)	[investi:tsijas]

krant (de)	laikraksts (v)	[laikraksts]
boekhandel (de)	grāmatnīca (s)	[gra:matni:tsa]
lichte industrie (de)	vieglā rūpniecība (s)	[viɛgla: ru:pniɛtsi:ba]

winkel (de)	veikals (v)	[vɛikals]
uitgeverij (de)	izdevniecība (s)	[izdevniɛtsi:ba]
medicijnen (mv.)	medicīna (s)	[meditsi:na]

| meubilair (het) | mēbeles (s dsk) | [me:bɛles] |
| museum (het) | muzejs (v) | [muzejs] |

olie (aardolie)	nafta (s)	[nafta]
apotheek (de)	aptieka (s)	[aptiɛka]
geneesmiddelen (mv.)	farmācija (s)	[farma:tsija]
zwembad (het)	baseins (v)	[basɛins]
stomerij (de)	ķīmiskā tīrītava (s)	[tʲi:miskạ ti:ri:tava]
voedingswaren (mv.)	pārtikas produkti (v dsk)	[pa:rtikas prɔdukti]
reclame (de)	reklāma (s)	[rekla:ma]

radio (de)	radio (v)	[radiɔ]
afvalinzameling (de)	atkritumu izvešana (s)	[atkritumu izveʃana]
restaurant (het)	restorāns (v)	[restɔra:ns]
tijdschrift (het)	žurnāls (v)	[ʒurna:ls]

schoonheidssalon (de/het)	skaistuma salons (v)	[skaistuma salɔns]
financiële diensten (mv.)	finanšu pakalpojumi (v dsk)	[finanʃu pakalpɔjumi]
juridische diensten (mv.)	juristu pakalpojumi (v dsk)	[juristu pakalpɔjumi]
boekhouddiensten (mv.)	grāmatvežu pakalpojumi (v dsk)	[gra:matveʒu pakalpɔjumi]
audit diensten (mv.)	audita pakalpojumi (v dsk)	[audita pakalpɔjumi]
sport (de)	sports (v)	[spɔrts]
supermarkt (de)	lielveikals (v)	[liɛlvɛikals]

televisie (de)	televīzija (s)	[tɛlevi:zija]
theater (het)	teātris (v)	[tea:tris]
toerisme (het)	tūrisms (v)	[tu:risms]
transport (het)	pārvadājumi (v dsk)	[pa:rvada:jumi]

postorderbedrijven (mv.)	tirdzniecība pēc katalogu (s)	[tirdzniɛtsi:ba pe:ts katalɔgu]
kleding (de)	apģērbs (v)	[apdʲe:rbs]
dierenarts (de)	veterinārs (v)	[vɛterina:rs]

105

Baan. Business. Deel 2

118. Show. Tentoonstelling

beurs (de)	izstāde (s)	[izsta:de]
vakbeurs, handelsbeurs (de)	tirdzniecības izstāde (s)	[tirdzniɛtsi:bas izsta:de]
deelneming (de)	piedalīšanās (s)	[piɛdali:ʃana:s]
deelnemen (ww)	piedalīties	[piɛdali:tiɛs]
deelnemer (de)	dalībnieks (v)	[dali:bniɛks]
directeur (de)	direktors (v)	[direktɔrs]
organisatiecomité (het)	direkcija (s)	[direktsija]
organisator (de)	organizators (v)	[ɔrganizatɔrs]
organiseren (ww)	organizēt	[ɔrganize:t]
deelnemingsaanvraag (de)	pieteikums (v) dalībai	[piɛtɛikums dali:bai]
invullen (een formulier ~)	aizpildīt	[aizpildi:t]
details (mv.)	detaļas (s dsk)	[dɛtaļas]
informatie (de)	informācija (s)	[infɔrma:tsija]
prijs (de)	cena (s)	[tsɛna]
inclusief (bijv. ~ BTW)	ieskaitot	[iɛskaitɔt]
inbegrepen (alles ~)	ietvert	[iɛtvert]
betalen (ww)	maksāt	[maksa:t]
registratietarief (het)	reģistrācijas iemaksa (s)	[redʲistra:tsijas iɛmaksa]
ingang (de)	ieeja (s)	[iɛeja]
paviljoen (het), hal (de)	paviljons (v)	[paviljɔns]
registreren (ww)	reģistrēt	[redʲistre:t]
badge, kaart (de)	personas karte (s)	[pɛrsɔnas karte]
beursstand (de)	stends (v)	[stends]
reserveren (een stand ~)	rezervēt	[rɛzerve:t]
vitrine (de)	skatlogs (v)	[skatlɔgs]
licht (het)	gaismeklis (v)	[gaismeklis]
design (het)	dizains (v)	[dizains]
plaatsen (ww)	izvietot	[izviɛtɔt]
geplaatst zijn (ww)	atrasties	[atrastiɛs]
distributeur (de)	izplatītājs (v)	[izplati:ta:js]
leverancier (de)	piegādātājs (v)	[piɛga:da:ta:js]
leveren (ww)	piegādāt	[piɛga:da:t]
land (het)	valsts (s)	[valsts]
buitenlands (bn)	ārzemju	[a:rzemju]
product (het)	produkts (v)	[prɔdukts]
associatie (de)	asociācija (s)	[asɔtsia:tsija]
conferentiezaal (de)	konferenču zāle (s)	[kɔnfɛrentʃu za:le]

| congres (het) | kongress (v) | [koŋgres] |
| wedstrijd (de) | konkurss (v) | [konkurs] |

bezoeker (de)	apmeklētājs (v)	[apmeklɛ:ta:js]
bezoeken (ww)	apmeklēt	[apmekle:t]
afnemer (de)	pasūtītājs (v)	[pasu:ti:ta:js]

119. Massamedia

krant (de)	laikraksts (v)	[laikraksts]
tijdschrift (het)	žurnāls (v)	[ʒurna:ls]
pers (gedrukte media)	prese (s)	[prɛse]
radio (de)	radio (v)	[radio]
radiostation (het)	radiostacija (s)	[radiostatsija]
televisie (de)	televīzija (s)	[tɛlevi:zija]

presentator (de)	vadītājs (v)	[vadi:ta:js]
nieuwslezer (de)	diktors (v)	[diktors]
commentator (de)	komentētājs (v)	[komentɛ:ta:js]

journalist (de)	žurnālists (v)	[ʒurna:lists]
correspondent (de)	korespondents (v)	[korespondents]
fotocorrespondent (de)	fotokorespondents (v)	[fotokorespondents]
reporter (de)	reportieris (v)	[reportiɛris]

| redacteur (de) | redaktors (v) | [rɛdaktors] |
| chef-redacteur (de) | galvenais redaktors (v) | [galvɛnais rɛdaktors] |

zich abonneren op	pasūtīt	[pasu:ti:t]
abonnement (het)	parakstīšanās (s)	[paraksti:ʃana:s]
abonnee (de)	abonents (v)	[abonents]
lezen (ww)	lasīt	[lasi:t]
lezer (de)	lasītājs (v)	[lasi:ta:js]

oplage (de)	tirāža (s)	[tira:ʒa]
maand-, maandelijks (bn)	ikmēneša-	[ikmɛ:neʃa-]
wekelijks (bn)	iknedēļas	[iknɛdɛ:lʲas]
nummer (het)	numurs (v)	[numurs]
vers (~ van de pers)	svaigs	[svaigs]

kop (de)	virsraksts (v)	[virsraksts]
korte artikel (het)	piezīme (s)	[piɛzi:me]
rubriek (de)	rubrika (s)	[rubrika]
artikel (het)	raksts (v)	[raksts]
pagina (de)	lappuse (s)	[lappuse]

reportage (de)	reportāža (s)	[reporta:ʒa]
gebeurtenis (de)	notikums (v)	[notikums]
sensatie (de)	sensācija (s)	[sensa:tsija]
schandaal (het)	skandāls (v)	[skanda:ls]
schandalig (bn)	skandalozs	[skandalozs]
groot (~ schandaal, enz.)	skaļš	[skalʲʃ]
programma (het)	raidījums (v)	[raidi:jums]
interview (het)	intervija (s)	[intervija]

| live uitzending (de) | tieša translācija (s) | [tiɛʃa transla:tsija] |
| kanaal (het) | kanāls (v) | [kana:ls] |

120. Landbouw

landbouw (de)	lauksaimniecība (s)	[lauksaimniɛtsi:ba]
boer (de)	zemnieks (v)	[zemniɛks]
boerin (de)	zemniece (s)	[zemniɛtse]
landbouwer (de)	fermeris (v)	[fermeris]

| tractor (de) | traktors (v) | [traktɔrs] |
| maaidorser (de) | kombains (v) | [kɔmbains] |

ploeg (de)	arkls (v)	[arkls]
ploegen (ww)	art	[art]
akkerland (het)	uzarts lauks (v)	[uzarts lauks]
voor (de)	vaga (s)	[vaga]

zaaien (ww)	sēt	[se:t]
zaaimachine (de)	sējmašīna (s)	[se:jmaʃi:na]
zaaien (het)	sēšana (s)	[se:ʃana]

| zeis (de) | izkapts (s) | [izkapts] |
| maaien (ww) | pļaut | [plʲaut] |

| schop (de) | lāpsta (s) | [la:psta] |
| spitten (ww) | rakt | [rakt] |

schoffel (de)	kaplis (v)	[kaplis]
wieden (ww)	ravēt	[rave:t]
onkruid (het)	nezāle (s)	[nɛza:le]

gieter (de)	lejkanna (s)	[lejkanna]
begieten (water geven)	laistīt	[laisti:t]
bewatering (de)	laistīšana (s)	[laisti:ʃana]

| riek, hooivork (de) | dakšas (s dsk) | [dakʃas] |
| hark (de) | grābeklis (v) | [gra:beklis] |

meststof (de)	mēslojums (v)	[me:slɔjums]
bemesten (ww)	mēslot	[me:slɔt]
mest (de)	kūtsmēsli (v dsk)	[ku:tsme:sli]

veld (het)	lauks (v)	[lauks]
wei (de)	pļava (s)	[plʲava]
moestuin (de)	sakņu dārzs (v)	[sakŋu da:rzs]
boomgaard (de)	dārzs (v)	[da:rzs]

weiden (ww)	ganīt	[gani:t]
herder (de)	gans (v)	[gans]
weiland (de)	ganības (s dsk)	[gani:bas]

| veehouderij (de) | lopkopība (s) | [lɔpkɔpi:ba] |
| schapenteelt (de) | aitkopība (s) | [aitkɔpi:ba] |

plantage (de)	plantācija (s)	[planta:tsija]
rijtje (het)	dobe (s)	[dɔbe]
broeikas (de)	lecekts (v)	[letsekts]

| droogte (de) | sausums (v) | [sausums] |
| droog (bn) | sauss | [saus] |

graan (het)	graudi (v dsk)	[graudi]
graangewassen (mv.)	graudaugi (v dsk)	[graudaugi]
oogsten (ww)	novākt	[nɔva:kt]

molenaar (de)	dzirnavnieks (v)	[dzirnavnɛks]
molen (de)	dzirnavas (s dsk)	[dzirnavas]
malen (graan ~)	malt graudus	[malt graudus]
bloem (bijv. tarwebloem)	milti (v dsk)	[milti]
stro (het)	salmi (v dsk)	[salmi]

121. Gebouw. Bouwproces

bouwplaats (de)	būvvieta (s)	[bu:vviɛta]
bouwen (ww)	būvēt	[bu:ve:t]
bouwvakker (de)	celtnieks (v)	[tseltniɛks]

project (het)	projekts (v)	[prɔjekts]
architect (de)	arhitekts (v)	[arxitekts]
arbeider (de)	strādnieks (v)	[stra:dniɛks]

fundering (de)	pamats (v)	[pamats]
dak (het)	jumts (v)	[jumts]
heipaal (de)	pālis (v)	[pa:lis]
muur (de)	siena (s)	[siɛna]

| betonstaal (het) | armatūra (s) | [armatu:ra] |
| steigers (mv.) | būvkoki (v dsk) | [bu:vkɔki] |

beton (het)	betons (v)	[betɔns]
graniet (het)	granīts (v)	[grani:ts]
steen (de)	akmens (v)	[akmens]
baksteen (de)	ķieģelis (v)	[tʲiɛdʲelis]

zand (het)	smiltis (s dsk)	[smiltis]
cement (de/het)	cements (v)	[tsɛments]
pleister (het)	apmetums (v)	[apmɛtums]
pleisteren (ww)	apmest	[apmest]

verf (de)	krāsa (s)	[kra:sa]
verven (muur ~)	krāsot	[kra:sɔt]
ton (de)	muca (s)	[mutsa]

kraan (de)	krāns (v)	[kra:ns]
heffen, hijsen (ww)	celt	[tselt]
neerlaten (ww)	nolaist	[nɔlaist]
bulldozer (de)	buldozers (v)	[buldɔzɛrs]
graafmachine (de)	ekskavators (v)	[ekskavatɔrs]

graafbak (de)	kauss (v)	[kaus]
graven (tunnel, enz.)	rakt	[rakt]
helm (de)	ķivere (s)	[tʲivɛre]

122. Wetenschap. Onderzoek. Wetenschappers

wetenschap (de)	zinātne (s)	[zina:tne]
wetenschappelijk (bn)	zinātnisks	[zina:tnisks]
wetenschapper (de)	zinātnieks (v)	[zina:tniɛks]
theorie (de)	teorija (s)	[teɔrija]

axioma (het)	aksioma (s)	[aksiɔma]
analyse (de)	analīze (s)	[anali:ze]
analyseren (ww)	analizēt	[analize:t]
argument (het)	arguments (v)	[arguments]
substantie (de)	viela (s)	[viɛla]

hypothese (de)	hipotēze (s)	[xipɔtɛ:ze]
dilemma (het)	dilemma (s)	[dilemma]
dissertatie (de)	disertācija (s)	[diserta:tsija]
dogma (het)	dogma (s)	[dɔgma]

doctrine (de)	doktrīna (s)	[dɔktri:na]
onderzoek (het)	pētījums (v)	[pe:ti:jums]
onderzoeken (ww)	pētīt	[pe:ti:t]
toetsing (de)	kontrole (s)	[kɔntrɔle]
laboratorium (het)	laboratorija (s)	[labɔratɔrija]

methode (de)	metode (s)	[metɔde]
molecule (de/het)	molekula (s)	[mɔlɛkula]
monitoring (de)	monitorings (v)	[mɔnitɔriŋgs]
ontdekking (de)	atklājums (v)	[atkla:jums]

postulaat (het)	postulāts (v)	[pɔstula:ts]
principe (het)	princips (v)	[printsips]
voorspelling (de)	prognoze (s)	[prɔgnɔze]
een prognose maken	prognozēt	[prɔgnɔze:t]

synthese (de)	sintēze (s)	[sintɛ:ze]
tendentie (de)	tendence (s)	[tendentse]
theorema (het)	teorēma (s)	[teɔrɛ:ma]

| leerstellingen (mv.) | mācība (s) | [ma:tsi:ba] |
| feit (het) | fakts (v) | [fakts] |

| expeditie (de) | ekspedīcija (s) | [ekspedi:tsija] |
| experiment (het) | eksperiments (v) | [eksperiments] |

academicus (de)	akadēmiķis (v)	[akade:mitʲis]
bachelor (bijv. BA, LLB)	bakalaurs (v)	[bakalaurs]
doctor (de)	doktors (v)	[dɔktɔrs]
universitair docent (de)	docents (v)	[dɔtsents]
master, magister (de)	maģistrs (v)	[madʲistrs]
professor (de)	profesors (v)	[prɔfesɔrs]

Beroepen en ambachten

123. Zoeken naar werk. Ontslag

baan (de)	darbs (v)	[darbs]
personeel (het)	štats (v)	[ʃtats]
carrière (de)	karjera (s)	[karjera]
vooruitzichten (mv.)	perspektīva (s)	[pɛrspekti:va]
meesterschap (het)	meistarība (s)	[mɛistari:ba]
keuze (de)	izlase (s)	[izlase]
uitzendbureau (het)	nodarbinātības aģentūra (s)	[nɔdarbina:ti:bas adʲentu:ra]
CV, curriculum vitae (het)	kopsavilkums (v)	[kɔpsavilkums]
sollicitatiegesprek (het)	darba intervija (s)	[darba intervija]
vacature (de)	vakance (s)	[vakantse]
salaris (het)	darba alga (s)	[darba alga]
vaste salaris (het)	alga (s)	[alga]
loon (het)	samaksa (s)	[samaksa]
betrekking (de)	amats (v)	[amats]
taak, plicht (de)	pienākums (v)	[piɛna:kums]
takenpakket (het)	loks (v)	[lɔks]
bezig (~ zijn)	aizņemts	[aizɲemts]
ontslagen (ww)	atlaist	[atlaist]
ontslag (het)	atlaišana (s)	[atlaiʃana]
werkloosheid (de)	bezdarbs (v)	[bezdarbs]
werkloze (de)	bezdarbnieks (v)	[bezdarbniɛks]
pensioen (het)	pensija (s)	[pensija]
met pensioen gaan	aiziet pensijā	[aiziɛt pensija:]

124. Zakenmensen

directeur (de)	direktors (v)	[direktɔrs]
beheerder (de)	pārvaldnieks (v)	[pa:rvaldniɛks]
hoofd (het)	vadītājs (v)	[vadi:ta:js]
baas (de)	priekšnieks (v)	[priɛkʃniɛks]
superieuren (mv.)	priekšniecība (s)	[priɛkʃniɛtsi:ba]
president (de)	prezidents (v)	[prezidents]
voorzitter (de)	priekšsēdētājs (v)	[priɛkʃsɛ:dɛ:ta:js]
adjunct (de)	aizvietotājs (v)	[aizviɛtota:js]
assistent (de)	palīgs (v)	[pali:gs]
secretaris (de)	sekretārs (v)	[sekrɛta:rs]

persoonlijke assistent (de)	personīgais sekretārs (v)	[pɛrsɔni:gais sekrɛta:rs]
zakenman (de)	biznesmenis (v)	[biznesmenis]
ondernemer (de)	uzņēmējs (v)	[uzɲɛ:me:js]
oprichter (de)	pamatlicējs (v)	[pamatlitse:js]
oprichten	nodibināt	[nɔdibina:t]
(een nieuw bedrijf ~)		

stichter (de)	dibinātājs (v)	[dibina:ta:js]
partner (de)	partneris (v)	[partneris]
aandeelhouder (de)	akcionārs (v)	[aktsiɔna:rs]

miljonair (de)	miljonārs (v)	[miljɔna:rs]
miljardair (de)	miljardieris (v)	[miljardiɛris]
eigenaar (de)	īpašnieks (v)	[i:paʃniɛks]
landeigenaar (de)	zemes īpašnieks (v)	[zɛmes i:paʃniɛks]

klant (de)	klients (v)	[kliɛnts]
vaste klant (de)	pastāvīgais klients (v)	[pasta:vi:gais kliɛnts]
koper (de)	pircējs (v)	[pirtse:js]
bezoeker (de)	apmeklētājs (v)	[apmeklɛ:ta:js]

professioneel (de)	profesionālis (v)	[prɔfesiɔna:lis]
expert (de)	eksperts (v)	[eksperts]
specialist (de)	speciālists (v)	[spetsia:lists]

| bankier (de) | baņķieris (v) | [baɲtⁱiɛris] |
| makelaar (de) | brokeris (v) | [brɔkeris] |

kassier (de)	kasieris (v)	[kasiɛris]
boekhouder (de)	grāmatvedis (v)	[gra:matvedis]
bewaker (de)	apsargs (v)	[apsargs]

investeerder (de)	investors (v)	[investɔrs]
schuldenaar (de)	parādnieks (v)	[para:dniɛks]
crediteur (de)	kreditors (v)	[kreditɔrs]
lener (de)	aizņēmējs (v)	[aizɲɛ:me:js]

| importeur (de) | importētājs (v) | [impɔrtɛ:ta:js] |
| exporteur (de) | eksportētājs (v) | [ekspɔrtɛ:ta:js] |

producent (de)	ražotājs (v)	[raʒɔta:js]
distributeur (de)	izplatītājs (v)	[izplati:ta:js]
bemiddelaar (de)	starpnieks (v)	[starpniɛks]

adviseur, consulent (de)	konsultants (v)	[kɔnsultants]
vertegenwoordiger (de)	pārstāvis (v)	[pa:rsta:vis]
agent (de)	aģents (v)	[adⁱents]
verzekeringsagent (de)	apdrošināšanas aģents (v)	[apdrɔʃina:ʃanas adⁱents]

125. Dienstverlenende beroepen

kok (de)	pavārs (v)	[pava:rs]
chef-kok (de)	šefpavārs (v)	[ʃefpava:rs]
bakker (de)	maiznieks (v)	[maizniɛks]

barman (de)	bārmenis (v)	[ba:rmenis]
kelner, ober (de)	oficiants (v)	[ɔfitsiants]
serveerster (de)	oficiante (s)	[ɔfitsiante]

advocaat (de)	advokāts (v)	[advɔka:ts]
jurist (de)	jurists (v)	[jurists]
notaris (de)	notārs (v)	[nɔta:rs]

elektricien (de)	elektriķis (v)	[ɛlektritʲis]
loodgieter (de)	santehniķis (v)	[santexnitʲis]
timmerman (de)	namdaris (v)	[namdaris]

masseur (de)	masieris (v)	[masiɛris]
masseuse (de)	masiere (s)	[masiɛre]
dokter, arts (de)	ārsts (v)	[a:rsts]

taxichauffeur (de)	taksists (v)	[taksists]
chauffeur (de)	šoferis (v)	[ʃɔferis]
koerier (de)	kurjers (v)	[kurjers]

kamermeisje (het)	istabene (s)	[istabɛne]
bewaker (de)	apsargs (v)	[apsargs]
stewardess (de)	stjuarte (s)	[stjuarte]

meester (de)	skolotājs (v)	[skɔlɔta:js]
bibliothecaris (de)	bibliotekārs (v)	[bibliɔtɛka:rs]
vertaler (de)	tulks (v)	[tulks]
tolk (de)	tulks (v)	[tulks]
gids (de)	gids (v)	[gids]

kapper (de)	frizieris (v)	[friziɛris]
postbode (de)	pastnieks (v)	[pastniɛks]
verkoper (de)	pārdevējs (v)	[pa:rdɛve:js]

tuinman (de)	dārznieks (v)	[da:rzniɛks]
huisbediende (de)	kalps (v)	[kalps]
dienstmeisje (het)	kalpone (s)	[kalpɔne]
schoonmaakster (de)	apkopēja (s)	[apkɔpe:ja]

126. Militaire beroepen en rangen

soldaat (rang)	ierindnieks (v)	[iɛrindniɛks]
sergeant (de)	seržants (v)	[serʒants]
luitenant (de)	leitnants (v)	[lɛitnants]
kapitein (de)	kapteinis (v)	[kaptɛinis]

majoor (de)	majors (v)	[majɔrs]
kolonel (de)	pulkvedis (v)	[pulkvedis]
generaal (de)	ģenerālis (v)	[dʲɛnɛra:lis]
maarschalk (de)	maršals (v)	[marʃals]
admiraal (de)	admirālis (v)	[admira:lis]

| militair (de) | karavīrs (v) | [karavi:rs] |
| soldaat (de) | karavīrs (v) | [karavi:rs] |

| officier (de) | virsnieks (v) | [virsniɛks] |
| commandant (de) | komandieris (v) | [komandiɛris] |

grenswachter (de)	robežsargs (v)	[robeʒsargs]
marconist (de)	radists (v)	[radists]
verkenner (de)	izlūks (v)	[izlu:ks]
sappeur (de)	sapieris (v)	[sapiɛris]
schutter (de)	šāvējs (v)	[ʃa:ve:js]
stuurman (de)	stūrmanis (v)	[stu:rmanis]

127. Ambtenaren. Priesters

| koning (de) | karalis (v) | [karalis] |
| koningin (de) | karaliene (s) | [karaliɛne] |

| prins (de) | princis (v) | [printsis] |
| prinses (de) | princese (s) | [printsɛse] |

| tsaar (de) | cars (v) | [tsars] |
| tsarina (de) | cariene (s) | [tsariɛne] |

president (de)	prezidents (v)	[prezidents]
minister (de)	ministrs (v)	[ministrs]
eerste minister (de)	premjerministrs (v)	[premjerministrs]
senator (de)	senators (v)	[sɛnators]

diplomaat (de)	diplomāts (v)	[diploma:ts]
consul (de)	konsuls (v)	[konsuls]
ambassadeur (de)	vēstnieks (v)	[ve:stniɛks]
adviseur (de)	padomnieks (v)	[padomniɛks]

ambtenaar (de)	ierēdnis (v)	[iɛre:dnis]
prefect (de)	prefekts (v)	[prefekts]
burgemeester (de)	mērs (v)	[mɛ:rs]

| rechter (de) | tiesnesis (v) | [tiɛsnesis] |
| aanklager (de) | prokurors (v) | [prokurors] |

missionaris (de)	misionārs (v)	[mislona.rs]
monnik (de)	mūks (v)	[mu:ks]
abt (de)	abats (v)	[abats]
rabbi, rabbijn (de)	rabīns (v)	[rabi:ns]

vizier (de)	vezīrs (v)	[vezi:rs]
sjah (de)	šahs (v)	[ʃaxs]
sjeik (de)	šeihs (v)	[ʃɛixs]

128. Agrarische beroepen

imker (de)	biškopis (v)	[biʃkopis]
herder (de)	gans (v)	[gans]
landbouwkundige (de)	agronoms (v)	[agronoms]

| veehouder (de) | lopkopis (v) | [lɔpkɔpis] |
| dierenarts (de) | veterinārs (v) | [vɛterina:rs] |

landbouwer (de)	fermeris (v)	[fermeris]
wijnmaker (de)	vīndaris (v)	[vi:ndaris]
zoöloog (de)	zoologs (v)	[zɔɔlɔgs]
cowboy (de)	kovbojs (v)	[kɔvbɔjs]

129. Kunst beroepen

| acteur (de) | aktieris (v) | [aktiɛris] |
| actrice (de) | aktrise (s) | [aktrise] |

| zanger (de) | dziedātājs (v) | [dziɛda:ta:js] |
| zangeres (de) | dziedātāja (s) | [dziɛda:ta:ja] |

| danser (de) | dejotājs (v) | [dejɔta:js] |
| danseres (de) | dejotāja (s) | [dejɔta:ja] |

| artiest (mann.) | mākslinieks (v) | [ma:ksliniɛks] |
| artiest (vrouw.) | māksliniece (s) | [ma:ksliniɛtse] |

muzikant (de)	mūziķis (v)	[mu:zitʲis]
pianist (de)	pianists (v)	[pianists]
gitarist (de)	ģitārists (v)	[dʲita:rists]

orkestdirigent (de)	diriģents (v)	[diridʲents]
componist (de)	komponists (v)	[kɔmpɔnists]
impresario (de)	impresārijs (v)	[imprɛsa:rijs]

filmregisseur (de)	režisors (v)	[reʒisɔrs]
filmproducent (de)	producents (v)	[prɔdutsents]
scenarioschrijver (de)	scenārija autors (v)	[stsɛna:rija autɔrs]
criticus (de)	kritiķis (v)	[krititʲis]

schrijver (de)	rakstnieks (v)	[rakstniɛks]
dichter (de)	dzejnieks (v)	[dzejniɛks]
beeldhouwer (de)	skulptors (v)	[skulptɔrs]
kunstenaar (de)	mākslinieks (v)	[ma:ksliniɛks]

jongleur (de)	žonglieris (v)	[ʒɔŋgliɛris]
clown (de)	klauns (v)	[klauns]
acrobaat (de)	akrobāts (v)	[akrɔba:ts]
goochelaar (de)	burvju mākslinieks (v)	[burvju ma:ksliniɛks]

130. Verschillende beroepen

dokter, arts (de)	ārsts (v)	[a:rsts]
ziekenzuster (de)	medmāsa (s)	[medma:sa]
psychiater (de)	psihiatrs (v)	[psixiatrs]
tandarts (de)	stomatologs (v)	[stɔmatɔlɔgs]
chirurg (de)	ķirurgs (v)	[tʲirurgs]

astronaut (de)	astronauts (v)	[astronauts]
astronoom (de)	astronoms (v)	[astronoms]
chauffeur (de)	vadītājs (v)	[vadi:ta:js]
machinist (de)	mašīnists (v)	[maʃi:nists]
mecanicien (de)	mehāniķis (v)	[mexa:nitʲis]
mijnwerker (de)	ogļracis (v)	[oglʲratsis]
arbeider (de)	strādnieks (v)	[stra:dniɛks]
bankwerker (de)	atslēdznieks (v)	[atsle:dzniɛks]
houtbewerker (de)	galdnieks (v)	[galdniɛks]
draaier (de)	virpotājs (v)	[virpota:js]
bouwvakker (de)	celtnieks (v)	[tseltniɛks]
lasser (de)	metinātājs (v)	[metina:ta:js]
professor (de)	profesors (v)	[profesors]
architect (de)	arhitekts (v)	[arxitekts]
historicus (de)	vēsturnieks (v)	[ve:sturniɛks]
wetenschapper (de)	zinātnieks (v)	[zina:tniɛks]
fysicus (de)	fiziķis (v)	[fizitʲis]
scheikundige (de)	ķīmiķis (v)	[tʲi:mitʲis]
archeoloog (de)	arheologs (v)	[arxeologs]
geoloog (de)	ģeologs (v)	[dʲeologs]
onderzoeker (de)	pētnieks (v)	[pe:tniɛks]
babysitter (de)	aukle (s)	[aukle]
leraar, pedagoog (de)	pedagogs (v)	[pɛdagogs]
redacteur (de)	redaktors (v)	[rɛdaktors]
chef-redacteur (de)	galvenais redaktors (v)	[galvɛnais rɛdaktors]
correspondent (de)	korespondents (v)	[korespondents]
typiste (de)	mašīnrakstītāja (s)	[maʃi:nraksti:ta:ja]
designer (de)	dizainers (v)	[dizainɛrs]
computerexpert (de)	datoru eksperts (v)	[datoru eksperts]
programmeur (de)	programmētājs (v)	[programmɛ:ta:js]
ingenieur (de)	inženieris (v)	[inʒeniɛris]
matroos (de)	jūrnieks (v)	[ju:rniɛks]
zeeman (de)	matrozis (v)	[matrozis]
redder (de)	glābējs (v)	[gla:be:js]
brandweerman (de)	ugunsdzēsējs (v)	[ugunsdzɛ:se:js]
politieagent (de)	policists (v)	[politsists]
nachtwaker (de)	sargs (v)	[sargs]
detective (de)	detektīvs (v)	[dɛtekti:vs]
douanier (de)	muitas ierēdnis (v)	[muitas iɛre:dnis]
lijfwacht (de)	miesassargs (v)	[miɛsasargs]
gevangenisbewaker (de)	uzraugs (v)	[uzraugs]
inspecteur (de)	inspektors (v)	[inspektors]
sportman (de)	sportists (v)	[sportists]
trainer (de)	treneris (v)	[trɛneris]
slager, beenhouwer (de)	miesnieks (v)	[miɛsniɛks]

schoenlapper (de)	kurpnieks (v)	[kurpniɛks]
handelaar (de)	komersants (v)	[komɛrsants]
lader (de)	krāvējs (v)	[kra:ve:js]

| kledingstilist (de) | modelētājs (v) | [modɛlɛ:ta:js] |
| model (het) | modele (s) | [modɛle] |

131. Beroepen. Sociale status

| scholier (de) | skolnieks (v) | [skolniɛks] |
| student (de) | students (v) | [students] |

filosoof (de)	filosofs (v)	[filosofs]
econoom (de)	ekonomists (v)	[ekonomists]
uitvinder (de)	izgudrotājs (v)	[izgudrota:js]

werkloze (de)	bezdarbnieks (v)	[bezdarbniɛks]
gepensioneerde (de)	pensionārs (v)	[pensiona:rs]
spion (de)	spiegs (v)	[spiɛgs]

gedetineerde (de)	ieslodzītais (v)	[iɛslodzi:tais]
staker (de)	streikotājs (v)	[strɛikota:js]
bureaucraat (de)	birokrāts (v)	[birokra:ts]
reiziger (de)	ceļotājs (v)	[tselʲota:js]

homoseksueel (de)	homoseksuālists (v)	[xomoseksua:lists]
hacker (computerkraker)	hakeris (v)	[xakeris]
hippie (de)	hipijs (v)	[xipijs]

bandiet (de)	bandīts (v)	[bandi:ts]
huurmoordenaar (de)	algots slepkava (v)	[algots slepkava]
drugsverslaafde (de)	narkomāns (v)	[narkoma:ns]
drugshandelaar (de)	narkotiku tirgotājs (v)	[narkotiku tirgota:js]
prostituee (de)	prostitūta (s)	[prostitu:ta]
pooier (de)	suteners (v)	[sutenɛrs]

tovenaar (de)	burvis (v)	[burvis]
tovenares (de)	burve (s)	[burve]
piraat (de)	pirāts (v)	[pira:ts]
slaaf (de)	vergs (v)	[vergs]
samoerai (de)	samurajs (v)	[samurajs]
wilde (de)	mežonis (v)	[meʒonis]

117

Sport

132. Soorten sporten. Sporters

sportman (de)	sportists (v)	[sportists]
soort sport (de/het)	sporta veids (v)	[sporta vɛids]
basketbal (het)	basketbols (v)	[basketbɔls]
basketbalspeler (de)	basketbolists (v)	[basketbɔlists]
baseball (het)	beisbols (v)	[bɛisbɔls]
baseballspeler (de)	beisbolists (v)	[bɛisbɔlists]
voetbal (het)	futbols (v)	[futbɔls]
voetballer (de)	futbolists (v)	[futbɔlists]
doelman (de)	vārtsargs (v)	[va:rtsargs]
hockey (het)	hokejs (v)	[xɔkejs]
hockeyspeler (de)	hokejists (v)	[xɔkejists]
volleybal (het)	volejbols (v)	[vɔlejbɔls]
volleybalspeler (de)	volejbolists (v)	[vɔlejbɔlists]
boksen (het)	bokss (v)	[bɔks]
bokser (de)	bokseris (v)	[bɔkseris]
worstelen (het)	cīņa (s)	[tsi:ɲa]
worstelaar (de)	cīkstonis (v)	[tsi:kstɔnis]
karate (de)	karatē (v)	[karate:]
karateka (de)	karatists (v)	[karatists]
judo (de)	džudo (v)	[dʒudɔ]
judoka (de)	džudists (v)	[dʒudists]
tennis (het)	teniss (v)	[tenis]
tennisspeler (de)	tenisists (v)	[tenisists]
zwemmen (het)	peldēšana (s)	[pelde:ʃana]
zwemmer (de)	peldētājs (v)	[peldɛ:ta:js]
schermen (het)	paukošana (s)	[paukɔʃana]
schermer (de)	paukotājs (v)	[paukɔta:js]
schaak (het)	šahs (v)	[ʃaxs]
schaker (de)	šahists (v)	[ʃaxists]
alpinisme (het)	alpīnisms (v)	[alpi:nisms]
alpinist (de)	alpīnists (v)	[alpi:nists]
hardlopen (het)	skriešana (s)	[skriɛʃana]

renner (de)	skrējējs (v)	[skre:je:js]
atletiek (de)	vieglatlētika (s)	[viɛglatle:tika]
atleet (de)	atlēts (v)	[atle:ts]

| paardensport (de) | jāšanas sports (v) | [ja:ʃanas sports] |
| ruiter (de) | jātnieks (v) | [ja:tniɛks] |

kunstschaatsen (het)	daiļslidošana (s)	[daiľslidoʃana]
kunstschaatser (de)	daiļslidotājs (v)	[daiľslidota:js]
kunstschaatsster (de)	daiļslidotāja (s)	[daiľslidota:ja]

gewichtheffen (het)	smagatlētika (s)	[smagatle:tika]
gewichtheffer (de)	svarcēlājs (v)	[svartsɛ:la:js]
autoraces (mv.)	autosacīkstes (s dsk)	[autɔsatsi:kstes]
coureur (de)	braucējs (v)	[brautse:js]

| wielersport (de) | riteņbraukšana (s) | [riteɲbraukʃana] |
| wielrenner (de) | riteņbraucējs (v) | [riteɲbrautse:js] |

verspringen (het)	tāllēkšana (s)	[ta:lle:kʃana]
polsstokspringen (het)	kārtslēkšana (s)	[ka:rtsle:kʃana]
verspringer (de)	lēcējs (v)	[le:tse:js]

133. Soorten sporten. Diversen

Amerikaans voetbal (het)	amerikāņu futbols (v)	[amerika:ɲu futbols]
badminton (het)	badmintons (v)	[badmintɔns]
biatlon (de)	biatlons (v)	[biatlɔns]
biljart (het)	biljards (v)	[biljards]

bobsleeën (het)	bobslejs (v)	[bobslejs]
bodybuilding (de)	bodibildings (v)	[bɔdibildiŋs]
waterpolo (het)	ūdenspolo (v)	[u:denspolɔ]
handbal (de)	rokasbumba (s)	[rɔkasbumba]
golf (het)	golfs (v)	[golfs]

roeisport (de)	airēšana (s)	[aire:ʃana]
duiken (het)	niršana (s)	[nirʃana]
langlaufen (het)	slēpošanas sacīkstes (s dsk)	[sle:pɔʃanas satsi:kstes]
tafeltennis (het)	galda teniss (v)	[galda tenis]

zeilen (het)	buru sports (v)	[buru sports]
rally (de)	rallijs (v)	[rallijs]
rugby (het)	regbijs (v)	[regbijs]
snowboarden (het)	snovbords (v)	[snɔvbords]
boogschieten (het)	loka šaušana (s)	[lɔka ʃauʃana]

134. Fitnessruimte

lange halter (de)	stienis (v)	[stiɛnis]
halters (mv.)	hanteles (s dsk)	[xantɛles]
training machine (de)	trenažieris (v)	[trɛnaʒiɛris]

| hometrainer (de) | velotrenažieris (v) | [velɔtrɛnaʒiɛris] |
| loopband (de) | skrejceļš (v) | [skrejtselʲʃ] |

rekstok (de)	šķērssija (s)	[ʃⁱkɛ:rsija]
brug (de) gelijke leggers	līdztekas (s dsk)	[li:dztɛkas]
paardsprong (de)	vingrošanas zirgs (v)	[viŋɡrɔʃanas zirgs]
mat (de)	vingrošanas paklājs (v)	[viŋɡrɔʃanas pakla:js]

springtouw (het)	lecamaukla (s)	[letsamaukla]
aerobics (de)	vingrošana (s)	[viŋɡrɔʃana]
yoga (de)	joga (s)	[jɔɡa]

135. Hockey

hockey (het)	hokejs (v)	[xɔkejs]
hockeyspeler (de)	hokejists (v)	[xɔkejists]
hockey spelen	spēlēt hokeju	[spɛ:le:t xɔkeju]
IJs (het)	ledus (v)	[lɛdus]

puck (de)	ripa (s)	[ripa]
hockeystick (de)	nūja (s)	[nu:ja]
schaatsen (mv.)	slidas (s dsk)	[slidas]

| boarding (de) | borts (v) | [bɔrts] |
| schot (het) | metiens (v) | [metiɛns] |

doelman (de)	vārtsargs (v)	[va:rtsargs]
goal (de)	vārti (v dsk)	[va:rti]
een goal scoren	gūt vārtus	[gu:t va:rtus]

periode (de)	periods (v)	[periɔds]
tweede periode (de)	otrais periods (v)	[ɔtrais periɔds]
reservebank (de)	rezervistu sols (v)	[rɛzervistu sɔls]

136. Voetbal

voetbal (het)	futbols (v)	[futbɔls]
voetballer (de)	futbolists (v)	[futbɔlists]
voetbal spelen	spēlēt futbolu	[spɛ:le:t futbɔlu]

eredivisie (de)	augstākā līga (s)	[augsta:ka: li:ga]
voetbalclub (de)	futbola klubs (v)	[futbɔla klubs]
trainer (de)	treneris (v)	[trɛneris]
eigenaar (de)	īpašnieks (v)	[i:paʃniɛks]

team (het)	komanda (s)	[kɔmanda]
aanvoerder (de)	komandas kapteinis (v)	[kɔmandas kaptɛinis]
speler (de)	spēlētājs (v)	[spɛ:lɛ:ta:js]
reservespeler (de)	rezerves spēlētājs (v)	[rɛzerves spɛ:lɛ:ta:js]

| aanvaller (de) | uzbrucējs (v) | [uzbrutse:js] |
| centrale aanvaller (de) | centra uzbrucējs (v) | [tsentra uzbrutse:js] |

doelpuntmaker (de)	bombardieris (v)	[bɔmbardiɛris]
verdediger (de)	aizsargs (v)	[aizsargs]
middenvelder (de)	pussargs (v)	[pusargs]
match, wedstrijd (de)	mačs (v)	[matʃs]
elkaar ontmoeten (ww)	satikt	[satikt]
finale (de)	fināls (v)	[fina:ls]
halve finale (de)	pusfināls (v)	[pusfina:ls]
kampioenschap (het)	čempionāts (v)	[tʃempiɔna:ts]
helft (de)	puslaiks (v)	[puslaiks]
eerste helft (de)	pirmais puslaiks (v)	[pirmais puslaiks]
pauze (de)	pārtraukums (v)	[pa:rtraukums]
doel (het)	vārti (v dsk)	[va:rti]
doelman (de)	vārtsargs (v)	[va:rtsargs]
doelpaal (de)	stabs (v)	[stabs]
lat (de)	vārtu pārliktnis (v)	[va:rtu pa:rliktnis]
doelnet (het)	vārtu tīkls (v)	[va:rtu ti:kls]
een goal incasseren	palaist garām vārtus	[palaist gara:m va:rtus]
bal (de)	bumba (s)	[bumba]
pass (de)	piespēle (s)	[piɛspɛ:le]
schot (het), schop (de)	sitiens (v)	[sitiɛns]
schieten (de bal ~)	sist	[sist]
vrije schop (directe ~)	soda sitiens (v)	[sɔda sitiɛns]
hoekschop, corner (de)	stūra sitiens (v)	[stu:ra sitiɛns]
aanval (de)	uzbrukums (v)	[uzbrukums]
tegenaanval (de)	pretuzbrukums (v)	[prɛtuzbrukums]
combinatie (de)	kombinācija (s)	[kɔmbina:tsija]
scheidsrechter (de)	arbitrs (v)	[arbitrs]
fluiten (ww)	svilpot	[svilpɔt]
fluitsignaal (het)	svilpe (s)	[svilpe]
overtreding (de)	pārkāpums (v)	[pa:rka:pums]
een overtreding maken	pārkāpt	[pa:rka:pt]
uit het veld te sturen	noraidīt no laukuma	[nɔraidi:t nɔ laukuma]
gele kaart (de)	dzeltenā kartīte (s)	[dzeltɛna: karti:te]
rode kaart (de)	sarkanā kartīte (s)	[sarkana: karti:te]
diskwalificatie (de)	diskvalifikācija (s)	[diskvalifika:tsija]
diskwalificeren (ww)	diskvalificēt	[diskvalifitse:t]
strafschop, penalty (de)	soda sitiens (v)	[sɔda sitiɛns]
muur (de)	siena (s)	[siɛna]
scoren (ww)	gūt	[gu:t]
goal (de), doelpunt (het)	vārti (v dsk)	[va:rti]
een goal scoren	gūt vārtus	[gu:t va:rtus]
vervanging (de)	maiņa (s)	[maiɲa]
vervangen (ov.ww.)	nomainīt	[nɔmaini:t]
regels (mv.)	noteikumi (v dsk)	[nɔtɛikumi]
tactiek (de)	taktika (s)	[taktika]
stadion (het)	stadions (v)	[stadiɔns]
tribune (de)	tribīne (s)	[tribi:ne]

| fan, supporter (de) | līdzjutējs (v) | [li:dzjute:js] |
| schreeuwen (ww) | kliegt | [kliɛgt] |

| scorebord (het) | tablo (v) | [tablɔ] |
| stand (~ is 3-1) | rezultāts (v) | [rɛzulta:ts] |

nederlaag (de)	sakāve (s)	[saka:ve]
verliezen (ww)	zaudēt	[zaude:t]
gelijkspel (het)	neizšķirts rezultāts (v)	[nɛizʃʲirts rɛzulta:ts]
in gelijk spel eindigen	nospēlēt neizšķirti	[nɔspɛ:le:t nɛizʃʲirti]

overwinning (de)	uzvara (s)	[uzvara]
overwinnen (ww)	uzvarēt	[uzvare:t]
kampioen (de)	čempions (v)	[tʃempiɔns]
best (bn)	labākais	[laba:kais]
feliciteren (ww)	apsveikt	[apsvɛikt]

commentator (de)	komentētājs (v)	[kɔmentɛ:ta:js]
becommentariëren (ww)	komentēt	[kɔmente:t]
uitzending (de)	translācija (s)	[transla:tsija]

137. Alpine skiën

ski's (mv.)	slēpes (s dsk)	[slɛ:pes]
skiën (ww)	slēpot	[sle:pɔt]
skigebied (het)	kalnu slēpošanas kūrorts (v)	[kalnu sle:pɔʃanas ku:rɔrts]
skilift (de)	ceļamkrāns (v)	[tsɛlʲamkra:ns]

skistokken (mv.)	nūjas (s dsk)	[nu:jas]
helling (de)	nogāze (s)	[nɔga:ze]
slalom (de)	slaloms (v)	[slalɔms]

138. Tennis. Golf

golf (het)	golfs (v)	[gɔlfs]
golfclub (de)	golfa klubs (v)	[gɔlfa klubs]
golfer (de)	golfa spēlētājs (v)	[gɔlfa spɛ:lɛ:ta:js]

hole (de)	bedrīte (s)	[bedri:te]
golfclub (de)	nūja (s)	[nu:ja]
trolley (de)	golf ratiņi (v dsk)	[gɔlf ratiņi]

| tennis (het) | teniss (v) | [tenis] |
| tennisveld (het) | tenisa laukums (v) | [tenisa laukums] |

| opslag (de) | servēšana (s) | [serve:ʃana] |
| serveren, opslaan (ww) | servēt | [serve:t] |

racket (het)	rakete (s)	[rakɛte]
net (het)	tīkls (v)	[ti:kls]
bal (de)	bumba (s)	[bumba]

139. Schaken

schaak (het)	šaha spēle (s)	[ʃaxa spɛ:le]
schaakstukken (mv.)	šaha figūras (s dsk)	[ʃaxa figu:ras]
schaker (de)	šahists (v)	[ʃaxists]
schaakbord (het)	šaha galdiņš (v)	[ʃaxa galdiɲʃ]
schaakstuk (het)	figūra (s)	[figu:ra]
witte stukken (mv.)	baltie (v dsk)	[baltiɛ]
zwarte stukken (mv.)	melnie (v dsk)	[melniɛ]
pion (de)	bandinieks (v)	[bandiniɛks]
loper (de)	laidnis (v)	[laidnis]
paard (het)	zirdziņš (v)	[zirdziɲʃ]
toren (de)	tornis (v)	[tɔrnis]
koningin (de)	dāma (s)	[da:ma]
koning (de)	karalis (v)	[karalis]
zet (de)	gājiens (v)	[ga:jiɛns]
zetten (ww)	iziet	[iziɛt]
opofferen (ww)	upurēt	[upure:t]
rokade (de)	rokāde (s)	[rɔka:de]
schaak (het)	šahs (v)	[ʃaxs]
schaakmat (het)	mats (v)	[mats]
schaakwedstrijd (de)	šaha turnīrs (v)	[ʃaxa turni:rs]
grootmeester (de)	lielmeistars (v)	[liɛlmɛistars]
combinatie (de)	kombinācija (s)	[kɔmbina:tsija]
partij (de)	partija (s)	[partija]
dammen (de)	dambrete (s)	[dambrɛte]

140. Boksen

boksen (het)	bokss (v)	[bɔks]
boksgevecht (het)	kauja (s)	[kauja]
bokswedstrijd (de)	divcīņa (s)	[divtsi:ɲa]
ronde (de)	raunds (v)	[raunds]
ring (de)	rings (v)	[riŋs]
gong (de)	gongs (v)	[gɔŋgs]
stoot (de)	sitiens (v)	[sitiɛns]
knock-down (de)	nokdauns (v)	[nɔgdauns]
knock-out (de)	nokauts (v)	[nɔkauts]
knock-out slaan (ww)	nokautēt	[nɔkaute:t]
bokshandschoen (de)	boksa cimds (v)	[bɔksa tsimds]
referee (de)	tiesnesis (v)	[tiɛsnesis]
lichtgewicht (het)	vieglais svars (v)	[viɛglais svars]
middengewicht (het)	vidējais svars (v)	[vide:jais svars]
zwaargewicht (het)	smagais svars (v)	[smagais svars]

141. Sporten. Diversen

Olympische Spelen (mv.)	Olimpiskās Spēles (s dsk)	[ɔlimpiska:s spɛ:les]
winnaar (de)	uzvarētājs (v)	[uzvarɛ:ta:js]
overwinnen (ww)	uzvarēt	[uzvare:t]
winnen (ww)	vinnēt	[vinne:t]
leider (de)	līderis (v)	[li:deris]
leiden (ww)	izrauties vadībā	[izrauties vadi:ba:]
eerste plaats (de)	pirmā vieta (s)	[pirma: viɛta]
tweede plaats (de)	otrā vieta (s)	[ɔtra: viɛta]
derde plaats (de)	trešā vieta (s)	[treʃa: viɛta]
medaille (de)	medaļa (s)	[mɛdalʲa]
trofee (de)	trofeja (s)	[trɔfeja]
beker (de)	kauss (v)	[kaus]
prijs (de)	balva (s)	[balva]
hoofdprijs (de)	galvenā balva (s)	[galvɛna: balva]
record (het)	rekords (v)	[rekɔrds]
een record breken	uzstādīt rekordu	[uzsta:di:t rekɔrdu]
finale (de)	fināls (v)	[fina:ls]
finale (bn)	fināla	[fina:la]
kampioen (de)	čempions (v)	[tʃempiɔns]
kampioenschap (het)	čempionāts (v)	[tʃempiɔna:ts]
stadion (het)	stadions (v)	[stadiɔns]
tribune (de)	tribīne (s)	[tribi:ne]
fan, supporter (de)	līdzjutējs (v)	[li:dzjute:js]
tegenstander (de)	pretinieks (v)	[pretiniɛks]
start (de)	starts (v)	[starts]
finish (de)	finišs (v)	[finiʃs]
nederlaag (de)	sakāve (s)	[saka:ve]
verliezen (ww)	zaudēt	[zaude:t]
rechter (de)	tiesnesis (v)	[tiɛsnesis]
jury (de)	žūrija (s)	[ʒu:rija]
stand (~ is 3-1)	rezultāts (v)	[rɛzulta:ts]
gelijkspel (het)	neizšķirts rezultāts (v)	[nɛizʃtʲirts rɛzulta:ts]
in gelijk spel eindigen	nospēlēt neizšķirti	[nɔspɛ:le:t nɛizʃtʲirti]
punt (het)	punkts (v)	[punkts]
uitslag (de)	rezultāts (v)	[rɛzulta:ts]
periode (de)	periods (v)	[periɔds]
pauze (de)	pārtraukums (v)	[pa:rtraukums]
doping (de)	dopings (v)	[dɔpiŋgs]
straffen (ww)	sodīt	[sɔdi:t]
diskwalificeren (ww)	diskvalificēt	[diskvalifitse:t]
toestel (het)	sporta inventārs (v)	[spɔrta inventa:rs]
speer (de)	šķēps (v)	[ʃtʲe:ps]

| kogel (de) | lode (s) | [lɔde] |
| bal (de) | biljarda bumbiņa (s) | [biljarda bumbiɲa] |

doel (het)	mērķis (v)	[meːrtʲis]
schietkaart (de)	mērķis (v)	[meːrtʲis]
schieten (ww)	šaut	[ʃaut]
precies (bijv. precieze schot)	precīzs	[pretsiːzs]

trainer, coach (de)	treneris (v)	[trɛneris]
trainen (ww)	trenēt	[trɛneːt]
zich trainen (ww)	trenēties	[trɛneːtiɛs]
training (de)	treniņš (v)	[treniɲʃ]

gymnastiekzaal (de)	sporta zāle (s)	[spɔrta zaːle]
oefening (de)	vingrinājums (v)	[viɲgrinaːjums]
opwarming (de)	izvingrināšana (s)	[izviɲgrinaːʃana]

Onderwijs

142. School

school (de)	skola (s)	[skɔla]
schooldirecteur (de)	skolas direktors (v)	[skɔlas direktɔrs]
leerling (de)	skolnieks (v)	[skɔlniɛks]
leerlinge (de)	skolniece (s)	[skɔlniɛtse]
scholier (de)	skolnieks (v)	[skɔlniɛks]
scholiere (de)	skolniece (s)	[skɔlniɛtse]
leren (lesgeven)	mācīt	[maːtsiːt]
studeren (bijv. een taal ~)	mācīties	[maːtsiːtiɛs]
van buiten leren	mācīties no galvas	[maːtsiːties nɔ galvas]
leren (bijv. ~ tellen)	mācīties	[maːtsiːtiɛs]
in school zijn	mācīties	[maːtsiːtiɛs]
(schooljongen zijn)		
naar school gaan	iet skolā	[iɛt skɔlaː]
alfabet (het)	alfabēts (v)	[alfabeːts]
vak (schoolvak)	mācību priekšmets (v)	[maːtsiːbas priɛkʃmets]
klaslokaal (het)	klase (s)	[klase]
les (de)	stunda (s)	[stunda]
pauze (de)	starpbrīdis (v)	[starpbriːdis]
bel (de)	zvans (v)	[zvans]
schooltafel (de)	skolas sols (v)	[skɔlas sɔls]
schoolbord (het)	tāfele (s)	[taːfɛle]
cijfer (het)	atzīme (s)	[atziːme]
goed cijfer (het)	laba atzīme (s)	[laba atziːme]
slecht cijfer (het)	slikta atzīme (s)	[slikta atziːme]
een cijfor govon	likt atzīml	[likt atziːmi]
fout (de)	kļūda (s)	[klʲuːda]
fouten maken	kļūdīties	[klʲuːdiːtiɛs]
corrigeren (fouten ~)	labot	[labɔt]
spiekbriefje (het)	špikeris (v)	[ʃpikeris]
huiswerk (het)	mājas darbs (v)	[maːjas darbs]
oefening (de)	vingrinājums (v)	[viŋgrinaːjums]
aanwezig zijn (ww)	būt klāt	[buːt klaːt]
absent zijn (ww)	nebūt klāt	[nɛbuːt klaːt]
school verzuimen	kavēt stundas	[kaveːt stundas]
bestraffen (een stout kind ~)	sodīt	[sɔdiːt]
bestraffing (de)	sods (v)	[sɔds]

gedrag (het)	uzvedība (s)	[uzvedi:ba]
cijferlijst (de)	dienasgrāmata (s)	[diɛnasgra:mata]
potlood (het)	zīmulis (v)	[zi:mulis]
gom (de)	dzēšgumija (s)	[dze:ʃgumija]
krijt (het)	krīts (v)	[kri:ts]
pennendoos (de)	penālis (v)	[pɛna:lis]

boekentas (de)	portfelis (v)	[portfelis]
pen (de)	pildspalva (s)	[pildspalva]
schrift (de)	burtnīca (s)	[burtni:tsa]
leerboek (het)	mācību grāmata (s)	[ma:tsi:bu gra:mata]
passer (de)	cirkulis (v)	[tsirkulis]

| technisch tekenen (ww) | rasēt | [rase:t] |
| technische tekening (de) | rasējums (v) | [rase:jums] |

gedicht (het)	dzejolis (v)	[dzejolis]
van buiten (bw)	no galvas	[nɔ galvas]
van buiten leren	mācīties no galvas	[ma:tsi:ties nɔ galvas]

vakantie (de)	brīvlaiks (v)	[bri:vlaiks]
met vakantie zijn	būt brīvlaikā	[bu:t bri:vlaika:]
vakantie doorbrengen	pavadīt brīvlaiku	[pavadi:t bri:vlaiku]

toets (schriftelijke ~)	kontroldarbs (v)	[kɔntrɔldarbs]
opstel (het)	sacerējums (v)	[satsɛre:jums]
dictee (het)	diktāts (v)	[dikta:ts]
examen (het)	eksāmens (v)	[eksa:mens]
examen afleggen	likt eksāmenus	[likt eksa:menus]
experiment (het)	mēģinājums (v)	[me:dⁱina:jums]

143. Hogeschool. Universiteit

academie (de)	akadēmija (s)	[akade:mija]
universiteit (de)	universitāte (s)	[univɛrsita:te]
faculteit (de)	fakultāte (s)	[fakulta:te]

student (de)	students (v)	[students]
studente (de)	studente (s)	[studente]
leraar (de)	pasniedzējs (v)	[pasniɛdze:js]

| collegezaal (de) | auditorija (s) | [auditɔrija] |
| afgestudeerde (de) | absolvents (v) | [absɔlvents] |

| diploma (het) | diploms (v) | [diplɔms] |
| dissertatie (de) | disertācija (s) | [diserta:tsija] |

| onderzoek (het) | pētījums (v) | [pe:ti:jums] |
| laboratorium (het) | laboratorija (s) | [laboratɔrija] |

college (het)	lekcija (s)	[lektsija]
medestudent (de)	kursa biedrs (v)	[kursa biɛdrs]
studiebeurs (de)	stipendija (s)	[stipendija]
academische graad (de)	zinātniskais grāds (v)	[zina:tniskais gra:ds]

144. Wetenschappen. Disciplines

wiskunde (de)	matemātika (s)	[matɛma:tika]
algebra (de)	algebra (s)	[algebra]
meetkunde (de)	ģeometrija (s)	[dʲeɔmetrija]

astronomie (de)	astronomija (s)	[astrɔnɔmija]
biologie (de)	bioloģija (s)	[biɔlɔdʲija]
geografie (de)	ģeogrāfija (s)	[dʲeɔgra:fija]
geologie (de)	ģeoloģija (s)	[dʲeɔlɔdʲija]
geschiedenis (de)	vēsture (s)	[ve:sture]

geneeskunde (de)	medicīna (s)	[meditsi:na]
pedagogiek (de)	pedagoģija (s)	[pɛdagɔdʲija]
rechten (mv.)	tieslietas (s dsk)	[tiɛsliɛtas]

fysica, natuurkunde (de)	fizika (s)	[fizika]
scheikunde (de)	ķīmija (s)	[tʲi:mija]
filosofie (de)	filozofija (s)	[filɔzɔfija]
psychologie (de)	psiholoģija (s)	[psixɔlɔdʲija]

145. Schrift. Spelling

grammatica (de)	gramatika (s)	[gramatika]
vocabulaire (het)	leksika (s)	[leksika]
fonetiek (de)	fonētika (s)	[fɔne:tika]

zelfstandig naamwoord (het)	lietvārds (v)	[liɛtva:rds]
bijvoeglijk naamwoord (het)	īpašības vārds (v)	[i:paʃi:bas va:rds]
werkwoord (het)	darbības vārds (v)	[darbi:bas va:rds]
bijwoord (het)	apstākļa vārds (v)	[apsta:klʲa va:rds]

voornaamwoord (het)	vietniekvārds (v)	[viɛtniɛkva:rds]
tussenwerpsel (het)	izsauksmes vārds (v)	[izsauksmes va:rds]
voorzetsel (het)	prievārds (v)	[priɛva:rds]

stam (de)	vārda sakne (s)	[va:rda sakne]
achtervoegsel (het)	galotne (s)	[ɡalɔtne]
voorvoegsel (het)	priedēklis (v)	[priɛde:klis]
lettergreep (de)	zilbe (s)	[zilbe]
achtervoegsel (het)	sufikss (v)	[sufiks]

| nadruk (de) | uzsvars (v) | [uzsvars] |
| afkappingsteken (het) | apostrofs (v) | [apɔstrɔfs] |

punt (de)	punkts (v)	[punkts]
komma (de/het)	komats (v)	[kɔmats]
puntkomma (de)	semikols (v)	[semikɔls]
dubbelpunt (de)	kols (v)	[kɔls]
beletselteken (het)	daudzpunkte (s)	[daudzpunkte]

| vraagteken (het) | jautājuma zīme (s) | [jauta:juma zi:me] |
| uitroepteken (het) | izsaukuma zīme (s) | [izsaukuma zi:me] |

aanhalingstekens (mv.)	pēdiņas (s dsk)	[pe:diɲas]
tussen aanhalingstekens (bw)	pēdiņās	[pe:diɲa:s]
haakjes (mv.)	iekavas (s dsk)	[iɛkavas]
tussen haakjes (bw)	iekavās	[iɛkava:s]

streepje (het)	defise (s)	[defise]
gedachtestreepje (het)	domuzīme (s)	[dɔmuzi:me]
spatie	atstarpe (s)	[atstarpe]
(~ tussen twee woorden)		

| letter (de) | burts (v) | [burts] |
| hoofdletter (de) | lielais burts (v) | [liɛlais burts] |

| klinker (de) | patskanis (v) | [patskanis] |
| medeklinker (de) | līdzskanis (v) | [li:dzskanis] |

zin (de)	teikums (v)	[tɛikums]
onderwerp (het)	teikuma priekšmets (v)	[tɛikuma priɛkʃmets]
gezegde (het)	izteicējs (v)	[iztɛitse:js]

regel (in een tekst)	rinda (s)	[rinda]
op een nieuwe regel (bw)	ar jaunu rindu	[ar jaunu rindu]
alinea (de)	rindkopa (s)	[rindkɔpa]

woord (het)	vārds (v)	[va:rds]
woordgroep (de)	vārdkopa (s)	[va:rdkɔpa]
uitdrukking (de)	izteiciens (v)	[iztɛitsiɛns]
synoniem (het)	sinonīms (v)	[sinɔni:ms]
antoniem (het)	antonīms (v)	[antɔni:ms]

regel (de)	likums (v)	[likums]
uitzondering (de)	izņēmums (v)	[izɲɛ:mums]
correct (bijv. ~e spelling)	pareizs	[parɛizs]

vervoeging, conjugatie (de)	konjugācija (s)	[kɔnjuga:tsija]
verbuiging, declinatie (de)	deklinācija (s)	[deklina:tsija]
naamval (de)	locījums (v)	[lɔtsi:jums]
vraag (de)	jautājums (v)	[jauta:jums]
onderstrepen (ww)	pasvītrot	[pasvi:trɔt]
stippellijn (de)	punktēta līnija (s)	[punktɛ:ta li:nija]

146. Vreemde talen

taal (de)	valoda (s)	[valɔda]
vreemd (bn)	svešs	[sveʃs]
vreemde taal (de)	svešvaloda (s)	[sveʃvalɔda]
leren (bijv. van buiten ~)	pētīt	[pe:ti:t]
studeren (Nederlands ~)	mācīties	[ma:tsi:tiɛs]

lezen (ww)	lasīt	[lasi:t]
spreken (ww)	runāt	[runa:t]
begrijpen (ww)	saprast	[saprast]
schrijven (ww)	rakstīt	[raksti:t]
snel (bw)	ātri	[a:tri]

langzaam (bw)	lēni	[le:ni]
vloeiend (bw)	brīvi	[bri:vi]

regels (mv.)	noteikumi (v dsk)	[notɛikumi]
grammatica (de)	gramatika (s)	[gramatika]
vocabulaire (het)	leksika (s)	[leksika]
fonetiek (de)	fonētika (s)	[fone:tika]

leerboek (het)	mācību grāmata (s)	[ma:tsi:bu gra:mata]
woordenboek (het)	vārdnīca (s)	[va:rdni:tsa]
leerboek (het) voor zelfstudie	pašmācības grāmata (s)	[paʃma:tsi:bas gra:mata]
taalgids (de)	sarunvārdnīca (s)	[sarunva:rdni:tsa]

cassette (de)	kasete (s)	[kasɛte]
videocassette (de)	videokasete (s)	[videɔkasɛte]
CD (de)	kompaktdisks (v)	[kɔmpaktdisks]
DVD (de)	DVD (v)	[dvd]

alfabet (het)	alfabēts (v)	[alfabe:ts]
spellen (ww)	izrunāt pa burtiem	[izruna:t pa burtiɛm]
uitspraak (de)	izruna (s)	[izruna]

accent (het)	akcents (v)	[aktsents]
met een accent (bw)	ar akcentu	[ar aktsentu]
zonder accent (bw)	bez akcenta	[bez aktsenta]

woord (het)	vārds (v)	[va:rds]
betekenis (de)	nozīme (s)	[nɔzi:me]

cursus (de)	kursi (v dsk)	[kursi]
zich inschrijven (ww)	pierakstīties	[piɛraksti:tiɛs]
leraar (de)	pasniedzējs (v)	[pasniɛdze:js]

vertaling (een ~ maken)	tulkošana (s)	[tulkɔʃana]
vertaling (tekst)	tulkojums (v)	[tulkɔjums]
vertaler (de)	tulks (v)	[tulks]
tolk (de)	tulks (v)	[tulks]

polyglot (de)	poliglots (v)	[pɔliglots]
geheugen (het)	atmiņa (s)	[atmiɲa]

147. Sprookjesfiguren

Sinterklaas (de)	Santa Klauss (v)	[santa klaus]
Assepoester (de)	Pelnruškīte (s)	[pelnruʃʲi:te]
zeemeermin (de)	nāra (s)	[na:ra]
Neptunus (de)	Neptūns (v)	[neptu:ns]

magiër, tovenaar (de)	burvis (v)	[burvis]
goede heks (de)	burve (s)	[burve]
magisch (bn)	burvju	[burvju]
toverstokje (het)	burvju nūjiņa (s)	[burvju nu:jiɲa]
sprookje (het)	pasaka (s)	[pasaka]
wonder (het)	brīnums (v)	[bri:nums]

| dwerg (de) | rūķītis (v) | [ru:tʲi:tis] |
| veranderen in ...
(anders worden) | pārvērsties par ... | [pa:rvɛ:rsties par ...] |

geest (de)	spoks (v)	[spɔks]
spook (het)	rēgs (v)	[re:gs]
monster (het)	nezvērs (v)	[nezvɛ:rs]
draak (de)	pūķis (v)	[pu:tʲis]
reus (de)	milzis (v)	[milzis]

148. Dierenriem

Ram (de)	Auns (v)	[auns]
Stier (de)	Vērsis (v)	[vɛ:rsis]
Tweelingen (mv.)	Dvīņi (v dsk)	[dvi:ɲi]
Kreeft (de)	Vēzis (v)	[ve:zis]
Leeuw (de)	Lauva (s)	[lauva]
Maagd (de)	Jaunava (s)	[jaunava]

Weegschaal (de)	Svari (v dsk)	[svari]
Schorpioen (de)	Skorpions (v)	[skɔrpiɔns]
Boogschutter (de)	Strēlnieks (v)	[stre:lniɛks]
Steenbok (de)	Mežāzis (v)	[meʒa:zis]
Waterman (de)	Ūdensvīrs (v)	[u:densvi:rs]
Vissen (mv.)	Zivis (v dsk)	[zivis]

karakter (het)	raksturs (v)	[raksturs]
karaktertrekken (mv.)	rakstura iezīmes (s dsk)	[rakstura iɛzi:mes]
gedrag (het)	uzvedība (s)	[uzvedi:ba]
waarzeggen (ww)	zīlēt	[zi:le:t]
waarzegster (de)	zīlniece (s)	[zi:lniɛtse]
horoscoop (de)	horoskops (v)	[xɔrɔskɔps]

Kunst

149. Theater

theater (het)	teātris (v)	[tea:tris]
opera (de)	opera (s)	[ɔpɛra]
operette (de)	operete (s)	[ɔpɛrɛte]
ballet (het)	balets (v)	[balets]
affiche (de/het)	afiša (s)	[afiʃa]
theatergezelschap (het)	trupa (s)	[trupa]
tournee (de)	viesizrāde (s)	[viɛsizra:de]
op tournee zijn	sniegt viesizrādes	[sniɛgt viɛsizra:des]
repeteren (ww)	mēģināt	[me:dʲina:t]
repetitie (de)	mēģinājums (v)	[me:dʲina:jums]
repertoire (het)	repertuārs (v)	[rɛpertua:rs]
voorstelling (de)	izrāde (s)	[izra:de]
spektakel (het)	izrāde (s)	[izra:de]
toneelstuk (het)	luga (s)	[luga]
biljet (het)	biļete (s)	[bilʲɛte]
kassa (de)	biļešu kase (s)	[bilʲeʃu kase]
foyer (de)	halle (s)	[xalle]
garderobe (de)	garderobe (s)	[garderɔbe]
garderobe nummer (het)	numurs (v)	[numurs]
verrekijker (de)	binoklis (v)	[binɔklis]
plaatsaanwijzer (de)	kontrolieris (v)	[kontrɔliɛris]
parterre (de)	parters (v)	[partɛrs]
balkon (het)	balkons (v)	[balkɔns]
gouden rang (de)	beletāža (s)	[bɛlɛta:ʒa]
loge (de)	loža (s)	[lɔʒa]
rij (de)	rinda (s)	[rinda]
plaats (de)	vieta (s)	[viɛta]
publiek (het)	publika (s)	[publika]
kijker (de)	skatītājs (v)	[skati:ta:js]
klappen (ww)	aplaudēt	[aplaude:t]
applaus (het)	aplausi (v dsk)	[aplausi]
ovatie (de)	ovācijas (s dsk)	[ɔva:tsijas]
toneel (op het ~ staan)	skatuve (s)	[skatuve]
gordijn, doek (het)	priekškars (v)	[priɛkʃkars]
toneeldecor (het)	dekorācija (s)	[dekɔra:tsija]
backstage (de)	kulises (s dsk)	[kulises]
scène (de)	skats (v)	[skats]
bedrijf (het)	cēliens (v)	[tse:liɛns]
pauze (de)	starpbrīdis (v)	[starpbri:dis]

150. Bioscoop

acteur (de)	aktieris (v)	[aktiɛris]
actrice (de)	aktrise (s)	[aktrise]
bioscoop (de)	kino (v)	[kinɔ]
speelfilm (de)	kino (v)	[kinɔ]
aflevering (de)	sērija (s)	[se:rija]
detectivefilm (de)	detektīvs (v)	[dɛtekti:vs]
actiefilm (de)	grāvējs (v)	[gra:ve:js]
avonturenfilm (de)	piedzīvojumu filma (s)	[piɛdzi:vɔjumu filma]
sciencefictionfilm (de)	fantastiska filma (s)	[fantastiska filma]
griezelfilm (de)	šausmu filma (s)	[ʃausmu filma]
komedie (de)	kino komēdija (s)	[kinɔ kɔme:dija]
melodrama (het)	melodrāma (s)	[melɔdra:ma]
drama (het)	drāma (s)	[dra:ma]
speelfilm (de)	mākslas filma (s)	[ma:kslas filma]
documentaire (de)	dokumentāla filma (s)	[dɔkumenta:la filma]
tekenfilm (de)	multfilma (s)	[multfilma]
stomme film (de)	mēmais kino (v)	[mɛ:mais kinɔ]
rol (de)	loma (s)	[lɔma]
hoofdrol (de)	galvenā loma (s)	[galvɛna: lɔma]
spelen (ww)	spēlēt	[spɛ:le:t]
filmster (de)	kinozvaigzne (s)	[kinɔzvaigzne]
bekend (bn)	slavens	[slavens]
beroemd (bn)	slavens	[slavens]
populair (bn)	populārs	[pɔpula:rs]
scenario (het)	scenārijs (v)	[stsɛna:rijs]
scenarioschrijver (de)	scenārija autors (v)	[stsɛna:rija autɔrs]
regisseur (de)	režisors (v)	[reʒisɔrs]
filmproducent (de)	producents (v)	[prɔdutsents]
assistent (de)	asistents (v)	[asistents]
cameraman (de)	operators (v)	[ɔpɛratɔrs]
stuntman (de)	kaskadieris (v)	[kaskadiɛris]
stuntdubbel (de)	dublieris (v)	[dubliɛris]
een film maken	uzņemt filmu	[uzɲemt filmu]
auditie (de)	mēģinājumi (v dsk)	[me:dⁱina:jumi]
opnamen (mv.)	uzņemšana (s)	[uzɲemʃana]
filmploeg (de)	uzņemšanas grupa (s)	[uzɲemʃanas grupa]
filmset (de)	uzņemšanas laukums (v)	[uzɲemʃanas laukums]
filmcamera (de)	kinokamera (s)	[kinɔkamɛra]
bioscoop (de)	kinoteātris (v)	[kinɔtea:tris]
scherm (het)	ekrāns (v)	[ekra:ns]
een film vertonen	rādīt filmu	[ra:di:t filmu]
geluidsspoor (de)	skaņas celiņš (v)	[skaɲas tseliɲʃ]
speciale effecten (mv.)	specefekti (v dsk)	[spetsefekti]

133

ondertiteling (de)	**subtitri** (v dsk)	[subtitri]
voortiteling, aftiteling (de)	**titri** (v dsk)	[titri]
vertaling (de)	**tulkojums** (v)	[tulkɔjums]

151. Schilderij

kunst (de)	**māksla** (s)	[maːksla]
schone kunsten (mv.)	**daiļās mākslas** (s dsk)	[dailʲaːs maːkslas]
kunstgalerie (de)	**mākslas galerija** (s)	[maːkslas galerija]
kunsttentoonstelling (de)	**gleznu izstāde** (s)	[gleznu izstaːde]

schilderkunst (de)	**glezniecība** (s)	[glezniɛtsiːba]
grafiek (de)	**grafika** (s)	[grafika]
abstracte kunst (de)	**abstrakcionisms** (v)	[abstraktsiɔnisms]
impressionisme (het)	**impresionisms** (v)	[impresiɔnisms]

schilderij (het)	**glezna** (s)	[glezna]
tekening (de)	**zīmējums** (v)	[ziːmeːjums]
poster (de)	**plakāts** (v)	[plakaːts]

illustratie (de)	**ilustrācija** (s)	[ilustraːtsija]
miniatuur (de)	**miniatūra** (s)	[miniatuːra]
kopie (de)	**kopija** (s)	[kɔpija]
reproductie (de)	**reprodukcija** (s)	[reprɔduktsija]

mozaïek (het)	**mozaīka** (s)	[mɔzaiːka]
gebrandschilderd glas (het)	**vitrāža** (s)	[vitraːʒa]
fresco (het)	**freska** (s)	[freska]
gravure (de)	**gravīra** (s)	[graviːra]

buste (de)	**biste** (s)	[biste]
beeldhouwwerk (het)	**skulptūra** (s)	[skulptuːra]
beeld (bronzen ~)	**statuja** (s)	[statuja]
gips (het)	**ģipsis** (v)	[dʲipsis]
gipsen (bn)	**ģipša**	[dʲipʃa]

portret (het)	**portrets** (v)	[portrets]
zelfportret (het)	**pašportrets** (v)	[paʃportrets]
landschap (het)	**ainava** (s)	[aiɲava]
stilleven (het)	**klusā daba** (s)	[klusaː daba]
karikatuur (de)	**karikatūra** (s)	[karikatuːra]
schets (de)	**uzmetums** (v)	[uzmɛtums]

verf (de)	**krāsa** (s)	[kraːsa]
aquarel (de)	**akvareļkrāsa** (s)	[akvarelʲkraːsa]
olieverf (de)	**eļļas krāsas** (s dsk)	[ellʲas kraːsas]
potlood (het)	**zīmulis** (v)	[ziːmulis]
Oostindische inkt (de)	**tuša** (s)	[tuʃa]
houtskool (de)	**ogle** (s)	[ɔgle]

tekenen (met krijt)	**zīmēt**	[ziːmeːt]
schilderen (ww)	**gleznot**	[gleznɔt]
poseren (ww)	**pozēt**	[pɔzeːt]
naaktmodel (man)	**modelis** (v)	[mɔdelis]

naaktmodel (vrouw)	modele (s)	[mɔdɛle]
kunstenaar (de)	mākslinieks (v)	[maːkslinicks]
kunstwerk (het)	darbs (v)	[darbs]
meesterwerk (het)	šedevrs (v)	[ʃɛdevrs]
studio, werkruimte (de)	darbnīca (s)	[darbniːtsa]
schildersdoek (het)	audekls (v)	[audekls]
schildersezel (de)	molberts (v)	[mɔlberts]
palet (het)	palete (s)	[palɛte]
lijst (een vergulde ~)	ietvars (v)	[ictvars]
restauratie (de)	restaurācija (s)	[restauraːtsija]
restaureren (ww)	restaurēt	[restaureːt]

152. Literatuur & Poëzie

literatuur (de)	literatūra (s)	[litɛratuːra]
auteur (de)	autors (v)	[autɔrs]
pseudoniem (het)	pseidonīms (v)	[psɛidɔniːms]
boek (het)	grāmata (s)	[graːmata]
boekdeel (het)	sējums (v)	[seːjums]
inhoudsopgave (de)	satura rādītājs (v)	[satura raːdiːtaːjs]
pagina (de)	lappuse (s)	[lappuse]
hoofdpersoon (de)	galvenais varonis (v)	[galvɛnais varɔnis]
handtekening (de)	autogrāfs (v)	[autɔgraːfs]
verhaal (het)	stāsts (v)	[staːsts]
novelle (de)	stāsts (v)	[staːsts]
roman (de)	romāns (v)	[rɔmaːns]
werk (literatuur)	sacerējums (v)	[satsɛreːjums]
fabel (de)	fabula (s)	[fabula]
detectiveroman (de)	detektīvs (v)	[dɛtektiːvs]
gedicht (het)	dzejolis (v)	[dzejɔlis]
poëzie (de)	dzeja (s)	[dzeja]
epos (het)	poēma (s)	[pɔɛːma]
dichter (de)	dzejnieks (v)	[dzejnicks]
fictie (de)	beletristika (s)	[bɛletristika]
sciencefiction (de)	zinātniskā fantastika (s)	[zinaːtniska: fantastika]
avonturenroman (de)	piedzīvojumi (v dsk)	[picdziːvɔjumi]
opvoedkundige literatuur (de)	mācību literatūra (s)	[maːtsiːbu litɛratuːra]
kinderliteratuur (de)	bērnu literatūra (s)	[beːrnu litɛratuːra]

153. Circus

circus (de/het)	cirks (v)	[tsirks]
chapiteau circus (de/het)	ceļojošais cirks (v)	[tseļʲojoʃais tsirks]
programma (het)	programma (s)	[prɔgramma]
voorstelling (de)	izrāde (s)	[izraːde]
nummer (circus ~)	numurs (v)	[numurs]

arena (de)	arēna (s)	[arɛ:na]
pantomime (de)	pantomīma (s)	[pantɔmi:ma]
clown (de)	klauns (v)	[klauns]

acrobaat (de)	akrobāts (v)	[akrɔba:ts]
acrobatiek (de)	akrobātika (s)	[akrɔba:tika]
gymnast (de)	vingrotājs (v)	[viŋgrɔta:js]
gymnastiek (de)	vingrošana (s)	[viŋgrɔʃana]
salto (de)	salto (v)	[saltɔ]

sterke man (de)	atlēts, spēkavīrs (v)	[atle:ts], [spɛ:kavi:rs]
temmer (de)	dīdītājs (v)	[di:di:ta:js]
ruiter (de)	jātnieks (v)	[ja:tniɛks]
assistent (de)	asistents (v)	[asistents]

stunt (de)	triks (v)	[triks]
goocheltruc (de)	fokuss (v)	[fɔkus]
goochelaar (de)	triku meistars (v)	[triku mɛistars]

jongleur (de)	žonglieris (v)	[ʒɔŋgliɛris]
jongleren (ww)	žonglēt	[ʒɔŋgle:t]
dierentrainer (de)	dresētājs (v)	[drɛsɛ:ta:js]
dressuur (de)	dresēšana (s)	[drɛse:ʃana]
dresseren (ww)	dresēt	[drɛse:t]

154. Muziek. Popmuziek

muziek (de)	mūzika (s)	[mu:zika]
muzikant (de)	mūziķis (v)	[mu:zitʲis]
muziekinstrument (het)	mūzikas instruments (v)	[mu:zikas instruments]
spelen (bijv. gitaar ~)	spēlēt ...	[spɛ:le:t ...]

gitaar (de)	ģitāra (s)	[dʲita:ra]
viool (de)	vijole (s)	[vijɔle]
cello (de)	čells (v)	[tʃells]
contrabas (de)	kontrabass (v)	[kɔntrabas]
harp (de)	arfa (s)	[arfa]

piano (de)	pianīns (v)	[piani:ns]
vleugel (de)	flīģelis (v)	[fli:dʲelis]
orgel (het)	ērģeles (s dsk)	[e:rdʲɛles]

blaasinstrumenten (mv.)	pūšamie instrumenti (v dsk)	[pu:ʃamiɛ instrumenti]
hobo (de)	oboja (s)	[ɔbɔja]
saxofoon (de)	saksofons (v)	[saksɔfɔns]
klarinet (de)	klarnete (s)	[klarnɛte]
fluit (de)	flauta (s)	[flauta]
trompet (de)	trompete (s)	[trɔmpɛte]

accordeon (de/het)	akordeons (v)	[akɔrdeɔns]
trommel (de)	bungas (s dsk)	[buŋgas]

duet (het)	duets (v)	[duets]
trio (het)	trio (v)	[triɔ]

kwartet (het)	kvartets (v)	[kvartets]
koor (het)	koris (v)	[kɔris]
orkest (het)	orķestris (v)	[ɔrtʲestris]
popmuziek (de)	popmūzika (s)	[pɔpmu:zika]
rockmuziek (de)	rokmūzika (s)	[rɔkmu:zika]
rockgroep (de)	rokgrupa (s)	[rɔkgrupa]
jazz (de)	džezs (v)	[dʒezs]
idool (het)	elks (v)	[elks]
bewonderaar (de)	cienītājs (v)	[tsiɛni:ta:js]
concert (het)	koncerts (v)	[kɔntserts]
symfonie (de)	simfonija (s)	[simfɔnija]
compositie (de)	sacerējums (v)	[satsɛre:jums]
componeren (muziek ~)	sacerēt	[satsɛre:t]
zang (de)	dziedāšana (s)	[dziɛda:ʃana]
lied (het)	dziesma (s)	[dziɛsma]
melodie (de)	melodija (s)	[melɔdija]
ritme (het)	ritms (v)	[ritms]
blues (de)	blūzs (v)	[blu:zs]
bladmuziek (de)	notis (s dsk)	[nɔtis]
dirigeerstok (baton)	zizlis (v)	[zizlis]
strijkstok (de)	lociņš (v)	[lɔtsiɲʃ]
snaar (de)	stīga (s)	[sti:ga]
koffer (de)	futrālis (v)	[futra:lis]

Rusten. Entertainment. Reizen

155. Trip. Reizen

toerisme (het)	tūrisms (v)	[tu:risms]
toerist (de)	tūrists (v)	[tu:rists]
reis (de)	ceļojums (v)	[tselʲɔjums]
avontuur (het)	piedzīvojums (v)	[piɛdzi:vɔjums]
tocht (de)	brauciens (v)	[brautsiɛns]
vakantie (de)	atvaļinājums (v)	[atvalʲina:jums]
met vakantie zijn	būt atvaļinājumā	[bu:t atvalʲina:juma:]
rust (de)	atpūta (s)	[atpu:ta]
trein (de)	vilciens (v)	[viltsiɛns]
met de trein	ar vilcienu	[ar viltsiɛnu]
vliegtuig (het)	lidmašīna (s)	[lidmaʃi:na]
met het vliegtuig	ar lidmašīnu	[ar lidmaʃi:nu]
met de auto	ar automobili	[ar autɔmɔbili]
per schip (bw)	ar kuģi	[ar kudʲi]
bagage (de)	bagāža (s)	[baga:ʒa]
valies (de)	čemodāns (v)	[tʃemɔda:ns]
bagagekarretje (het)	bagāžas ratiņi (v dsk)	[baga:ʒas ratiɲi]
paspoort (het)	pase (s)	[pase]
visum (het)	vīza (s)	[vi:za]
kaartje (het)	biļete (s)	[bilʲɛte]
vliegticket (het)	aviobiļete (s)	[aviɔbilʲɛte]
reisgids (de)	ceļvedis (v)	[tselʲvedis]
kaart (de)	karte (s)	[karte]
gebied (landelijk ~)	apvidus (v)	[apvidus]
plaats (de)	vieta (s)	[viɛta]
exotische bestemming (de)	eksotika (s)	[eksɔtika]
exotisch (bn)	eksotisks	[eksɔtisks]
verwonderlijk (bn)	apbrīnojams	[apbri:nɔjams]
groep (de)	grupa (s)	[grupa]
rondleiding (de)	ekskursija (s)	[ekskursija]
gids (de)	gids (v)	[gids]

156. Hotel

motel (het)	motelis (v)	[mɔtelis]
3-sterren	trīszvaigžņu	[tri:szvaigʒɲu]
5-sterren	pieczvaigžņu	[piɛtszvaigʒɲu]

overnachten (ww)	apmesties	[apmestiɛs]
kamer (de)	numurs (v)	[numurs]
eenpersoonskamer (de)	vienvietīgs numurs (v)	[viɛnviɛti:gs numurs]
tweepersoonskamer (de)	divvietīgs numurs (v)	[divviɛti:gs numurs]
een kamer reserveren	rezervēt numuru	[rɛzerve:t numuru]

halfpension (het)	pus pansija (s)	[pus pansija]
volpension (het)	pilna pansija (s)	[pilna pansija]

met badkamer	ar vannu	[ar vannu]
met douche	ar dušu	[ar duʃu]
satelliet-tv (de)	satelīta televīzija (s)	[sateli:ta tɛlevi:zija]
airconditioner (de)	kondicionētājs (v)	[kɔnditsiɔnɛ:ta:js]
handdoek (de)	dvielis (v)	[dviɛlis]
sleutel (de)	atslēga (s)	[atslɛ:ga]

administrateur (de)	administrators (v)	[administratɔrs]
kamermeisje (het)	istabene (s)	[istabɛne]
piccolo (de)	nesējs (v)	[nɛse:js]
portier (de)	portjē (v)	[pɔrtje:]

restaurant (het)	restorāns (v)	[restɔra:ns]
bar (de)	bārs (v)	[ba:rs]
ontbijt (het)	brokastis (s dsk)	[brɔkastis]
avondeten (het)	vakariņas (s dsk)	[vakariɳas]
buffet (het)	zviedru galds (v)	[zviɛdru galds]

hal (de)	vestibils (v)	[vestibils]
lift (de)	lifts (v)	[lifts]

NIET STOREN	NETRAUCĒT	[netrautse:t]
VERBODEN TE ROKEN!	SMĒĶĒT AIZLIEGTS!	[smɛ:t'e:t aizliɛgts!]

157. Boeken. Lezen

boek (het)	grāmata (s)	[gra:mata]
auteur (de)	autors (v)	[autɔrs]
schrijver (de)	rakstnieks (v)	[rakstniɛks]
schrijven (een boek)	uzrakstīt	[uzraksti:t]

lezer (de)	lasītājs (v)	[lasi:ta:js]
lezen (ww)	lasīt	[lasi:t]
lezen (het)	lasīšana (s)	[lasi:ʃana]

stil (~ lezen)	klusībā	[klusi:ba:]
hardop (~ lezen)	skaļi	[skalʲi]

uitgeven (boek ~)	izdot	[izdɔt]
uitgeven (het)	izdevums (v)	[izdɛvums]
uitgever (de)	izdevējs (v)	[izdɛve:js]
uitgeverij (de)	izdevniecība (s)	[izdevniɛtsi:ba]

verschijnen (bijv. boek)	iznākt	[izna:kt]
verschijnen (het)	iznākšana (s)	[izna:kʃana]

oplage (de)	izloze (s)	[izlɔze]
boekhandel (de)	grāmatnīca (s)	[gra:matni:tsa]
bibliotheek (de)	bibliotēka (s)	[bibliotɛ:ka]
novelle (de)	stāsts (v)	[sta:sts]
verhaal (het)	stāsts (v)	[sta:sts]
roman (de)	romāns (v)	[rɔma:ns]
detectiveroman (de)	detektīvs (v)	[dɛtekti:vs]
memoires (mv.)	memuāri (v dsk)	[mɛmua:ri]
legende (de)	leǵenda (s)	[lɛdʲenda]
mythe (de)	mīts (v)	[mi:ts]
gedichten (mv.)	dzeja (s)	[dzeja]
autobiografie (de)	autobiogrāfija (s)	[autɔbiɔgra:fija]
bloemlezing (de)	izlase (s)	[izlase]
sciencefiction (de)	zinātniskā fantastika (s)	[zina:tniska: fantastika]
naam (de)	nosaukums (v)	[nɔsaukums]
inleiding (de)	ievads (v)	[iɛvads]
voorblad (het)	titullapa (s)	[titullapa]
hoofdstuk (het)	nodaļa (s)	[nɔdaʎa]
fragment (het)	fragments (v)	[fragments]
episode (de)	epizode (s)	[epizɔde]
intrige (de)	sižets (v)	[siʒets]
inhoud (de)	saturs (v)	[saturs]
inhoudsopgave (de)	satura rādītājs (v)	[satura ra:di:ta:js]
hoofdpersonage (het)	galvenais varonis (v)	[galvɛnais varɔnis]
boekdeel (het)	sējums (v)	[se:jums]
omslag (de/het)	vāks (v)	[va:ks]
boekband (de)	iesējums (v)	[iɛse:jums]
bladwijzer (de)	ieliekamā zīme (s)	[iɛliɛkama: zi:me]
pagina (de)	lappuse (s)	[lappuse]
bladeren (ww)	šķirstīt	[ʃtʲirsti:t]
marges (mv.)	apmales (s dsk)	[apmales]
annotatie (de)	ķeksītis (v)	[tʲeksi:tis]
opmerking (de)	piezīme (s)	[piɛzi:me]
tekst (de)	teksts (v)	[tɛkstɔ]
lettertype (het)	burtu raksts (v)	[burtu raksts]
drukfout (de)	drukas kļūda (s)	[drukas kʎu:da]
vertaling (de)	tulkojums (v)	[tulkɔjums]
vertalen (ww)	tulkot	[tulkɔt]
origineel (het)	oriǵināldarbs (v)	[ɔridʲina:ldarbs]
beroemd (bn)	slavens	[slavens]
onbekend (bn)	nezināms	[nezina:ms]
interessant (bn)	interesants	[intɛrɛsants]
bestseller (de)	bestsellers (v)	[bestsellɛrs]
woordenboek (het)	vārdnīca (s)	[va:rdni:tsa]
leerboek (het)	mācību grāmata (s)	[ma:tsi:bu gra:mata]
encyclopedie (de)	enciklopēdija (s)	[entsiklɔpe:dija]

158. Jacht. Vissen

jacht (de)	medības (s dsk)	[medi:bas]
jagen (ww)	medīt	[medi:t]
jager (de)	mednieks (v)	[medniɛks]
schieten (ww)	šaut	[ʃaut]
geweer (het)	šautene (s)	[ʃautɛne]
patroon (de)	patrona (s)	[patrɔna]
hagel (de)	skrotis (s dsk)	[skrɔtis]
val (de)	lamatas (s dsk)	[lamatas]
valstrik (de)	slazds (v)	[slazds]
in de val trappen	iekrist lamatās	[iɛkrist lamata:s]
een val zetten	izlikt lamatas	[izlikt lamatas]
stroper (de)	malumednieks (v)	[malumedniɛks]
wild (het)	medījums (v)	[medi:jums]
jachthond (de)	medību suns (v)	[medi:bu suns]
safari (de)	safari (v)	[safari]
opgezet dier (het)	izbāzenis (v)	[izba:zenis]
visser (de)	zvejnieks (v)	[zvejniɛks]
visvangst (de)	makšķerēšana (s)	[makʃtʲɛre:ʃana]
vissen (ww)	zvejot	[zvejɔt]
hengel (de)	makšķere (s)	[makʃtʲɛre]
vislijn (de)	makšķeres aukla (s)	[makʃtʲɛres aukla]
haak (de)	āķis (v)	[a:tʲis]
dobber (de)	pludiņš (v)	[pludiɲʃ]
aas (het)	ēsma (s)	[ɛ:sma]
de hengel uitwerpen	iemest makšķeri	[iɛmest makʃtʲeri]
bijten (ov. de vissen)	ķerties	[tʲertiɛs]
vangst (de)	ķēriens (v)	[tʲe:riɛns]
wak (het)	āliņģis (v)	[a:liɲdʲis]
net (het)	tīkls (v)	[ti:kls]
boot (de)	laiva (s)	[laiva]
vissen met netten	zvejot	[zvejɔt]
het net uitwerpen	iemest tīklu	[iɛmest ti:klu]
het net binnenhalen	izvilkt tīklu	[izvilkt ti:klu]
in het net vallen	ieskriet tīklā	[iɛskriɛt ti:kla:]
walvisvangst (de)	valzivju mednieks (v)	[valzivju medniɛks]
walvisvaarder (de)	valzivju medību kuģis (v)	[valzivju medi:bu kudʲis]
harpoen (de)	harpūna (s)	[xarpu:na]

159. Spellen. Biljart

biljart (het)	biljards (v)	[biljards]
biljartzaal (de)	biljarda istaba (s)	[biljarda istaba]
biljartbal (de)	biljarda bumbiņa (s)	[biljarda bumbiɲa]

een bal in het gat jagen	iesist bumbu	[iɛsist bumbu]
keu (de)	biljarda nūja (s)	[biljarda nu:ja]
gat (het)	maks (v)	[maks]

160. Spellen. Speelkaarten

ruiten (mv.)	kāravs (v)	[ka:ravs]
schoppen (mv.)	pīķis (v)	[pi:tʲis]
klaveren (mv.)	ercens (v)	[ɛrtsens]
harten (mv.)	kreics (v)	[krɛits]

aas (de)	dūzis (v)	[du:zis]
koning (de)	kungs (v)	[kuŋgs]
dame (de)	dāma (s)	[da:ma]
boer (de)	kalps (v)	[kalps]

speelkaart (de)	spēļu kārts (v)	[spɛ:lʲu ka:rts]
kaarten (mv.)	kārtis (s dsk)	[ka:rtis]
troef (de)	trumpis (v)	[trumpis]
pak (het) kaarten	kāršu kava (s)	[ka:rʃu kava]

punt (bijv. vijftig ~en)	punkts (v)	[punkts]
uitdelen (kaarten ~)	izdot	[izdot]
schudden (de kaarten ~)	jaukt	[jaukt]
beurt (de)	gājiens (v)	[ga:jiɛns]
valsspeler (de)	blēdis (v)	[ble:dis]

161. Casino. Roulette

casino (het)	kazino (v)	[kazinɔ]
roulette (de)	rulete (s)	[rulɛte]
inzet (de)	likme (s)	[likme]
een bod doen	līkt likmes	[li:kt likmes]

rood (de)	sarkanais (v)	[sarkanais]
zwart (de)	melnais (v)	[melnais]
inzetten op rood	likt uz sarkano	[likt uz sarkanɔ]
inzetten op zwart	likt uz melno	[likt uz melnɔ]

croupier (de)	krupjē (v)	[krupje:]
de cilinder draaien	griezt ratu	[griɛzt ratu]
spelregels (mv.)	spēles noteikumi (v dsk)	[spɛ:les notɛikumi]
fiche (pokerfiche, etc.)	spēļu marka (s)	[spɛ:lʲu marka]

| winnen (ww) | laimēt | [laime:t] |
| winst (de) | laimests (v) | [laimests] |

| verliezen (ww) | zaudēt | [zaude:t] |
| verlies (het) | zaudējums (v) | [zaude:jums] |

| speler (de) | spēlētājs (v) | [spɛ:lɛ:ta:js] |
| blackjack (kaartspel) | blekdžeks (v) | [blekdʒeks] |

dobbelspel (het)	kauliņu spēle (s)	[kauliņu spɛ:le]
dobbelstenen (mv.)	spēļu kauliņi (v dsk)	[spɛ:ļu kauliņi]
speelautomaat (de)	spēļu automāts (v)	[spɛ:ļu autɔma:ts]

162. Rusten. Spellen. Diversen

wandelen (on.ww.)	pastaigāties	[pastaiga:tiɛs]
wandeling (de)	pastaiga (s)	[pastaiga]
trip (per auto)	izbrauciens (v)	[izbrautsiɛns]
avontuur (het)	piedzīvojums (v)	[piɛdzi:vɔjums]
picknick (de)	pikniks (v)	[pikniks]

spel (het)	spēle (s)	[spɛ:le]
speler (de)	spēlētājs (v)	[spɛ:lɛ:ta:js]
partij (de)	partija (s)	[partija]

collectioneur (de)	kolekcionārs (v)	[kɔlektsiɔna:rs]
collectioneren (ww)	kolekcionēt	[kɔlektsiɔne:t]
collectie (de)	kolekcija (s)	[kɔlektsija]

kruiswoordraadsel (het)	krustvārdu mīkla (s)	[krustva:rdu mi:kla]
hippodroom (de)	hipodroms (v)	[xipɔdrɔms]
discotheek (de)	diskotēka (s)	[diskɔtɛ:ka]

| sauna (de) | sauna (s) | [sauna] |
| loterij (de) | loterija (s) | [lɔterija] |

trektocht (kampeertocht)	gājiens (v)	[ga:jiɛns]
kamp (het)	nometne (s)	[nɔmetne]
tent (de)	telts (s)	[telts]
kompas (het)	kompass (v)	[kɔmpas]
rugzaktoerist (de)	tūrists (v)	[tu:rists]

bekijken (een film ~)	skatīties	[skati:tiɛs]
kijker (televisie~)	televīzijas skatītājs (v)	[tɛlevi:zijas skati:ta:js]
televisie-uitzending (de)	televīzijas raidījums (v)	[tɛlevi:zijas raidi:jums]

163. Fotografie

| fotocamera (de) | fotoaparāts (v) | [fɔtɔapara:ts] |
| foto (de) | foto (v) | [fɔtɔ] |

fotograaf (de)	fotogrāfs (v)	[fɔtɔgra:fs]
fotostudio (de)	fotostudija (s)	[fɔtɔstudija]
fotoalbum (het)	fotoalbums (v)	[fɔtɔalbums]

lens (de), objectief (het)	objektīvs (v)	[ɔbjekti:vs]
telelens (de)	teleobjektīvs (v)	[tɛleobjekti:vs]
filter (de/het)	filtrs (v)	[filtrs]
lens (de)	lēca (s)	[le:tsa]
optiek (de)	optika (s)	[ɔptika]
diafragma (het)	diafragma (s)	[diafragma]

| belichtingstijd (de) | izturējums (v) | [izture:jums] |
| zoeker (de) | vizieris (v) | [vizieris] |

digitale camera (de)	ciparkamera (s)	[tsiparkamɛra]
statief (het)	statīvs (v)	[stati:vs]
flits (de)	zibsnis (v)	[zibsnis]

fotograferen (ww)	fotografēt	[fotografe:t]
kieken (foto's maken)	fotografēt	[fotografe:t]
zich laten fotograferen	fotografēties	[fotografe:tiɛs]

focus (de)	asums (v)	[asums]
scherpstellen (ww)	noregulēt asumu	[norɛgule:t asumu]
scherp (bn)	ass	[as]
scherpte (de)	asums (v)	[asums]

| contrast (het) | kontrasts (v) | [kontrasts] |
| contrastrijk (bn) | kontrasta | [kontrasta] |

kiekje (het)	attēls (v)	[attɛ:ls]
negatief (het)	negatīvs (v)	[nɛgati:vs]
filmpje (het)	filma (s)	[filma]
beeld (frame)	kadrs (v)	[kadrs]
afdrukken (foto's ~)	drukāt	[druka:t]

164. Strand. Zwemmen

strand (het)	pludmale (s)	[pludmale]
zand (het)	smiltis (s dsk)	[smiltis]
leeg (~ strand)	tukšs	[tukʃs]

bruine kleur (de)	iedegums (v)	[iɛdɛgums]
zonnebaden (ww)	sauļoties	[sauļotiɛs]
gebruind (bn)	nosauļojies	[nosauļojiɛs]
zonnecrème (de)	sauļošanas krēms (v)	[sauļoʃanas kre:ms]

bikini (de)	bikini (v)	[bikini]
badpak (het)	peldkostīms (v)	[peldkosti:ms]
zwembroek (de)	peldbikses (s dsk)	[peldbiksesJ]

zwembad (het)	baseins (v)	[basɛins]
zwemmen (ww)	peldēt	[pelde:t]
douche (de)	duša (s)	[duʃa]
zich omkleden (ww)	pārģērbties	[pa:rdʲe:rbtiɛs]
handdoek (de)	dvielis (v)	[dviɛlis]

| boot (de) | laiva (s) | [laiva] |
| motorboot (de) | kuteris (v) | [kuteris] |

waterski's (mv.)	ūdensslēpes (s dsk)	[u:denslɛ:pes]
waterfiets (de)	ūdens ritenis (v)	[u:dens ritenis]
surfen (het)	sērfings (v)	[se:rfiŋgs]
surfer (de)	sērfotājs (v)	[se:rfota:js]
scuba, aqualong (de)	akvalangs (v)	[akvalaŋgs]

zwemvliezen (mv.)	peldpleznas (s dsk)	[peldpleznas]
duikmasker (het)	maska (s)	[maska]
duiker (de)	nirējs (v)	[nire:js]
duiken (ww)	nirt	[nirt]
onder water (bw)	zem ūdens	[zem u:dens]

parasol (de)	lietussargs (v)	[liɛtusargs]
ligstoel (de)	guļamkrēsls (v)	[guļamkre:sls]
zonnebril (de)	brilles (s dsk)	[brilles]
luchtmatras (de/het)	peldmatracis (v)	[peldmatratsis]

| spelen (ww) | spēlēt | [spɛ:le:t] |
| gaan zwemmen (ww) | peldēties | [pelde:tiɛs] |

bal (de)	bumba (s)	[bumba]
opblazen (oppompen)	piepūst	[piɛpu:st]
lucht-, opblaasbare (bn)	piepūšams	[piɛpu:ʃams]

golf (hoge ~)	vilnis (v)	[vilnis]
boei (de)	boja (s)	[bɔja]
verdrinken (ww)	slīkt	[sli:kt]

redden (ww)	glābt	[gla:bt]
reddingsvest (de)	glābšanas veste (s)	[gla:bʃanas veste]
waarnemen (ww)	novērot	[nɔve:rɔt]
redder (de)	glābējs (v)	[gla:be:js]

TECHNISCHE APPARATUUR. VERVOER

Technische apparatuur

165. Computer

computer (de)	dators (v)	[datɔrs]
laptop (de)	portatīvais dators (v)	[pɔrtati:vais datɔrs]
aanzetten (ww)	ieslēgt	[iɛsle:gt]
uitzetten (ww)	izslēgt	[izsle:gt]
toetsenbord (het)	tastatūra (s)	[tastatu:ra]
toets (enter~)	taustiņš (v)	[taustiɲʃ]
muis (de)	pele (s)	[pɛle]
muismat (de)	paliktnis (v)	[paliktnis]
knopje (het)	poga (s)	[pɔga]
cursor (de)	kursors (v)	[kursɔrs]
monitor (de)	monitors (v)	[mɔnitɔrs]
scherm (het)	ekrāns (v)	[ekra:ns]
harde schijf (de)	cietais disks (v)	[tsiɛtais disks]
volume (het)	cieta diska apjoms (v)	[tsiɛta diska apjɔms]
van de harde schijf		
geheugen (het)	atmiņa (s)	[atmiɲa]
RAM-geheugen (het)	operatīvā atmiņa (s)	[ɔpɛrati:va: atmiɲa]
bestand (het)	datne (s)	[datne]
folder (de)	mape (s)	[mape]
openen (ww)	atvērt	[atve:rt]
sluiten (ww)	aizvērt	[aizve:rt]
opslaan (ww)	saglabāt	[saglaba:t]
verwijderen (wissen)	izdzēst	[izdze:st]
kopiëren (ww)	nokopēt	[nɔkɔpe:t]
sorteren (ww)	šķirot	[ʃʲtʲirɔt]
overplaatsen (ww)	pārrakstīt	[pa:rraksti:t]
programma (het)	programma (s)	[prɔgramma]
software (de)	programmatūra (s)	[prɔgrammatu:ra]
programmeur (de)	programmētājs (v)	[prɔgrammɛ:ta:js]
programmeren (ww)	programmēt	[prɔgramme:t]
hacker (computerkraker)	hakeris (v)	[xakeris]
wachtwoord (het)	parole (s)	[parɔle]
virus (het)	vīruss (v)	[vi:rus]
ontdekken (virus ~)	atrast, uziet	[atrast], [uziɛt]

| byte (de) | baits (v) | [baits] |
| megabyte (de) | megabaits (v) | [mɛgabaits] |

| data (de) | dati (v dsk) | [dati] |
| databank (de) | datu bāze (s) | [datu ba:ze] |

kabel (USB-~, enz.)	kabelis (v)	[kabelis]
afsluiten (ww)	atvienot	[atviɛnɔt]
aansluiten op (ww)	pievienot	[piɛviɛnɔt]

166. Internet. E-mail

internet (het)	internets (v)	[internets]
browser (de)	pārlūka programma (s)	[pa:rlu:ka prɔgramma]
zoekmachine (de)	meklēšanas resurss (v)	[mekle:ʃanas rɛsurs]
internetprovider (de)	provaiders (v)	[prɔvaidɛrs]

webmaster (de)	tīmekļa meistars (v)	[ti:mekļa mɛistars]
website (de)	saits (v)	[saits]
webpagina (de)	tīmekļa lappuse (s)	[ti:mekļa lappuse]

| adres (het) | adrese (s) | [adrɛse] |
| adresboek (het) | adrešu grāmata (s) | [adreʃu gra:mata] |

postvak (het)	pastkastīte (s)	[pastkasti:te]
post (de)	pasts (v)	[pasts]
vol (~ postvak)	pārpildīts	[pa:rpildi:ts]

bericht (het)	ziņojums (v)	[ziɲɔjums]
binnenkomende berichten (mv.)	ienākošie ziņojumi (v dsk)	[iɛna:kɔʃiɛ ziɲɔjumi]
uitgaande berichten (mv.)	aizsūtītie ziņojumi (v dsk)	[aizsu:ti:tiɛ ziɲɔjumi]

verzender (de)	sūtītājs (v)	[su:ti:ta:js]
verzenden (ww)	nosūtīt	[nɔsu:ti:t]
verzending (de)	aizsūtīšana (s)	[aizsu:ti:ʃana]

| ontvanger (de) | saņēmējs (v) | [saɲɛ:me:js] |
| ontvangen (ww) | saņemt | [saɲemt] |

| correspondentie (de) | sarakste (s) | [sarakste] |
| corresponderen (met ...) | sarakstīties | [saraksti:tiɛs] |

bestand (het)	datne (s)	[datne]
downloaden (ww)	novilkt	[nɔvilkt]
creëren (ww)	izveidot	[izvɛidɔt]
verwijderen (een bestand ~)	izdzēst	[izdze:st]
verwijderd (bn)	izdzēstais	[izdze:stais]

verbinding (de)	sakars (v)	[sakars]
snelheid (de)	ātrums (v)	[a:trums]
modem (de)	modems (v)	[mɔdems]
toegang (de)	pieeja (s)	[piɛeja]
poort (de)	pieslēgvieta (s)	[piɛsle:gviɛta]

| aansluiting (de) | pieslēgšana (s) | [piɛsle:gʃana] |
| zich aansluiten (ww) | pieslēgties | [piɛsle:gtiɛs] |

| selecteren (ww) | izvēlēties | [izvɛ:le:tiɛs] |
| zoeken (ww) | meklēt ... | [mekle:t ...] |

167. Elektriciteit

elektriciteit (de)	elektrība (s)	[ɛlektri:ba]
elektrisch (bn)	elektrisks	[ɛlektrisks]
elektriciteitscentrale (de)	elektrostacija (s)	[ɛlektrostatsija]
energie (de)	enerģija (s)	[ɛnerdʲija]
elektrisch vermogen (het)	elektroenerģija (s)	[ɛlektroɛnerdʲija]

lamp (de)	spuldze (s)	[spuldze]
zaklamp (de)	lukturītis (v)	[lukturi:tis]
straatlantaarn (de)	laterna (s)	[laterna]

licht (elektriciteit)	gaisma (s)	[gaisma]
aandoen (ww)	ieslēgt	[iɛsle:gt]
uitdoen (ww)	izslēgt	[izsle:gt]
het licht uitdoen	izslēgt gaismu	[izsle:gt gaismu]
doorbranden (gloeilamp)	izdegt	[izdegt]
kortsluiting (de)	īssavienojums (v)	[i:saviɛnojums]
onderbreking (de)	pārtrūkums (v)	[pa:rtru:kums]
contact (het)	kontakts (v)	[kontakts]

schakelaar (de)	slēdzis (v)	[sle:dzis]
stopcontact (het)	rozete (s)	[rozɛte]
stekker (de)	dakša (s)	[dakʃa]
verlengsnoer (de)	pagarinātājs (v)	[pagarina:ta:js]
zekering (de)	drošinātājs (v)	[droʃina:ta:js]
kabel (de)	vads (v)	[vads]
bedrading (de)	instalācija (s)	[instala:tsija]

ampère (de)	ampērs (v)	[ampɛ:rs]
stroomsterkte (de)	strāvas stiprums (v)	[stra:vas stiprums]
volt (de)	volts (v)	[volts]
spanning (de)	spriegums (v)	[spriɛgums]

| elektrisch toestel (het) | elektriskais aparāts (v) | [ɛlektriskais apara:ts] |
| indicator (de) | indikators (v) | [indikators] |

elektricien (de)	elektriķis (v)	[ɛlektritʲis]
solderen (ww)	lodēt	[lode:t]
soldeerbout (de)	lodāmurs (v)	[loda:murs]
stroom (de)	strāva (s)	[stra:va]

168. Gereedschappen

| werktuig (stuk gereedschap) | instruments (v) | [instruments] |
| gereedschap (het) | instrumenti (v dsk) | [instrumenti] |

uitrusting (de)	ierīce (s)	[iɛri:tse]
hamer (de)	āmurs (v)	[a:murs]
schroevendraaier (de)	skrūvgriezis (v)	[skru:vgriɛzis]
bijl (de)	cirvis (v)	[tsirvis]

zaag (de)	zāģis (v)	[za:dʲis]
zagen (ww)	zāģēt	[za:dʲe:t]
schaaf (de)	ēvele (s)	[ɛ:vɛle]
schaven (ww)	ēvelēt	[ɛ:vɛle:t]
soldeerbout (de)	lodāmurs (v)	[lɔda:murs]
solderen (ww)	lodēt	[lɔde:t]

vijl (de)	vīle (s)	[vi:le]
nijptang (de)	knaibles (s dsk)	[knaibles]
combinatietang (de)	platknaibles (s dsk)	[platknaibles]
beitel (de)	kalts (v)	[kalts]

boorkop (de)	urbis (v)	[urbis]
boormachine (de)	elektriskais urbis (v)	[ɛlektriskais urbis]
boren (ww)	urbt	[urbt]

mes (het)	nazis (v)	[nazis]
lemmet (het)	asmens (v)	[asmens]

scherp (bijv. ~ mes)	ass	[as]
bot (bn)	truls	[truls]
bot raken (ww)	notrulināties	[nɔtrulina:tiɛs]
slijpen (een mes ~)	asināt	[asina:t]

bout (de)	skrūve (s)	[skru:ve]
moer (de)	uzgrieznis (v)	[uzgriɛznis]
schroefdraad (de)	vītne (s)	[vi:tne]
houtschroef (de)	kokskrūve (s)	[kɔkskru:ve]

nagel (de)	nagla (s)	[nagla]
kop (de)	galviņa (s)	[galviɲa]

liniaal (de/het)	lineāls (v)	[linea:ls]
rolmeter (de)	mērlente (s)	[me:rlente]
waterpas (de/het)	līmeņrādis (v)	[li:meɲra:dis]
loep (de)	lupa (s)	[lupa]

meetinstrument (het)	mērierīce (s)	[me:riɛri:tse]
opmeten (ww)	mērīt	[me:ri:t]
schaal (meetschaal)	skala (s)	[skala]
gegevens (mv.)	rādījums (v)	[ra:di:jums]

compressor (de)	kompresors (v)	[kɔmpresɔrs]
microscoop (de)	mikroskops (v)	[mikrɔskɔps]

pomp (de)	sūknis (v)	[su:knis]
robot (de)	robots (v)	[rɔbɔts]
laser (de)	lāzers (v)	[la:zɛrs]

moersleutel (de)	uzgriežņu atslēga (s)	[uzgriɛʒɲu atslɛ:ga]
plakband (de)	līmlenta (s)	[li:mlenta]

lijm (de)	līme (s)	[li:me]
schuurpapier (het)	smilšpapīrs (v)	[smilʃpapi:rs]
veer (de)	atspere (s)	[atspɛre]
magneet (de)	magnēts (v)	[magne:ts]
handschoenen (mv.)	cimdi (v dsk)	[tsimdi]

touw (bijv. henneptouw)	virve (s)	[virve]
snoer (het)	aukla (s)	[aukla]
draad (de)	vads (v)	[vads]
kabel (de)	kabelis (v)	[kabelis]

moker (de)	uzsitējveseris (v)	[uzsite:jvɛseris]
breekijzer (het)	lauznis (v)	[lauznis]
ladder (de)	kāpnes (s dsk)	[ka:pnes]
trapje (inklapbaar ~)	sastatņu kāpnes (s dsk)	[sastatɲu ka:pnes]

aanschroeven (ww)	aizgriezt	[aizgriɛzt]
losschroeven (ww)	atgriezt	[atgriɛzt]
dichtpersen (ww)	aizspiest	[aizspiɛst]
vastlijmen (ww)	pielīmēt	[piɛli:me:t]
snijden (ww)	griezt	[griɛzt]

defect (het)	bojājums (v)	[bɔja:jums]
reparatie (de)	labošana (s)	[labɔʃana]
repareren (ww)	remontēt	[remɔnte:t]
regelen (een machine ~)	regulēt	[rɛgule:t]

nakijken (ww)	pārbaudīt	[pa:rbaudi:t]
controle (de)	pārbaudīšana (s)	[pa:rbaudi:ʃana]
gegevens (mv.)	rādījums (v)	[ra:di:jums]

degelijk (bijv. ~ machine)	drošs	[drɔʃs]
ingewikkeld (bn)	sarežģīts	[sareʒdʲi:ts]

roesten (ww)	rūsēt	[ru:se:t]
roestig (bn)	sarūsējis	[saru:se:jis]
roest (de/het)	rūsa (s)	[ru:sa]

Vervoer

169. Vliegtuig

vliegtuig (het)	lidmašīna (s)	[lidmaʃi:na]
vliegticket (het)	aviobiļete (s)	[aviɔbil'ɛte]
luchtvaartmaatschappij (de)	aviokompānija (s)	[aviɔkɔmpa:nija]
luchthaven (de)	lidosta (s)	[lidɔsta]
supersonisch (bn)	virsskaņas	[virskaɲas]
gezagvoerder (de)	kuģa komandieris (v)	[kudʲa kɔmandiɛris]
bemanning (de)	apkalpe (s)	[apkalpe]
piloot (de)	pilots (v)	[pilɔts]
stewardess (de)	stjuarte (s)	[stjuarte]
stuurman (de)	stūrmanis (v)	[stu:rmanis]
vleugels (mv.)	spārni (v dsk)	[spa:rni]
staart (de)	aste (s)	[aste]
cabine (de)	kabīne (s)	[kabi:ne]
motor (de)	dzinējs (v)	[dzine:js]
landingsgestel (het)	šasija (s)	[ʃasija]
turbine (de)	turbīna (s)	[turbi:na]
propeller (de)	propelleris (v)	[prɔpelleris]
zwarte doos (de)	melnā kaste (s)	[melna: kaste]
stuur (het)	stūres rats (v)	[stu:res rats]
brandstof (de)	degviela (s)	[degviɛla]
veiligheidskaart (de)	instrukcija (s)	[instruktsija]
zuurstofmasker (het)	skābekļa maska (s)	[ska:bekl'a maska]
uniform (het)	uniforma (s)	[unifɔrma]
reddingsvest (de)	glābšanas veste (s)	[gla:bʃanas veste]
parachute (de)	izpletnis (v)	[izpletnis]
opstijgen (het)	pacelšanās (s dsk)	[patselʃana:s]
opstijgen (ww)	pacelties	[patseltiɛs]
startbaan (de)	skrejceļš (v)	[skrejtsel'ʃ]
zicht (het)	redzamība (s)	[redzami:ba]
vlucht (de)	lidojums (v)	[lidɔjums]
hoogte (de)	augstums (v)	[augstums]
luchtzak (de)	gaisa bedre (s)	[gaisa bedre]
plaats (de)	sēdeklis (v)	[sɛ:deklis]
koptelefoon (de)	austiņas (s dsk)	[austiɲas]
tafeltje (het)	galdiņš (v)	[galdiɲʃ]
venster (het)	iluminators (v)	[iluminatɔrs]
gangpad (het)	eja (s)	[eja]

170. Trein

trein (de)	vilciens (v)	[viltsiɛns]
elektrische trein (de)	elektrovilciens (v)	[ɛlektroviltsiɛns]
sneltrein (de)	ātrvilciens (v)	[a:trviltsiɛns]
diesellocomotief (de)	dīzeļlokomotīve (s)	[di:zeʎlokomoti:ve]
locomotief (de)	lokomotīve (s)	[lokomoti:ve]
rijtuig (het)	vagons (v)	[vagons]
restauratierijtuig (het)	restorānvagons (v)	[restora:nvagons]
rails (mv.)	sliedes (s dsk)	[sliɛdes]
spoorweg (de)	dzelzceļš (v)	[dzelztseʎʃ]
dwarsligger (de)	gulsnis (v)	[gulsnis]
perron (het)	platforma (s)	[platforma]
spoor (het)	ceļš (v)	[tseʎʃ]
semafoor (de)	semafors (v)	[sɛmafors]
halte (bijv. kleine treinhalte)	stacija (s)	[statsija]
machinist (de)	mašīnists (v)	[maʃi:nists]
kruier (de)	nesējs (v)	[nɛse:js]
conducteur (de)	pavadonis (v)	[pavadonis]
passagier (de)	pasažieris (v)	[pasaʒiɛris]
controleur (de)	kontrolieris (v)	[kontroliɛris]
gang (in een trein)	koridors (v)	[koridors]
noodrem (de)	stop-krāns (v)	[stop-kra:ns]
coupé (de)	kupeja (s)	[kupeja]
bed (slaapplaats)	plaukts (v)	[plaukts]
bovenste bed (het)	augšējais plaukts (v)	[augʃe:jais plaukts]
onderste bed (het)	apakšējais plaukts (v)	[apakʃe:jais plaukts]
beddengoed (het)	gultas veļa (s)	[gultas vɛʎa]
kaartje (het)	biļete (s)	[biʎɛte]
dienstregeling (de)	saraksts (v)	[saraksts]
informatiebord (het)	tablo (v)	[tablo]
vertrekken	atiet	[atiɛt]
(De trein vertrekt ...)		
vertrek (ov. een trein)	atiešana (s)	[atiɛʃana]
aankomen (ov. de treinen)	ierasties	[iɛrastiɛs]
aankomst (de)	pienākšana (s)	[piɛna:kʃana]
aankomen per trein	atbraukt ar vilcienu	[atbraukt ar viltsiɛnu]
in de trein stappen	iekāpt vilcienā	[iɛka:pt viltsiɛna:]
uit de trein stappen	izkāpt no vilciena	[izka:pt no viltsiɛna]
treinwrak (het)	katastrofa (s)	[katastrofa]
ontspoord zijn	noskriet no sliedēm	[noskriɛt no sliɛde:m]
locomotief (de)	lokomotīve (s)	[lokomoti:ve]
stoker (de)	kurinātājs (v)	[kurina:ta:js]
stookplaats (de)	kurtuve (s)	[kurtuve]
steenkool (de)	ogles (s dsk)	[ogles]

171. Schip

schip (het)	kuģis (v)	[kudʲis]
vaartuig (het)	kuģis (v)	[kudʲis]
stoomboot (de)	tvaikonis (v)	[tvaikɔnis]
motorschip (het)	motorkuģis (v)	[mɔtɔrkudʲis]
lijnschip (het)	laineris (v)	[laineris]
kruiser (de)	kreiseris (v)	[krɛiseris]
jacht (het)	jahta (s)	[jaxta]
sleepboot (de)	velkonis (v)	[velkɔnis]
duwbak (de)	barža (s)	[barʒa]
ferryboot (de)	prāmis (v)	[praːmis]
zeilboot (de)	burinieks (v)	[buriniɛks]
brigantijn (de)	brigantīna (s)	[brigantiːna]
IJsbreker (de)	ledlauzis (v)	[ledlauzis]
duikboot (de)	zemūdene (s)	[zɛmuːdɛne]
boot (de)	laiva (s)	[laiva]
sloep (de)	laiva (s)	[laiva]
reddingssloep (de)	glābšanas laiva (s)	[glaːbʃanas laiva]
motorboot (de)	kuteris (v)	[kuteris]
kapitein (de)	kapteinis (v)	[kaptɛinis]
zeeman (de)	matrozis (v)	[matrɔzis]
matroos (de)	jūrnieks (v)	[juːrniɛks]
bemanning (de)	apkalpe (s)	[apkalpe]
bootsman (de)	bocmanis (v)	[bɔtsmanis]
scheepsjongen (de)	junga (v)	[juŋga]
kok (de)	kuģa pavārs (v)	[kudʲa pavaːrs]
scheepsarts (de)	kuģa ārsts (v)	[kudʲa aːrsts]
dek (het)	klājs (v)	[klaːjs]
mast (de)	masts (v)	[masts]
zeil (het)	bura (s)	[bura]
ruim (het)	tilpne (s)	[tilpne]
voorsteven (de)	priekšgals (v)	[priɛkʃgals]
achtersteven (de)	pakaļgals (v)	[pakalʲgals]
roeispaan (de)	airis (v)	[airis]
schroef (de)	dzenskrūve (s)	[dzenskruːve]
kajuit (de)	kajīte (s)	[kajiːte]
officierskamer (de)	kopkajīte (s)	[kɔpkajiːte]
machinekamer (de)	mašīnu nodaļa (s)	[maʃiːnu nɔdalʲa]
brug (de)	komandtiltiņš (v)	[kɔmandtiltiŋʃ]
radiokamer (de)	radio telpa (s)	[radiɔ telpa]
radiogolf (de)	vilnis (v)	[vilnis]
logboek (het)	kuģa žurnāls (v)	[kudʲa ʒurnaːls]
verrekijker (de)	tālskatis (v)	[taːlskatis]
klok (de)	zvans (v)	[zvans]

vlag (de)	karogs (v)	[karɔgs]
kabel (de)	tauva (s)	[tauva]
knoop (de)	mezgls (v)	[mezgls]

| trapleuning (de) | rokturis (v) | [rɔkturis] |
| trap (de) | traps (v) | [traps] |

anker (het)	enkurs (v)	[enkurs]
het anker lichten	pacelt enkuru	[patselt enkuru]
het anker neerlaten	izmest enkuru	[izmest enkuru]
ankerketting (de)	enkurķēde (s)	[enkurtʲɛ:de]

haven (bijv. containerhaven)	osta (s)	[ɔsta]
kaai (de)	piestātne (s)	[piɛsta:tne]
aanleggen (ww)	pietauvot	[piɛtauvɔt]
wegvaren (ww)	atiet no krasta	[atiɛt nɔ krasta]

reis (de)	ceļojums (v)	[tselʲɔjums]
cruise (de)	kruīzs (v)	[krui:zs]
koers (de)	kurss (v)	[kurs]
route (de)	maršruts (v)	[marʃruts]

vaarwater (het)	kuģu ceļš (v)	[kudʲu tselʲʃ]
zandbank (de)	sēklis (v)	[se:klis]
stranden (ww)	uzsēsties uz sēkļa	[uzse:sties uz se:klʲa]

storm (de)	vētra (s)	[ve:tra]
signaal (het)	signāls (v)	[signa:ls]
zinken (ov. een boot)	grimt	[grimt]
Man overboord!	Cilvēks aiz borta!	[tsilve:ks aiz bɔrta!]
SOS (noodsignaal)	SOS	[sɔs]
reddingsboei (de)	glābšanas riņķis (v)	[gla:bʃanas riɲtʲis]

172. Vliegveld

luchthaven (de)	lidosta (s)	[lidɔsta]
vliegtuig (het)	lidmašīna (s)	[lidmaʃi:na]
luchtvaartmaatschappij (de)	aviokompānija (s)	[aviɔkɔmpa:nija]
luchtverkeersleider (de)	dispečers (v)	[dispetʃɛrs]

vertrek (het)	izlidojums (v)	[izlidɔjums]
aankomst (de)	atlidošana (s)	[atlidɔʃana]
aankomen (per vliegtuig)	atlidot	[atlidɔt]

| vertrektijd (de) | izlidojuma laiks (v) | [izlidɔjuma laiks] |
| aankomstuur (het) | atlidošanās laiks (v) | [atlidɔʃana:s laiks] |

| vertraagd zijn (ww) | kavēties | [kave:tiɛs] |
| vluchtvertraging (de) | izlidojuma aizkavēšanās (s dsk) | [izlidɔjuma aizkave:ʃana:s] |

informatiebord (het)	informācijas tablo (v)	[informa:tsijas tablɔ]
informatie (de)	informācija (s)	[informa:tsija]
aankondigen (ww)	paziņot	[paziɲɔt]

vlucht (bijv. KLM ~)	reiss (v)	[rɛis]
douane (de)	muita (s)	[muita]
douanier (de)	muitas ierēdnis (v)	[muitas iɛre:dnis]

douaneaangifte (de)	muitas deklerācija (s)	[muitas deklɛra:tsija]
invullen (douaneaangifte ~)	aizpildīt	[aizpildi:t]
een douaneaangifte invullen	aizpildīt deklarāciju	[aizpildi:t deklara:tsiju]
paspoortcontrole (de)	pasu kontrole (s)	[pasu kontrole]

bagage (de)	bagāža (s)	[baga:ʒa]
handbagage (de)	rokas bagāža (s)	[rokas baga:ʒa]
bagagekarretje (het)	bagāžas ratiņi (v dsk)	[baga:ʒas ratiɲi]

landing (de)	nolaišanās (s dsk)	[nolaiʃana:s]
landingsbaan (de)	nosēšanās josla (s)	[nose:ʃana:s josla]
landen (ww)	nosēsties	[nose:stiɛs]
vliegtuigtrap (de)	traps (v)	[traps]

inchecken (het)	reģistrācija (s)	[redʲistra:tsija]
incheckbalie (de)	reģistrācijas galdiņš (v)	[redʲistra:tsijas galdiɲ]
inchecken (ww)	piereģistrēties	[piɛredʲistre:tiɛs]
instapkaart (de)	iekāpšanas talons (v)	[iɛka:pʃanas talons]
gate (de)	izeja (s)	[izeja]

transit (de)	tranzīts (v)	[tranzi:ts]
wachten (ww)	gaidīt	[gaidi:t]
wachtzaal (de)	uzgaidāmā telpa (s)	[uzgaida:ma: telpa]
begeleiden (uitwuiven)	aizvadīt	[aizvadi:t]
afscheid nemen (ww)	atvadīties	[atvadi:tiɛs]

173. Fiets. Motorfiets

fiets (de)	divritenis (v)	[divritenis]
bromfiets (de)	motorollers (v)	[motorollɛrs]
motorfiets (de)	motocikls (v)	[mototsikls]

met de fiets rijden	braukt ar divriteni	[braukt ar divriteni]
stuur (het)	stūre (s)	[stu:re]
pedaal (de/het)	pedālis (v)	[pɛda:lis]
remmen (mv.)	bremzes (s dsk)	[bremzes]
fietszadel (de/het)	sēdeklis (v)	[sɛ:deklis]

pomp (de)	sūknis (v)	[su:knis]
bagagedrager (de)	bagāžnieks (v)	[baga:ʒniɛks]
fietslicht (het)	lukturis (v)	[lukturis]
helm (de)	ķivere (s)	[tʲivɛre]

wiel (het)	ritenis (v)	[ritenis]
spatbord (het)	spārns (v)	[spa:rns]
velg (de)	riteņa stīpa (s)	[ritɛɲa sti:pa]
spaak (de)	spieķis (v)	[spiɛtʲis]

Auto's

174. Soorten auto's

auto (de)	automobilis (v)	[automobilis]
sportauto (de)	sporta automobilis (v)	[sporta automobilis]
limousine (de)	limuzīns (v)	[limuziːns]
terreinwagen (de)	apvidus automašīna (s)	[apvidus automaʃiːna]
cabriolet (de)	kabriolets (v)	[kabriɔlets]
minibus (de)	mikroautobuss (v)	[mikrɔautɔbus]
ambulance (de)	ātrā palīdzība (s)	[aːtra: paliːdziːba]
sneeuwruimer (de)	sniega novākšanas mašīna (s)	[sniɛga nɔvaːkʃanas maʃiːna]
vrachtwagen (de)	kravas automašīna (s)	[kravas autɔmaʃiːna]
tankwagen (de)	autocisterna (s)	[autɔtsisterna]
bestelwagen (de)	furgons (v)	[furgɔns]
trekker (de)	vilcējs (v)	[viltseːjs]
aanhangwagen (de)	piekabe (s)	[piɛkabe]
comfortabel (bn)	komfortabls	[kɔmfɔrtabls]
tweedehands (bn)	lietots	[liɛtɔts]

175. Auto's. Carrosserie

motorkap (de)	pārsegs (v)	[paːrsegs]
spatbord (het)	spārns (v)	[spaːrns]
dak (het)	jumts (v)	[jumts]
voorruit (de)	priekšējais stikls (v)	[priɛkʃejais stikls]
achterruit (de)	atpakaļskata spogulis (v)	[atpakaļskata spɔgulis]
ruitensproeier (de)	mazgātājs (v)	[mazgaːtaːjs]
wisserbladen (mv.)	stikla tīrītāji (v dsk)	[stikla tiːriːtaːji]
zijruit (de)	sānu stikls (v)	[saːnu stikls]
raamlift (de)	stikla celājs (v)	[stikla tsɛlaːjs]
antenne (de)	antena (s)	[antɛna]
zonnedak (het)	lūka (s)	[luːka]
bumper (de)	buferis (v)	[buferis]
koffer (de)	bagāžnieks (v)	[baga:ʒniɛks]
imperiaal (de/het)	jumta bagāžas plaukts (v)	[jumta baga:ʒas plaukts]
portier (het)	durvis (s dsk)	[durvis]
handvat (het)	rokturis (v)	[rɔkturis]
slot (het)	slēdzis (v)	[sleːdzis]
nummerplaat (de)	numurs (v)	[numurs]

knalpot (de)	slāpētājs (v)	[sla:pɛ:ta:js]
benzinetank (de)	benzīna tvertne (s)	[benzi:na tvertne]
uitlaatpijp (de)	izplūdes caurule (s)	[izplu:des tsaurule]

gas (het)	gāze (s)	[ga:ze]
pedaal (de/het)	pedālis (v)	[pɛda:lis]
gaspedaal (de/het)	gāzes pedālis (v)	[ga:zes pɛda:lis]

rem (de)	bremze (s)	[bremze]
rempedaal (de/het)	bremžu pedālis (v)	[bremʒu pɛda:lis]
remmen (ww)	bremzēt	[bremze:t]
handrem (de)	stāvbremze (s)	[sta:vbremze]

koppeling (de)	sajūgs (v)	[saju:gs]
koppelingspedaal (de/het)	sajūga pedālis (v)	[saju:ga pɛda:lis]
koppelingsschijf (de)	sajūga disks (v)	[saju:ga disks]
schokdemper (de)	amortizators (v)	[amortizators]

wiel (het)	ritenis (v)	[ritenis]
reservewiel (het)	rezerves ritenis (v)	[rɛzerves ritenis]
band (de)	riepa (s)	[riɛpa]
wieldop (de)	kalpaks (v)	[kalpaks]

aandrijfwielen (mv.)	vadošie riteni (v dsk)	[vadoʃiɛ riteni]
met voorwielaandrijving	priekšējās piedziņas	[priɛkʃe:ja:s piɛdziɲas]
met achterwielaandrijving	pakaļējās piedziņas	[pakalʲe:ja:s piɛdziɲas]
met vierwielaandrijving	pilnpiedziņas	[pilnpiɛdziɲas]

versnellingsbak (de)	ātruma kārba (s)	[a:truma ka:rba]
automatisch (bn)	automātisks	[automa:tisks]
mechanisch (bn)	mehānisks	[mexa:nisks]
versnellingspook (de)	pārnesumsvira (s)	[pa:rnɛsumsvira]

| voorlicht (het) | lukturis (v) | [lukturis] |
| voorlichten (mv.) | lukturi (v dsk) | [lukturi] |

dimlicht (het)	tuvā gaisma (s)	[tuva: gaisma]
grootlicht (het)	tālā gaisma (s)	[ta:la: gaisma]
stoplicht (het)	bremžu gaismas (s dsk)	[bremʒu gaismas]

standlichten (mv.)	gabarītugunis (s dsk)	[gabari:tugunis]
noodverlichting (de)	avārijas ugunis (s dsk)	[ava:rijas ugunis]
mistlichten (mv.)	miglas lukturi (v dsk)	[miglas lukturi]
pinker (de)	pagrieziena lukturis (v)	[pagriɛziɛna lukturis]
achteruitrijdlicht (het)	atpakaļgaitas gaismas (s dsk)	[atpakalʲgaitas gaismas]

176. Auto's. Passagiersruimte

interieur (het)	salons (v)	[salons]
leren (van leer gemaak)	ādas	[a:das]
fluwelen (abn)	velūra	[vɛlu:ra]
bekleding (de)	apdare (s)	[apdare]
toestel (het)	ierīce (s)	[iɛri:tse]
instrumentenbord (het)	panelis (v)	[panelis]

snelheidsmeter (de)	spidometrs (v)	[spidɔmetrs]
pijltje (het)	bulta (s)	[bulta]

kilometerteller (de)	skaitītājs (v)	[skaiti:ta:js]
sensor (de)	devējs (v)	[dɛve:js]
niveau (het)	līmenis (v)	[li:menis]
controlelampje (het)	lampiņa (s)	[lampiɲa]

stuur (het)	stūres rats (v)	[stu:res rats]
toeter (de)	skaņu signāls (v)	[skaɲu signa:ls]
knopje (het)	poga (s)	[pɔga]
schakelaar (de)	pārslēdzējs (v)	[pa:rsle:dze:js]

stoel (bestuurders~)	sēdeklis (v)	[sɛ:deklis]
rugleuning (de)	atzveltne (s)	[atzveltne]
hoofdsteun (de)	galvturis (v)	[galvturis]
veiligheidsgordel (de)	drošības josta (s)	[drɔʃi:bas jɔsta]
de gordel aandoen	piesprādzēt jostu	[piɛspra:dze:t jɔstu]
regeling (de)	regulēšana (s)	[rɛgule:ʃana]

airbag (de)	gaisa spilvens (v)	[gaisa spilvens]
airconditioner (de)	kondicionētājs (v)	[kɔnditsiɔnɛ:ta:js]

radio (de)	radio (v)	[radiɔ]
CD-speler (de)	CD atskaņotājs (v)	[tsd atskaɲota:js]
aanzetten (bijv. radio ~)	ieslēgt	[iɛsle:gt]
antenne (de)	antena (s)	[antɛna]
handschoenenkastje (het)	cimdu nodalījums (v)	[tsimdu nɔdali:jums]
asbak (de)	pelnu trauks (v)	[pelnu trauks]

177. Auto's. Motor

diesel- (abn)	dīzeļ-	[di:zeļ-]
benzine- (~motor)	benzīna	[benzi:na]

motorinhoud (de)	dzinēja apjoms (v)	[dzine:ja apjɔms]
vermogen (het)	jauda (s)	[jauda]
paardenkracht (de)	zirgspēks (v)	[ʒirɡsᵖe·kş]
żuiger (de)	virzulis (v)	[virzulis]
cilinder (de)	cilindrs (v)	[tsilindrs]
klep (de)	vārsts (v)	[va:rsts]

injectie (de)	inžektors (v)	[inʒektɔrs]
generator (de)	ģenerators (v)	[dʲɛnɛratɔrs]
carburator (de)	karburators (v)	[karburatɔrs]
motorolie (de)	motoreļļa (s)	[mɔtɔrelʲa]

radiator (de)	radiators (v)	[radiatɔrs]
koelvloeistof (de)	dzesēšanas šķidrums (v)	[dzɛse:ʃanas ʃtʲidrums]
ventilator (de)	ventilators (v)	[ventilatɔrs]

accu (de)	akumulators (v)	[akumulatɔrs]
starter (de)	starteris (v)	[starteris]
contact (ontsteking)	aizdedze (s)	[aizdedze]

bougie (de)	aizdedzes svece (s)	[aizdedzes svetse]
pool (de)	pieslēgs (v)	[piɛsle:gs]
positieve pool (de)	pluss (v)	[plus]
negatieve pool (de)	mīnuss (v)	[mi:nus]
zekering (de)	drošinātājs (v)	[drɔʃina:ta:js]

luchtfilter (de)	gaisa filtrs (v)	[gaisa filtrs]
oliefilter (de)	eļļas filtrs (v)	[ellʲas filtrs]
benzinefilter (de)	degvielas filtrs (v)	[degviɛlas filtrs]

178. Auto's. Botsing. Reparatie

auto-ongeval (het)	avārija (s)	[ava:rija]
verkeersongeluk (het)	ceļa negadījums (v)	[tsɛlʲa nɛgadi:jums]
aanrijden (tegen een boom, enz.)	ietriekties	[iɛtriɛktiɛs]
verongelukken (ww)	sasisties	[sasistiɛs]
beschadiging (de)	bojājums (v)	[bɔja:jums]
heelhuids (bn)	vesels	[vɛsɛls]

pech (de)	bojājums (v)	[bɔja:jums]
kapot gaan (zijn gebroken)	salūzt	[salu:zt]
sleeptouw (het)	trose (s)	[trɔse]

lek (het)	caurums (v)	[tsaurums]
lekke krijgen (band)	izlaist gaisu	[izlaist gaisu]
oppompen (ww)	piesūknēt	[piɛsu:kne:t]
druk (de)	spiediens (v)	[spiɛdiɛns]
checken (controleren)	pārbaudīt	[pa:rbaudi:t]

reparatie (de)	remonts (v)	[remɔnts]
garage (de)	remontdarbnīca (s)	[remɔntdarbni:tsa]
wisselstuk (het)	rezerves daļa (s)	[rɛzerves dalʲa]
onderdeel (het)	detaļa (s)	[dɛtalʲa]

bout (de)	skrūve (s)	[skru:ve]
schroef (de)	skrūve (s)	[skru:ve]
moer (de)	uzgrieznis (v)	[uzgriɛznis]
sluitring (de)	paplāksne (s)	[papla:ksne]
kogellager (de/het)	gultnis (v)	[gultnis]

pijp (de)	caurulīte (s)	[tsauruli:te]
pakking (de)	paplāksne (s)	[papla:ksne]
kabel (de)	vads (v)	[vads]

dommekracht (de)	domkrats (v)	[dɔmkrats]
moersleutel (de)	uzgriežņu atslēga (s)	[uzgriɛʒŋu atslɛ:ga]
hamer (de)	āmurs (v)	[a:murs]
pomp (de)	sūknis (v)	[su:knis]
schroevendraaier (de)	skrūvgriezis (v)	[skru:vgriɛzis]

brandblusser (de)	ugunsdzēšamais aparāts (v)	[ugunsdze:ʃamais apara:ts]
gevarendriehoek (de)	avārijas trīsstūris (v)	[ava:rijas tri:stu:ris]

afslaan (ophouden te werken)	slāpt	[sla:pt]
uitvallen (het)	apturēšana (s)	[apture:ʃana]
zijn gebroken	būt salauztam	[bu:t salauztam]

oververhitten (ww)	pārkarst	[pa:rkarst]
verstopt raken (ww)	aizsērēt	[aizsɛ:re:t]
bevriezen (autodeur, enz.)	sasalt	[sasalt]
barsten (leidingen, enz.)	pārplīst	[pa:rpli:st]

druk (de)	spiediens (v)	[spiɛdiɛns]
niveau (bijv. olieniveau)	līmenis (v)	[li:menis]
slap (de drijfriem is ~)	vājš	[va:jʃ]

deuk (de)	iespiedums (v)	[iɛspiɛdums]
geklop (vreemde geluiden)	klaudzēšana (s)	[klaudze:ʃana]
barst (de)	plaisa (s)	[plaisa]
kras (de)	ieskrambājums (v)	[iɛskramba:jums]

179. Auto's. Weg

weg (de)	ceļš (v)	[tselʲʃ]
snelweg (de)	automaģistrāle (s)	[automadʲistra:le]
autoweg (de)	šoseja (s)	[ʃɔseja]
richting (de)	virziens (v)	[virziɛns]
afstand (de)	attālums (v)	[atta:lums]

brug (de)	tilts (v)	[tilts]
parking (de)	auto novietne (s)	[autɔ nɔviɛtne]
plein (het)	laukums (v)	[laukums]
verkeersknooppunt (het)	autoceļu šķērsojuma mezgls (v)	[autɔtsɛlʲu ʃtʲɛ:rsɔjuma mezgls]
tunnel (de)	tunelis (v)	[tunelis]

benzinestation (het)	degvielas uzpildes stacija (s)	[degviɛlas uzpildes statsija]
parking (de)	autostāvvieta (s)	[autɔsta:vviɛta]
benzinepomp (de)	benzīntanks (v)	[bɛnzi:ntankɔ]
ġaŕaġe (de)	remontdarbnīca (s)	[remɔntdarbni:tsa]
tanken (ww)	uzpildīt	[uzpildi:t]
brandstof (de)	degviela (s)	[degviɛla]
jerrycan (de)	kanna (s)	[kanna]

asfalt (het)	asfalts (v)	[asfalts]
markering (de)	brauktuves apzīmējumi (v dsk)	[brauktuves apzi:me:jumi]
trottoirband (de)	apmale (s)	[apmale]
geleiderail (de)	nožogojums (v)	[nɔʒɔgojums]
greppel (de)	ceļa grāvis (v)	[tsɛlʲa gra:vis]
vluchtstrook (de)	ceļmala (s)	[tselʲmala]
lichtmast (de)	stabs (v)	[stabs]

besturen (een auto ~)	vadīt	[vadi:t]
afslaan (naar rechts ~)	pagriezties	[pagriɛztiɛs]

U-bocht maken (ww)	apgriezties	[apgriɛztiɛs]
achteruit (de)	atpakaļgaita (s)	[atpakaļgaita]
toeteren (ww)	signalizēt	[signalize:t]
toeter (de)	skaņas signāls (v)	[skaņas signa:ls]
vastzitten (in modder)	iestrēgt	[iɛstre:gt]
spinnen (wielen gaan ~)	buksēt	[bukse:t]
uitzetten (ww)	apturēt	[apture:t]
snelheid (de)	ātrums (v)	[a:trums]
een snelheidsovertreding maken	pārsniegt ātrumu	[pa:rsniɛgt a:trumu]
bekeuren (ww)	uzlikt sodu	[uzlikt sɔdu]
verkeerslicht (het)	luksofors (v)	[luksɔfɔrs]
rijbewijs (het)	vadītāja apliecība (s)	[vadi:ta:ja aplɛtsi:ba]
overgang (de)	pārbrauktuve (s)	[pa:rbrauktuve]
kruispunt (het)	krustojums (v)	[krustɔjums]
zebrapad (oversteekplaats)	gājēju pāreja (s)	[ga:je:ju pa:reja]
bocht (de)	pagrieziens (v)	[pagriɛziɛns]
voetgangerszone (de)	gājēju zona (s)	[ga:je:ju zɔna]

180. Verkeersborden

verkeersregels (mv.)	ceļu satiksmes noteikumi (v dsk)	[tsɛļu satiksmes nɔtɛikumi]
verkeersbord (het)	ceļa zīme (s)	[tsɛļa zi:me]
inhalen (het)	apdzīšana (s)	[apdzi:ʃana]
bocht (de)	pagrieziens (v)	[pagriɛziɛns]
U-bocht, kering (de)	apgriešanās (s)	[apgriɛʃana:s]
Rotonde (de)	Braukt pa loku	[braukt pa lɔku]
Verboden richting	Iebrakt aizliegts	[iɛbraukt aizliɛgts]
Verboden toegang	Braukt aizliegts	[braukt aizliɛgts]
Inhalen verboden	Apdzīt aizliegts	[apdzi:t aizliɛgts]
Parkeerverbod	Stāvēt aizliegts	[sta:ve:t aizliɛgts]
Verbod stil te staan	Apstāties aizliegts	[apsta:ties aizliɛgts]
Gevaarlijke bocht	Bīstams pagrieziens	[bi:stams pagriɛziɛns]
Gevaarlijke daling	Stāvs lejupceļš	[sta:vs lejuptseļʃ]
Eenrichtingsweg	Vienvirziena ceļš	[viɛnvirziɛna tseļʃ]
Voetgangers	Gājēju pāreja	[ga:je:ju pa:reja]
Slipgevaar	Slidens ceļš	[slidens tseļʃ]
Voorrang verlenen	Dodiet ceļu	[dɔdiɛt tseļu]

MENSEN. GEBEURTENISSEN IN HET LEVEN

Gebeurtenissen in het leven

181. Vakanties. Evenement

feest (het)	**svētki** (v dsk)	[sve:tki]
nationale feestdag (de)	**tautas svētki** (v dsk)	[tautas sve:tki]
feestdag (de)	**svētku diena** (s)	[sve:tku diɛna]
herdenken (ww)	**svinēt**	[svine:t]
gebeurtenis (de)	**notikums** (v)	[nɔtikums]
evenement (het)	**pasākums** (v)	[pasa:kums]
banket (het)	**bankets** (v)	[bankets]
receptie (de)	**pieņemšana** (s)	[piɛɲemʃana]
feestmaal (het)	**mielasts** (v)	[miɛlasts]
verjaardag (de)	**gadadiena** (s)	[gadadiɛna]
jubileum (het)	**jubileja** (s)	[jubileja]
vieren (ww)	**atzīmēt**	[atzi:me:t]
Nieuwjaar (het)	**Jaungads** (v)	[jauŋgads]
Gelukkig Nieuwjaar!	**Laimīgu Jauno gadu!**	[laimi:gu jaunɔ gadu!]
Kerstfeest (het)	**Ziemassvētki** (v dsk)	[ziɛmasve:tki]
Vrolijk kerstfeest!	**Priecīgus Ziemassvētkus!**	[priɛtsi:gus ziɛmasve:tkus!]
kerstboom (de)	**Ziemassvētku eglīte** (s)	[ziɛmasve:tku egli:te]
vuurwerk (het)	**salūts** (v)	[salu:ts]
bruiloft (de)	**kāzas** (s dsk)	[ka:zas]
bruidegom (de)	**līgavainis** (v)	[li:gavainis]
bruid (de)	**līgava** (s)	[li:gava]
uitnodigen (ww)	**ielūgt**	[iɛlu:gt]
uitnodiging (de)	**ielūgums** (v)	[iɛlu:gums]
gast (de)	**viesis** (v)	[viɛsis]
op bezoek gaan	**iet ciemos**	[iɛt tsiɛmɔs]
gasten verwelkomen	**sagaidīt viesus**	[sagaidi:t viɛsus]
geschenk, cadeau (het)	**dāvana** (s)	[da:vana]
geven (iets cadeau ~)	**dāvināt**	[da:vina:t]
geschenken ontvangen	**saņemt dāvanu**	[saɲemt da:vanu]
boeket (het)	**ziedu pušķis** (v)	[ziɛdu puʃtʲis]
felicitaties (mv.)	**apsveikums** (v)	[apsvɛikums]
feliciteren (ww)	**apsveikt**	[apsvɛikt]
wenskaart (de)	**apsveikuma atklātne** (s)	[apsvɛikuma atkla:tne]
een kaartje versturen	**nosūtīt atklātni**	[nɔsu:ti:t atkla:tni]

een kaartje ontvangen	saņemt atklātni	[saɲemt atkla:tni]
toast (de)	tosts (v)	[tɔsts]
aanbieden (een drankje ~)	uzcienāt	[uztsiɛna:t]
champagne (de)	šampanietis (v)	[ʃampaniɛtis]

plezier hebben (ww)	līksmot	[li:ksmɔt]
plezier (het)	jautrība (s)	[jautri:ba]
vreugde (de)	prieks (v)	[priɛks]

| dans (de) | deja (s) | [deja] |
| dansen (ww) | dejot | [dejɔt] |

| wals (de) | valsis (v) | [valsis] |
| tango (de) | tango (v) | [taŋgɔ] |

182. Begrafenissen. Begrafenis

kerkhof (het)	kapsēta (s)	[kapsɛ:ta]
graf (het)	kaps (v)	[kaps]
kruis (het)	krusts (v)	[krusts]
grafsteen (de)	kapakmens (v)	[kapakmens]
omheining (de)	žogs (v)	[ʒɔgs]
kapel (de)	kapela (s)	[kapɛla]

dood (de)	nāve (s)	[na:ve]
sterven (ww)	nomirt	[nɔmirt]
overledene (de)	nelaiķis (v)	[nɛlaitʲis]
rouw (de)	sēras (s dsk)	[sɛ:ras]

begraven (ww)	apglabāt	[apglaba:t]
begrafenisonderneming (de)	apbedīšanas birojs (v)	[apbedi:ʃanas birɔjs]
begrafenis (de)	bēres (s dsk)	[bɛ:res]

krans (de)	vainags (v)	[vainags]
doodskist (de)	zārks (v)	[za:rks]
lijkwagen (de)	katafalks (v)	[katafalks]
lijkkleed (de)	līķauts (v)	[li:tʲauts]

begrafenisstoet (de)	bēru procesija (s)	[bɛ:ru prɔtsesija]
urn (de)	urna (s)	[urna]
crematorium (het)	krematorija (s)	[krɛmatɔrija]

overlijdensbericht (het)	nekrologs (v)	[nekrɔlogs]
huilen (wenen)	raudāt	[rauda:t]
snikken (huilen)	skaļi raudāt	[skalʲi rauda:t]

183. Oorlog. Soldaten

peloton (het)	vads (v)	[vads]
compagnie (de)	rota (s)	[rota]
regiment (het)	pulks (v)	[pulks]
leger (armee)	armija (s)	[armija]

divisie (de)	divīzija (s)	[divi:zija]
sectie (de)	vienība (s)	[viɛni:ba]
troep (de)	karaspēks (v)	[karaspe:ks]

soldaat (militair)	karavīrs (v)	[karavi:rs]
officier (de)	virsnieks (v)	[virsniɛks]

soldaat (rang)	ierindnieks (v)	[iɛrindniɛks]
sergeant (de)	seržants (v)	[serʒants]
luitenant (de)	leitnants (v)	[lɛitnants]
kapitein (de)	kapteinis (v)	[kaptɛinis]
majoor (de)	majors (v)	[majɔrs]
kolonel (de)	pulkvedis (v)	[pulkvedis]
generaal (de)	ģenerālis (v)	[dʲɛnɛra:lis]

matroos (de)	jūrnieks (v)	[ju:rniɛks]
kapitein (de)	kapteinis (v)	[kaptɛinis]
bootsman (de)	bocmanis (v)	[bɔtsmanis]
artillerist (de)	artilērists (v)	[artile:rists]
valschermjager (de)	desantnieks (v)	[dɛsantniɛks]
piloot (de)	lidotājs (v)	[lidɔta:js]
stuurman (de)	stūrmanis (v)	[stu:rmanis]
mecanicien (de)	mehāniķis (v)	[mexa:nitʲis]

sappeur (de)	sapieris (v)	[sapiɛris]
parachutist (de)	izpletņa lēcējs (v)	[izpletɲa le:tse:js]
verkenner (de)	izlūks (v)	[izlu:ks]
scherpschutter (de)	snaiperis (v)	[snaiperis]

patrouille (de)	patruļa (s)	[patruļa]
patrouilleren (ww)	patrulēt	[patrule:t]
wacht (de)	sargs (v)	[sargs]
krijger (de)	karavīrs (v)	[karavi:rs]
patriot (de)	patriots (v)	[patriɔts]
held (de)	varonis (v)	[varɔnis]
heldin (de)	varone (s)	[varɔne]

verrader (de)	nodevējs (v)	[nɔdɛve:js]
verraden (ww)	nodot	[nɔdɔt]
deserteur (de)	dezertieris (v)	[dɛzertiɛris]
deserteren (ww)	dezertēt	[dɛzerte:t]

huurling (de)	algotnis (v)	[algɔtnis]
rekruut (de)	jauniesauktais (v)	[jauniɛsauktais]
vrijwilliger (de)	brīvprātīgais (v)	[bri:vpra:ti:gais]

gedode (de)	bojā gājušais (v)	[bɔja: ga:juʃais]
gewonde (de)	ievainotais (v)	[iɛvainɔtais]
krijgsgevangene (de)	gūsteknis (v)	[gu:steknis]

184. Oorlog. Militaire acties. Deel 1

oorlog (de)	karš (v)	[karʃ]
oorlog voeren (ww)	karot	[karɔt]

burgeroorlog (de)	pilsoņu karš (v)	[pilsoɲu karʃ]
achterbaks (bw)	nodevīgi	[nɔdevi:gi]
oorlogsverklaring (de)	kara pieteikšana (s)	[kara piɛtɛikʃana]
verklaren (de oorlog ~)	pieteikt karu	[piɛtɛikt karu]
agressie (de)	agresija (s)	[agresija]
aanvallen (binnenvallen)	uzbrukt	[uzbrukt]
binnenvallen (ww)	iebrukt	[iɛbrukt]
invaller (de)	iebrucējs (v)	[iɛbrutse:js]
veroveraar (de)	iekarotājs (v)	[iɛkarɔta:js]
verdediging (de)	aizsardzība (s)	[aizsardzi:ba]
verdedigen (je land ~)	aizsargāt	[aizsarga:t]
zich verdedigen (ww)	aizsargāties	[aizsarga:tiɛs]
vijand (de)	ienaidnieks (v)	[iɛnaidniɛks]
tegenstander (de)	pretinieks (v)	[pretiniɛks]
vijandelijk (bn)	ienaidnieku	[iɛnaidniɛku]
strategie (de)	stratēģija (s)	[strate:dⁱija]
tactiek (de)	taktika (s)	[taktika]
order (de)	pavēle (s)	[pavɛ:le]
bevel (het)	komanda (s)	[kɔmanda]
bevelen (ww)	pavēlēt	[pavɛ:le:t]
opdracht (de)	kara uzdevums (v)	[kara uzdɛvums]
geheim (bn)	slepens	[slɛpens]
strijd, slag (de)	kauja (s)	[kauja]
strijd (de)	cīņa (s)	[tsi:ɲa]
aanval (de)	uzbrukums (v)	[uzbrukums]
bestorming (de)	trieciens (v)	[triɛtsiɛns]
bestormen (ww)	doties triecienā	[dɔties triɛtsiɛna:]
bezetting (de)	aplenkums (v)	[aplenkums]
aanval (de)	uzbrukums (v)	[uzbrukums]
in het offensief te gaan	uzbrukt	[uzbrukt]
terugtrekking (de)	atkāpšanās (s dsk)	[atka:pʃana:s]
zich terugtrekken (ww)	atkāpties	[atka:ptiɛs]
omsingeling (de)	aplenkums (v)	[aplenkums]
omsingelen (ww)	aplenkt	[aplenkt]
bombardement (het)	bombardēšana (s)	[bɔmbarde:ʃana]
een bom gooien	nomest bumbu	[nɔmest bumbu]
bombarderen (ww)	bombardēt	[bɔmbarde:t]
ontploffing (de)	sprādziens (v)	[spra:dziɛns]
schot (het)	šāviens (v)	[ʃa:viɛns]
een schot lossen	izšaut	[izʃaut]
schieten (het)	šaušana (s)	[ʃauʃana]
mikken op (ww)	tēmēt uz ...	[tɛ:me:t uz ...]
aanleggen (een wapen ~)	tēmēt	[tɛ:me:t]

treffen (doelwit ~)	trāpīt	[tra:pi:t]
zinken (tot zinken brengen)	nogremdēt	[nogremde:t]
kogelgat (het)	caurums (v)	[tsaurums]
zinken (gezonken zijn)	grimt dibenā	[grimt dibɛna:]

front (het)	fronte (s)	[fronte]
evacuatie (de)	evakuācija (s)	[ɛvakua:tsija]
evacueren (ww)	evakuēt	[ɛvakue:t]

loopgraaf (de)	tranšeja (s)	[tranʃeja]
prikkeldraad (de)	dzeloņstieple (s)	[dzeloŋstiɛple]
verdedigingsobstakel (het)	nožogojums (v)	[noʒogojums]
wachttoren (de)	tornis (v)	[tornis]

hospitaal (het)	slimnīca (s)	[slimni:tsa]
verwonden (ww)	ievainot	[iɛvainot]
wond (de)	ievainojums (v)	[iɛvainojums]
gewonde (de)	ievainotais (v)	[iɛvainotais]
gewond raken (ww)	gūt ievainojumu	[gu:t iɛvainojumu]
ernstig (~e wond)	smags ievainojums	[smags iɛvainojums]

185. Oorlog. Militaire acties. Deel 2

krijgsgevangenschap (de)	gūsts (v)	[gu:sts]
krijgsgevangen nemen	saņemt gūstā	[saɲemt gu:sta:]
krijgsgevangene zijn	būt gūstā	[bu:t gu:sta:]
krijgsgevangen genomen worden	nokļūt gūstā	[nokʎu:t gu:sta:]

concentratiekamp (het)	koncentrācijas nometne (s)	[kontsentra:tsijas nometne]
krijgsgevangene (de)	gūsteknis (v)	[gu:steknis]
vluchten (ww)	izbēgt	[izbe:gt]

verraden (ww)	nodot	[nodot]
verrader (de)	nodevējs (v)	[nodɛve:js]
verraad (het)	nodevība (s)	[nodevi:ba]

| fusilleren (executeren) | nošaut | [noʃaut] |
| executie (de) | nošaušana (s) | [noʃauʃana] |

uitrusting (de)	formas tērps (v)	[formas te:rps]
schouderstuk (het)	uzplecis (v)	[uzpletsis]
gasmasker (het)	gāzmaska (s)	[ga:zmaska]

portofoon (de)	rācija (s)	[ra:tsija]
geheime code (de)	šifrs (v)	[ʃifrs]
samenzwering (de)	konspirācija (s)	[konspira:tsija]
wachtwoord (het)	parole (s)	[parole]

mijn (landmijn)	mīna (s)	[mi:na]
ondermijnen (legden mijnen)	nomīnēt	[nomi:ne:t]
mijnenveld (het)	mīnu lauks (v)	[mi:nu lauks]
luchtalarm (het)	gaisa trauksme (s)	[gaisa trauksme]
alarm (het)	trauksmes signāls (v)	[trauksmes signa:ls]

signaal (het)	signāls (v)	[signa:ls]
vuurpijl (de)	signālrakete (s)	[signa:lratʲɛte]
staf (generale ~)	štābs (v)	[ʃta:bs]
verkenningstocht (de)	izlūkdienests (v)	[izlu:gdiɛnests]
toestand (de)	stāvoklis (v)	[sta:vɔklis]
rapport (het)	ziņojums (v)	[ziɲɔjums]
hinderlaag (de)	slēpnis (v)	[sle:pnis]
versterking (de)	papildspēki (v dsk)	[papildspe:ki]
doel (bewegend ~)	mērķis (v)	[me:rtʲis]
proefterrein (het)	poligons (v)	[pɔligɔns]
manoeuvres (mv.)	manevri (v dsk)	[manevri]
paniek (de)	panika (s)	[panika]
verwoesting (de)	posti (v dsk)	[pɔsti]
verwoestingen (mv.)	postījumi (v dsk)	[pɔsti:jumi]
verwoesten (ww)	postīt	[pɔsti:t]
overleven (ww)	izdzīvot	[izdzi:vɔt]
ontwapenen (ww)	atbruņot	[atbruɲɔt]
behandelen (een pistool ~)	apiešanās ar ieročiem	[apiɛʃana:s ar iɛrɔtʃiɛm]
Geeft acht!	Mierā!	[miɛra:!]
Op de plaats rust!	Brīvi!	[bri:vi!]
heldendaad (de)	varoņdarbs (v)	[varɔɲdarbs]
eed (de)	zvērests (v)	[zvɛ:rests]
zweren (een eed doen)	zvērēt	[zvɛ:re:t]
decoratie (de)	balva (s)	[balva]
onderscheiden	apbalvot	[apbalvɔt]
(een ereteken geven)		
medaille (de)	medaļa (s)	[mɛdalʲa]
orde (de)	ordenis (v)	[ɔrdenis]
overwinning (de)	uzvara (s)	[uzvara]
verlies (het)	sakāve (s)	[saka:ve]
wapenstilstand (de)	pamiers (v)	[pamiɛrs]
wimpel (vaandel)	karogs (v)	[karɔgs]
roem (de)	slava (s)	[slava]
parade (de)	parāde (s)	[para:de]
marcheren (ww)	maršēt	[marʃe:t]

186. Wapens

wapens (mv.)	ieroči (v dsk)	[iɛrɔtʃi]
vuurwapens (mv.)	šaujamieroči (v dsk)	[ʃaujamiɛrɔtʃi]
koude wapens (mv.)	aukstie ieroči (v dsk)	[aukstiɛ iɛrɔtʃi]
chemische wapens (mv.)	ķīmiskie ieroči (v dsk)	[tʲi:miskiɛ iɛrɔtʃi]
kern-, nucleair (bn)	kodolu	[kɔdɔlu]
kernwapens (mv.)	kodolieroči (v dsk)	[kɔdɔliɛrɔtʃi]

bom (de)	**bumba** (s)	[bumba]
atoombom (de)	**atombumba** (s)	[atɔmbumba]
pistool (het)	**pistole** (s)	[pistɔle]
geweer (het)	**šautene** (s)	[ʃautɛne]
machinepistool (het)	**automāts** (v)	[autɔma:ts]
machinegeweer (het)	**ložmetējs** (v)	[lɔʒmɛte:js]
loop (schietbuis)	**stops** (v)	[stɔps]
loop (bijv. geweer met kortere ~)	**stobrs** (v)	[stɔbrs]
kaliber (het)	**kalibrs** (v)	[kalibrs]
trekker (de)	**gailis** (v)	[gailis]
korrel (de)	**tēmeklis** (v)	[tɛ:meklis]
magazijn (het)	**magazīna** (s)	[magazi:na]
geweerkolf (de)	**laide** (s)	[laide]
granaat (handgranaat)	**granāta** (s)	[grana:ta]
explosieven (mv.)	**sprāgstviela** (s)	[spra:gstviɛla]
kogel (de)	**lode** (s)	[lɔde]
patroon (de)	**patrona** (s)	[patrɔna]
lading (de)	**lādiņš** (v)	[la:diɲʃ]
ammunitie (de)	**munīcija** (s)	[muni:tsija]
bommenwerper (de)	**bombardētājs** (v)	[bɔmbardɛ:ta:js]
straaljager (de)	**iznīcinātājs** (v)	[izni:tsina:ta:js]
helikopter (de)	**helikopters** (v)	[xelikɔptɛrs]
afweergeschut (het)	**zenītlielgabals** (v)	[zeni:tliɛlgabals]
tank (de)	**tanks** (v)	[tanks]
kanon (tank met een ~ van 76 mm)	**lielgabals** (v)	[liɛlgabals]
artillerie (de)	**artilērija** (s)	[artile:rija]
kanon (het)	**lielgabals** (v)	[liɛlgabals]
aanleggen (een wapen ~)	**tēmēt**	[tɛ:me:t]
projectiel (het)	**šāviņš** (v)	[ʃa:viɲʃ]
mortiergranaat (de)	**mīna** (s)	[mi:na]
mortier (de)	**mīnmetējs** (v)	[mi:nmɛte:js]
granaatscherf (de)	**šķemba** (s)	[ʃcʲemba]
duikboot (de)	**zemūdene** (s)	[zɛmu:dɛne]
torpedo (de)	**torpēda** (s)	[tɔrpɛ:da]
raket (de)	**raķete** (s)	[ratʲɛte]
laden (geweer, kanon)	**ielādēt**	[iɛla:de:t]
schieten (ww)	**šaut**	[ʃaut]
richten op (mikken)	**tēmēt uz ...**	[tɛ:me:t uz ...]
bajonet (de)	**durklis** (v)	[durklis]
degen (de)	**zobens** (v)	[zɔbens]
sabel (de)	**līkais zobens** (v)	[li:kais zɔbens]
speer (de)	**šķēps** (v)	[ʃcʲe:ps]

boog (de)	loks (v)	[lɔks]
pijl (de)	bulta (s)	[bulta]
musket (de)	muskete (s)	[muskɛte]
kruisboog (de)	arbalets (v)	[arbalets]

187. Oude mensen

primitief (bn)	pirmatnējs	[pirmatne:js]
voorhistorisch (bn)	aizvēsturisks	[aizve:sturisks]
eeuwenoude (~ beschaving)	sens	[sens]

Steentijd (de)	akmens laikmets (v)	[akmens laikmets]
Bronstijd (de)	bronzas laikmets (v)	[bronzas laikmets]
IJstijd (de)	ledus periods (v)	[lɛdus periods]

stam (de)	cilts (s)	[tsilts]
menseneter (de)	kanibāls (v)	[kaniba:ls]
jager (de)	mednieks (v)	[medniɛks]
jagen (ww)	medīt	[medi:t]
mammoet (de)	mamuts (v)	[mamuts]

| grot (de) | ala (s) | [ala] |
| vuur (het) | uguns (v) | [uguns] |

| kampvuur (het) | ugunskurs (v) | [ugunskurs] |
| rotstekening (de) | klinšu gleznojums (v) | [klinʃu gleznojums] |

werkinstrument (het)	darbarīks (v)	[darbari:ks]
speer (de)	šķēps (v)	[ʃtʲe:ps]
stenen bijl (de)	akmens cirvis (v)	[akmens tsirvis]

| oorlog voeren (ww) | karot | [karɔt] |
| temmen (bijv. wolf ~) | pieradināt dzīvniekus | [piɛradina:t dzi:vniɛkus] |

| idool (het) | elks (v) | [elks] |
| aanbidden (ww) | pielūgt | [piɛlu:gt] |

| bijgeloof (het) | māņticība (s) | [ma:ɲtitsi:ba] |
| ritueel (het) | rituāls (v) | [ritua:ls] |

| evolutie (de) | evolūcija (s) | [ɛvɔlu:tsija] |
| ontwikkeling (de) | attīstība (s) | [atti:sti:ba] |

| verdwijning (de) | izzušana (s) | [izzuʃana] |
| zich aanpassen (ww) | pielāgoties | [piɛla:gɔtiɛs] |

archeologie (de)	arheoloģija (s)	[arxeɔlodʲija]
archeoloog (de)	arheologs (v)	[arxeɔlogs]
archeologisch (bn)	arheoloģisks	[arxeɔlodʲisks]

opgravingsplaats (de)	izrakumu vieta (s)	[izrakumu viɛta]
opgravingen (mv.)	izrakšanas darbi (v dsk)	[izrakʃanas darbi]
vondst (de)	atradums (v)	[atradums]
fragment (het)	fragments (v)	[fragments]

169

188. Middeleeuwen

volk (het)	tauta (s)	[tauta]
volkeren (mv.)	tautas (s dsk)	[tautas]
stam (de)	cilts (s)	[tsilts]
stammen (mv.)	ciltis (s dsk)	[tsiltis]
barbaren (mv.)	barbari (v dsk)	[barbari]
Galliërs (mv.)	galli (v dsk)	[galli]
Goten (mv.)	goti (v dsk)	[gɔti]
Slaven (mv.)	slāvi (v dsk)	[slaːvi]
Vikings (mv.)	vikingi (v dsk)	[vikiŋgi]
Romeinen (mv.)	romieši (v dsk)	[rɔmiɛʃi]
Romeins (bn)	Romas	[rɔmas]
Byzantijnen (mv.)	bizantieši (v dsk)	[bizantiɛʃi]
Byzantium (het)	Bizantija (s)	[bizantija]
Byzantijns (bn)	bizantiešu	[bizantiɛʃu]
keizer (bijv. Romeinse ~)	imperators (v)	[impɛratɔrs]
opperhoofd (het)	vadonis (v)	[vadɔnis]
machtig (bn)	varens	[varens]
koning (de)	karalis (v)	[karalis]
heerser (de)	valdnieks (v)	[valdniɛks]
ridder (de)	bruņinieks (v)	[bruɲiniɛks]
feodaal (de)	feodālis (v)	[feɔdaːlis]
feodaal (bn)	feodāļu	[feɔdaːlʲu]
vazal (de)	vasalis (v)	[vasalis]
hertog (de)	hercogs (v)	[xertsɔgs]
graaf (de)	grāfs (v)	[graːfs]
baron (de)	barons (v)	[barɔns]
bisschop (de)	bīskaps (v)	[biːskaps]
harnas (het)	bruņas (s dsk)	[bruɲas]
schild (het)	vairogs (v)	[vairɔgs]
zwaard (het)	šķēps (v)	[ʃc'eˑrɲs]
vizier (het)	sejsegs (v)	[sejsegs]
maliënkolder (de)	bruņu krekls (v)	[bruɲu krekls]
kruistocht (de)	krusta gājiens (v)	[krusta gaːjiɛns]
kruisvaarder (de)	krustnesis (v)	[krustnesis]
gebied (bijv. bezette ~en)	teritorija (s)	[teritɔrija]
aanvallen (binnenvallen)	uzbrukt	[uzbrukt]
veroveren (ww)	iekarot	[iɛkarɔt]
innemen (binnenvallen)	sagrābt	[sagraːbt]
bezetting (de)	aplenkums (v)	[aplenkums]
bezet (bn)	aplenkts	[aplenkts]
belegeren (ww)	aplenkt	[aplenkt]
inquisitie (de)	inkvizīcija (s)	[inkviziːtsija]
inquisiteur (de)	inkvizitors (v)	[inkvizitɔrs]

foltering (de)	spīdzināšana (s)	[spi:dzina:ʃana]
wreed (bn)	nežēlīgs	[neʒe:li:gs]
ketter (de)	ķecerība (s)	[tʲetseri:ba]
ketterij (de)	ķeceris (v)	[tʲetseris]

zeevaart (de)	jūrniecība (s)	[ju:rniɛtsi:ba]
piraat (de)	pirāts (v)	[pira:ts]
piraterij (de)	pirātisms (v)	[pira:tisms]
enteren (het)	abordāža (s)	[aborda:ʒa]
buit (de)	laupījums (v)	[laupi:jums]
schatten (mv.)	dārgumi (v dsk)	[da:rgumi]

ontdekking (de)	atklāšana (s)	[atkla:ʃana]
ontdekken (bijv. nieuw land)	atklāt	[atkla:t]
expeditie (de)	ekspedīcija (s)	[ekspedi:tsija]

musketier (de)	musketieris (v)	[musketiɛris]
kardinaal (de)	kardināls (v)	[kardina:ls]
heraldiek (de)	heraldika (s)	[xɛraldika]
heraldisch (bn)	heraldisks	[xɛraldisks]

189. Leider. Baas. Autoriteiten

koning (de)	karalis (v)	[karalis]
koningin (de)	karaliene (s)	[karaliɛne]
koninklijk (bn)	karalisks	[karalisks]
koninkrijk (het)	karaliste (s)	[karaliste]

| prins (de) | princis (v) | [printsis] |
| prinses (de) | princese (s) | [printsɛse] |

president (de)	prezidents (v)	[prezidents]
vicepresident (de)	viceprezidents (v)	[vitseprezidents]
senator (de)	senators (v)	[sɛnatɔrs]

monarch (de)	monarhs (v)	[mɔnarxs]
heerser (de)	valdnieks (v)	[valdniɛks]
dictator (de)	diktators (v)	[diktatɔrs]
tiran (de)	tirāns (v)	[tira:ns]
magnaat (de)	magnāts (v)	[magna:ts]

directeur (de)	direktors (v)	[direktɔrs]
chef (de)	šefs (v)	[ʃefs]
beheerder (de)	pārvaldnieks (v)	[pa:rvaldniɛks]
baas (de)	boss (v)	[bɔs]
eigenaar (de)	saimnieks (v)	[saimniɛks]

leider (de)	vadītājs, līderis (v)	[vadi:ta:js], [li:deris]
hoofd	galva (s)	[galva]
(bijv. ~ van de delegatie)		
autoriteiten (mv.)	vara (s)	[vara]
superieuren (mv.)	priekšniecība (s)	[priɛkʃniɛtsi:ba]
gouverneur (de)	gubernators (v)	[gubernatɔrs]
consul (de)	konsuls (v)	[kɔnsuls]

diplomaat (de)	diplomāts (v)	[diplɔma:ts]
burgemeester (de)	mērs (v)	[mɛ:rs]
sheriff (de)	šerifs (v)	[ʃerifs]

keizer (bijv. Romeinse ~)	imperators (v)	[impɛratɔrs]
tsaar (de)	cars (v)	[tsars]
farao (de)	faraons (v)	[faraɔns]
kan (de)	hans (v)	[xans]

190. Weg. Weg. Routebeschrijving

| weg (de) | ceļš (v) | [tselʲʃ] |
| route (de kortste ~) | ceļš (v) | [tselʲʃ] |

autoweg (de)	šoseja (s)	[ʃɔseja]
snelweg (de)	automaģistrāle (s)	[automadʲistra:le]
rijksweg (de)	valsts ceļš (v)	[valsts tselʲʃ]

| hoofdweg (de) | galvenais ceļš (v) | [galvɛnais tselʲʃ] |
| landweg (de) | lauku ceļš (v) | [lauku tselʲʃ] |

| pad (het) | taka (s) | [taka] |
| paadje (het) | taciņa (s) | [tatsiɲa] |

Waar?	Kur?	[kur?]
Waarheen?	Uz kurieni?	[uz kuriɛni?]
Waaruit?	No kurienes?	[nɔ kuriɛnes?]

| richting (de) | virziens (v) | [virziɛns] |
| aanwijzen (de weg ~) | norādīt | [nɔra:di:t] |

naar links (bw)	pa kreisi	[pa krɛisi]
naar rechts (bw)	pa labi	[pa labi]
rechtdoor (bw)	taisni	[taisni]
terug (bijv. ~ keren)	atpakaļ	[atpakalʲ]

bocht (de)	pagrieziens (v)	[pagriɛziɛns]
afslaan (naar rechts ~)	pagriezties	[pagriɛztiɛs]
U-bocht maken (ww)	apgriezties	[apgriɛztiɛs]

| zichtbaar worden (ww) | būt redzamam | [bu:t redzamam] |
| verschijnen (in zicht komen) | parādīties | [para:di:tiɛs] |

stop (korte onderbreking)	pietura (s)	[piɛtura]
zich verpozen (uitrusten)	atpūsties	[atpu:stiɛs]
rust (de)	atpūta (s)	[atpu:ta]

verdwalen (de weg kwijt zijn)	apmaldīties	[apmaldi:tiɛs]
leiden naar ... (de weg)	ved uz ...	[ved uz ...]
bereiken (ergens aankomen)	nokļūt līdz ...	[nɔklʲu:t li:dz ...]
deel (~ van de weg)	ceļa posms (v)	[tselʲa posms]

| asfalt (het) | asfalts (v) | [asfalts] |
| trottoirband (de) | apmale (s) | [apmale] |

greppel (de)	**grāvis** (v)	[graːvis]
putdeksel (het)	**lūka** (s)	[luːka]
vluchtstrook (de)	**ceļmala** (s)	[tselʲmala]
kuil (de)	**bedre** (s)	[bedre]
gaan (te voet)	**iet**	[iɛt]
inhalen (voorbijgaan)	**apdzīt**	[apdziːt]
stap (de)	**solis** (v)	[sɔlis]
te voet (bw)	**kājām**	[kaːjaːm]
blokkeren (de weg ~)	**nosprostot ceļu**	[nɔsprɔstɔt tsɛlʲu]
slagboom (de)	**barjera** (s)	[barjera]
doodlopende straat (de)	**strupceļš** (v)	[struptselʲʃ]

191. De wet overtreden. Criminelen. Deel 1

bandiet (de)	**bandīts** (v)	[bandiːts]
misdaad (de)	**noziegums** (v)	[nɔziɛgums]
misdadiger (de)	**noziedznieks** (v)	[nɔziɛdzniɛks]
dief (de)	**zaglis** (v)	[zaglis]
stelen (ww)	**zagt**	[zagt]
stelen (de)	**zagšana** (s)	[zagʃana]
diefstal (de)	**zādzība** (s)	[zaːdziːba]
kidnappen (ww)	**nolaupīt**	[nɔlaupiːt]
kidnapping (de)	**nolaupīšana** (s)	[nɔlaupiːʃana]
kidnapper (de)	**laupītājs** (v)	[laupiːtaːjs]
losgeld (het)	**izpirkums** (v)	[izpirkums]
eisen losgeld (ww)	**prasīt izpirkumu**	[prasiːt izpirkumu]
overvallen (ww)	**aplaupīt**	[aplaupiːt]
overval (de)	**aplaupīšana** (s)	[aplaupiːʃana]
overvaller (de)	**laupītājs** (v)	[laupiːtaːjs]
afpersen (ww)	**izspiest**	[izspiɛst]
afperser (de)	**izspiedējs** (v)	[izspiɛdeːjs]
afpersing (de)	**izspiešana** (s)	[izspiɛʃana]
vermoorden (ww)	**noslepkavot**	[nɔslepkavɔt]
moord (de)	**slepkavība** (s)	[slepkaviːba]
moordenaar (de)	**slepkava** (v)	[slepkava]
schot (het)	**šāviens** (v)	[ʃaːviɛns]
een schot lossen	**izšaut**	[izʃaut]
neerschieten (ww)	**nošaut**	[nɔʃaut]
schieten (ww)	**šaut**	[ʃaut]
schieten (het)	**šaušana** (s)	[ʃauʃana]
ongeluk (gevecht, enz.)	**notikums** (v)	[nɔtikums]
gevecht (het)	**kautiņš** (v)	[kautiɲʃ]
Help!	**Palīgā!**	[paliːgaː!]

173

slachtoffer (het)	upuris (v)	[upuris]
beschadigen (ww)	sabojāt	[saboja:t]
schade (de)	kaitējums (v)	[kaite:jums]
lijk (het)	līķis (v)	[li:tʲis]
zwaar (~ misdrijf)	smags noziegums	[smags noziɛgums]

aanvallen (ww)	uzbrukt	[uzbrukt]
slaan (iemand ~)	sist	[sist]
in elkaar slaan (toetakelen)	piekaut	[piɛkaut]
ontnemen (beroven)	atņemt	[atɲemt]
steken (met een mes)	nodurt	[nodurt]
verminken (ww)	sakropļot	[sakropļot]
verwonden (ww)	ievainot	[iɛvainot]

chantage (de)	šantāža (s)	[ʃanta:ʒa]
chanteren (ww)	šantažēt	[ʃantaʒe:t]
chanteur (de)	šantāžists (v)	[ʃanta:ʒists]

afpersing (de)	rekets (v)	[rɛkets]
afperser (de)	reketieris (v)	[rɛketiɛris]
gangster (de)	gangsteris (v)	[gaŋgstɛris]
maffia (de)	mafija (s)	[mafija]

kruimeldief (de)	kabatzaglis (v)	[kabatzaglis]
inbreker (de)	kramplauzis (v)	[kramplauzis]
smokkelen (het)	kontrabanda (s)	[kontrabanda]
smokkelaar (de)	kontrabandists (v)	[kontrabandists]

namaak (de)	viltojums (v)	[viltojums]
namaken (ww)	viltot	[viltot]
namaak-, vals (bn)	viltots	[viltots]

192. De wet overtreden. Criminelen. Deel 2

verkrachting (de)	izvarošana (s)	[izvaroʃana]
verkrachten (ww)	izvarot	[izvarot]
verkrachter (de)	izvarotājs (v)	[izvarota:js]
maniak (de)	maniaks (v)	[maniaks]

prostituee (de)	prostitūta (s)	[prostitu:ta]
prostitutie (de)	prostitūcija (s)	[prostitu:tsija]
pooier (de)	suteners (v)	[sutenɛrs]

| drugsverslaafde (de) | narkomāns (v) | [narkoma:ns] |
| drugshandelaar (de) | narkotiku tirgotājs (v) | [narkotiku tirgota:js] |

opblazen (ww)	uzspridzināt	[uzspridzina:t]
explosie (de)	sprādziens (v)	[spra:dziɛns]
in brand steken (ww)	aizdedzināt	[aizdedzina:t]
brandstichter (de)	dedzinātājs (v)	[dedzina:ta:js]

terrorisme (het)	terorisms (v)	[terorisms]
terrorist (de)	terorists (v)	[terorists]
gijzelaar (de)	ķīlnieks (v)	[tʲi:lniɛks]

bedriegen (ww)	piekrāpt	[pic̨kra:pt]
bedrog (het)	krāpšana (s)	[kra:pʃana]
oplichter (de)	krāpnieks (v)	[kra:pnic̨ks]

omkopen (ww)	piekukuļot	[pic̨kukuḷɔt]
omkoperij (de)	piekukuļošana (s)	[pic̨kukuḷɔʃana]
smeergeld (het)	kukulis (v)	[kukulis]

vergif (het)	inde (s)	[inde]
vergiftigen (ww)	noindēt	[nɔinde:t]
vergif innemen (ww)	noindēties	[nɔinde:tic̨s]

| zelfmoord (de) | pašnāvība (s) | [paʃna:vi:ba] |
| zelfmoordenaar (de) | pašnāvnieks (v) | [paʃna:vnic̨ks] |

bedreigen	draudēt	[draude:t]
(bijv. met een pistool)		
bedreiging (de)	drauds (v)	[drauds]
een aanslag plegen	mēģinājums	[me:dⁱina:jums]
aanslag (de)	slepkavības mēģinājums (v)	[slepkavi:bas me:dⁱina:jums]

| stelen (een auto) | aizdzīt | [aizdzi:t] |
| kapen (een vliegtuig) | aizdzīt | [aizdzi:t] |

| wraak (de) | atriebība (s) | [atric̨bi:ba] |
| wreken (ww) | atriebties | [atric̨btic̨s] |

martelen (gevangenen)	spīdzināt	[spi:dzina:t]
foltering (de)	spīdzināšana (s)	[spi:dzina:ʃana]
folteren (ww)	mocīt	[mɔtsi:t]

piraat (de)	pirāts (v)	[pira:ts]
straatschender (de)	huligāns (v)	[xuliga:ns]
gewapend (bn)	apbruņots	[apbruɲɔts]
geweld (het)	varmācība (s)	[varma:tsi:ba]
onwettig (strafbaar)	nelikumīgs	[nelikumi:gs]

| spionage (de) | spiegošana (s) | [spic̨gɔʃana] |
| spioneren (ww) | spiegot | [spic̨gɔt] |

193. Politie. Wet. Deel 1

| gerecht (het) | tiesas spriešana (s) | [tic̨sas spric̨ʃana] |
| gerechtshof (het) | tiesa (s) | [tic̨sa] |

rechter (de)	tiesnesis (v)	[tic̨snesis]
jury (de)	zvērinātie (v dsk)	[zve:rina:tic̨]
juryrechtspraak (de)	zvērināto tiesa (s)	[zve:rina:tɔ tic̨sa]
berechten (ww)	spriest	[spric̨st]

advocaat (de)	advokāts (v)	[advɔka:ts]
beklaagde (de)	tiesājamais (v)	[tic̨sa:jamais]
beklaagdenbank (de)	apsūdzēto sols (v)	[apsu:dze:tɔ sɔls]
beschuldiging (de)	apsūdzība (s)	[apsu:dzi:ba]

beschuldigde (de)	apsūdzētais (v)	[apsu:dzɛ:tais]
vonnis (het)	spriedums (v)	[spriɛdums]
veroordelen	piespriest	[piɛspriɛst]
(in een rechtszaak)		

schuldige (de)	vaininieks (v)	[vaininiɛks]
straffen (ww)	sodīt	[sɔdi:t]
bestraffing (de)	sods (v)	[sɔds]

boete (de)	soda nauda (s)	[sɔda nauda]
levenslange opsluiting (de)	mūža ieslodzījums (v)	[mu:ʒa iɛslɔdzi:jums]
doodstraf (de)	nāves sods (v)	[na:ves sɔds]
elektrische stoel (de)	elektriskais krēsls (v)	[ɛlektriskais kre:sls]
schavot (het)	karātavas (s dsk)	[kara:tavas]
executeren (ww)	sodīt ar nāvi	[sɔdi:t ar na:vi]
executie (de)	nāves soda izpilde (s)	[na:ves sɔda izpilde]

| gevangenis (de) | cietums (v) | [tsiɛtums] |
| cel (de) | kamera (s) | [kamɛra] |

konvooi (het)	konvojs (v)	[kɔnvɔjs]
gevangenisbewaker (de)	uzraugs (v)	[uzraugs]
gedetineerde (de)	ieslodzītais (v)	[iɛslɔdzi:tais]

handboeien (mv.)	roku dzelži (v dsk)	[rɔku dzelʒi]
handboeien omdoen	ieslēgt roku dzelžos	[iɛsle:gt rɔku dzelʒɔs]
ontsnapping (de)	izbēgšana no cietuma (s)	[izbe:gʃana nɔ tsiɛtuma]
ontsnappen (ww)	bēgt no cietuma	[be:gt nɔ tsiɛtuma]
verdwijnen (ww)	pazust	[pazust]
vrijlaten (uit de gevangenis)	atbrīvot	[atbri:vɔt]
amnestie (de)	amnestija (s)	[amnestija]

politie (de)	policija (s)	[pɔlitsija]
politieagent (de)	policists (v)	[pɔlitsists]
politiebureau (het)	policijas iecirknis (v)	[pɔlitsijas iɛtsirknis]
knuppel (de)	gumijas nūja (s)	[gumijas nu:ja]
megafoon (de)	rupors (v)	[rupɔrs]

patrouilleerwagen (de)	patruļa mašīna (s)	[patru!a maʃi:na]
sirene (de)	sirēna (s)	[sirɛ:na]
de sirene aansteken	ieslēgt sirēnu	[iɛsle:gt sirɛ:nu]
geloei (het) van de sirene	sirēnas gaudošana (s)	[sirɛ:nas gaudɔʃana]

plaats delict (de)	notikuma vieta (s)	[nɔtikuma viɛta]
getuige (de)	liecinieks (v)	[liɛtsiniɛks]
vrijheid (de)	brīvība (s)	[bri:vi:ba]
handlanger (de)	līdzzinātājs (v)	[li:dzzina:ta:js]
ontvluchten (ww)	paslēpties	[pasle:ptiɛs]
spoor (het)	pēda (s)	[pɛ:da]

194. Politie. Wet. Deel 2

| opsporing (de) | meklēšana (s) | [mekle:ʃana] |
| opsporen (ww) | meklēt ... | [mekle:t ...] |

verdenking (de)	aizdomas (s dsk)	[aizdɔmas]
verdacht (bn)	aizdomīgs	[aizdɔmi:gs]
aanhouden (stoppen)	apturēt	[apture:t]
tegenhouden (ww)	aizturēt	[aizture:t]

strafzaak (de)	lieta (s)	[liɛta]
onderzoek (het)	izmeklēšana (s)	[izmekle:ʃana]
detective (de)	detektīvs (v)	[dɛtekti:vs]
onderzoeksrechter (de)	izmeklētājs (v)	[izmeklɛ:ta:js]
versie (de)	versija (s)	[vɛrsija]

motief (het)	motīvs (v)	[mɔti:vs]
verhoor (het)	pratināšana (s)	[pratina:ʃana]
ondervragen (door de politie)	pratināt	[pratina:t]
ondervragen (omstanders ~)	aptaujāt	[aptauja:t]
controle (de)	pārbaude (s)	[pa:rbaude]

razzia (de)	tvarstīšana (s)	[tvarsti:ʃana]
huiszoeking (de)	kratīšana (s)	[krati:ʃana]
achtervolging (de)	pakaļdzīšanās (s)	[pakalʲdzi:ʃana:s]
achtervolgen (ww)	vajāt	[vaja:t]
opsporen (ww)	atsekot	[atsekɔt]

arrest (het)	arests (v)	[arests]
arresteren (ww)	arestēt	[areste:t]
vangen, aanhouden (een dief, enz.)	noķert	[nɔtʲert]
aanhouding (de)	satveršana (s)	[satverʃana]

document (het)	dokuments (v)	[dɔkuments]
bewijs (het)	pierādījums (v)	[piɛra:di:jums]
bewijzen (ww)	pierādīt	[piɛra:di:t]
voetspoor (het)	pēda (s)	[pɛ:da]
vingerafdrukken (mv.)	pirkstu nospiedumi (v dsk)	[pirkstu nɔspiɛdumi]
bewijs (het)	pierādījums (v)	[piɛra:di:jums]

alibi (het)	alibi (v)	[alibi]
onschuldig (bn)	nevainīgais	[nɛvaini:gais]
onrecht (het)	netaisnība (s)	[nɛtaisni:ba]
onrechtvaardig (bn)	netaisnīgs	[nɛtaisni:gs]

crimineel (bn)	kriminālais	[krimina:lais]
confisqueren (in beslag nemen)	konfiscēt	[kɔnfistse:t]
drug (de)	narkotiska viela (s)	[narkɔtiska viɛla]
wapen (het)	ierocis (v)	[iɛrɔtsis]
ontwapenen (ww)	atbruņot	[atbruɲɔt]
bevelen (ww)	pavēlēt	[pavɛ:le:t]
verdwijnen (ww)	pazust	[pazust]

wet (de)	likums (v)	[likums]
wettelijk (bn)	likumīgs	[likumi:gs]
onwettelijk (bn)	nelikumīgs	[nelikumi:gs]

| verantwoordelijkheid (de) | atbildība (s) | [atbildi:ba] |
| verantwoordelijk (bn) | atbildīgais | [atbildi:gais] |

NATUUR

De Aarde. Deel 1

195. De kosmische ruimte

kosmos (de)	kosmoss (v)	[kɔsmɔs]
kosmisch (bn)	kosmiskais	[kɔsmiskais]
kosmische ruimte (de)	kosmiskā telpa (s)	[kɔsmiska: telpa]
wereld (de)	visums (v)	[visums]
heelal (het)	pasaule (s)	[pasaule]
sterrenstelsel (het)	galaktika (s)	[galaktika]
ster (de)	zvaigzne (s)	[zvaigzne]
sterrenbeeld (het)	zvaigznājs (v)	[zvaigzna:js]
planeet (de)	planēta (s)	[planε:ta]
satelliet (de)	pavadonis (v)	[pavadɔnis]
meteoriet (de)	meteorīts (v)	[mεteɔri:ts]
komeet (de)	komēta (s)	[kɔmε:ta]
asteroïde (de)	asteroīds (v)	[asterɔi:ds]
baan (de)	orbīta (s)	[ɔrbi:ta]
draaien (om de zon, enz.)	griezties ap	[griεzties ap]
atmosfeer (de)	atmosfēra (s)	[atmɔsfε:ra]
Zon (de)	Saule (s)	[saule]
zonnestelsel (het)	Saules sistēma (s)	[saules sistε:ma]
zonsverduistering (de)	Saules aptumsums (v)	[saules aptumsums]
Aarde (de)	Zeme (s)	[zεme]
Maan (de)	Mēness (v)	[mε:ness]
Mars (de)	Marss (v)	[mars]
Venus (de)	Venēra (s)	[vεnε:ra]
Jupiter (de)	Jupiters (v)	[jupitεrs]
Saturnus (de)	Saturns (v)	[saturns]
Mercurius (de)	Merkus (v)	[merkus]
Uranus (de)	Urāns (v)	[ura:ns]
Neptunus (de)	Neptūns (v)	[neptu:ns]
Pluto (de)	Plutons (v)	[plutɔns]
Melkweg (de)	Piena ceļš (v)	[piεna tselʲʃ]
Grote Beer (de)	Lielais Lācis (v)	[liεlais la:tsis]
Poolster (de)	Polārzvaigzne (s)	[pola:rzvaigzne]
marsmannetje (het)	marsietis (v)	[marsiεtis]
buitenaards wezen (het)	citplanētietis (v)	[tsitplane:tiεtis]

| bovenaards (het) | atnācējs (v) | [atna:tse:js] |
| vliegende schotel (de) | lidojošais šķīvis (v) | [lidojoʃais ʃtʲi:vis] |

ruimtevaartuig (het)	kosmiskais kuģis (v)	[kɔsmiskais kudʲis]
ruimtestation (het)	orbitālā stacija (s)	[ɔrbita:la: statsija]
start (de)	starts (v)	[starts]

motor (de)	dzinējs (v)	[dzine:js]
straalpijp (de)	sprausla (s)	[sprausla]
brandstof (de)	degviela (s)	[degviɛla]

cabine (de)	kabīne (s)	[kabi:ne]
antenne (de)	antena (s)	[antɛna]
patrijspoort (de)	iluminators (v)	[iluminatɔrs]
zonnebatterij (de)	saules baterija (s)	[saules baterija]
ruimtepak (het)	skafandrs (v)	[skafandrs]

| gewichtloosheid (de) | bezsvara stāvoklis (v) | [bezsvara sta:vɔklis] |
| zuurstof (de) | skābeklis (v) | [ska:beklis] |

| koppeling (de) | savienošanās (s) | [saviɛnoʃana:s] |
| koppeling maken | savienoties | [saviɛnotiɛs] |

observatorium (het)	observatorija (s)	[ɔbservatɔrija]
telescoop (de)	teleskops (v)	[tɛleskɔps]
waarnemen (ww)	novērot	[nɔve:rɔt]
exploreren (ww)	pētīt	[pe:ti:t]

196. De Aarde

Aarde (de)	Zeme (s)	[zɛme]
aardbol (de)	zemeslode (s)	[zɛmeslɔde]
planeet (de)	planēta (s)	[planɛ:ta]

atmosfeer (de)	atmosfēra (s)	[atmɔsfɛ:ra]
aardrijkskunde (de)	ģeogrāfija (s)	[dʲeɔgra:fija]
natuur (de)	daba (s)	[daba]

wereldbol (de)	globuss (v)	[glɔbus]
kaart (de)	karte (s)	[karte]
atlas (de)	atlants (v)	[atlants]

| Europa (het) | Eiropa (s) | [ɛirɔpa] |
| Azië (het) | Āzija (s) | [a:zija] |

| Afrika (het) | Āfrika (s) | [a:frika] |
| Australië (het) | Austrālija (s) | [austra:lija] |

Amerika (het)	Amerika (s)	[amerika]
Noord-Amerika (het)	Ziemeļamerika (s)	[ziɛmɛlʲamerika]
Zuid-Amerika (het)	Dienvidamerika (s)	[diɛnvidamerika]

| Antarctica (het) | Antarktīda (s) | [antarkti:da] |
| Arctis (de) | Arktika (s) | [arktika] |

197. Windrichtingen

noorden (het)	ziemeļi (v dsk)	[ziɛmelʲi]
naar het noorden	uz ziemeļiem	[uz ziɛmelʲiɛm]
in het noorden	ziemeļos	[ziɛmelʲɔs]
noordelijk (bn)	ziemeļu	[ziɛmɛlʲu]
zuiden (het)	dienvidi (v dsk)	[diɛnvidi]
naar het zuiden	uz dienvidiem	[uz diɛnvidiɛm]
in het zuiden	dienvidos	[diɛnvidɔs]
zuidelijk (bn)	dienvidu	[diɛnvidu]
westen (het)	rietumi (v dsk)	[riɛtumi]
naar het westen	uz rietumiem	[uz riɛtumiɛm]
in het westen	rietumos	[riɛtumɔs]
westelijk (bn)	rietumu	[riɛtumu]
oosten (het)	austrumi (v dsk)	[austrumi]
naar het oosten	uz austrumiem	[uz austrumiɛm]
in het oosten	austrumos	[austrumɔs]
oostelijk (bn)	austrumu	[austrumu]

198. Zee. Oceaan

zee (de)	jūra (s)	[juːra]
oceaan (de)	okeāns (v)	[ɔkeaːns]
golf (baai)	jūras līcis (v)	[juːras liːtsis]
straat (de)	jūras šaurums (v)	[juːras ʃaurums]
grond (vaste grond)	sauszeme (s)	[sauszɛme]
continent (het)	kontinents (v)	[kɔntinents]
eiland (het)	sala (s)	[sala]
schiereiland (het)	pussala (s)	[pusala]
archipel (de)	arhipelāgs (v)	[arxipɛlaːgs]
baai, bocht (de)	līcis (v)	[liːtsis]
haven (de)	osta (s)	[ɔsta]
lagune (de)	lagūna (s)	[laguːna]
kaap (de)	zemesrags (v)	[zɛmesrags]
atol (de)	atols (v)	[atɔls]
rif (het)	rifs (v)	[rifs]
koraal (het)	korallis (v)	[kɔrallis]
koraalrif (het)	koraļļu rifs (v)	[kɔrallʲu rifs]
diep (bn)	dziļš	[dzilʲʃ]
diepte (de)	dziļums (v)	[dzilʲums]
diepzee (de)	dzelme (s)	[dzelme]
trog (bijv. Marianentrog)	ieplaka (s)	[iɛplaka]
stroming (de)	straume (s)	[straume]
omspoelen (ww)	apskalot	[apskalɔt]
oever (de)	krasts (v)	[krasts]

kust (de)	piekraste (s)	[piɛkraste]
vloed (de)	paisums (v)	[paisums]
eb (de)	bēgums (v)	[bɛ:gums]
ondiepte (ondiep water)	sēklis (v)	[se:klis]
bodem (de)	gultne (s)	[gultne]

golf (hoge ~)	vilnis (v)	[vilnis]
golfkam (de)	viļņa mugura (s)	[viļʲņa mugura]
schuim (het)	putas (s)	[putas]

orkaan (de)	viesulis (v)	[viɛsulis]
tsunami (de)	cunami (v)	[tsunami]
windstilte (de)	bezvējš (v)	[bezve:jʃ]
kalm (bijv. ~e zee)	mierīgs	[miɛri:gs]

| pool (de) | pols (v) | [pols] |
| polair (bn) | polārais | [pola:rais] |

breedtegraad (de)	platums (v)	[platums]
lengtegraad (de)	garums (v)	[garums]
parallel (de)	paralēle (s)	[paralɛ:le]
evenaar (de)	ekvators (v)	[ekvatɔrs]

hemel (de)	debess (s)	[dɛbes]
horizon (de)	horizonts (v)	[xɔrizɔnts]
lucht (de)	gaiss (v)	[gais]

vuurtoren (de)	bāka (s)	[ba:ka]
duiken (ww)	nirt	[nirt]
zinken (ov. een boot)	nogrimt	[nɔgrimt]
schatten (mv.)	dārgumi (v dsk)	[da:rgumi]

199. Namen van zeeën en oceanen

Atlantische Oceaan (de)	Atlantijas okeāns (v)	[atlantijas ɔkea:ns]
Indische Oceaan (de)	Indijas okeāns (v)	[indijas ɔkea:ns]
Stille Oceaan (de)	Klusais okeāns (v)	[klusais ɔkea:ns]
Noordelijke IJszee (de)	Ziemeļu Ledus okeāns (v)	[ziɛmɛlʲu lɛdus ɔkea:ns]

Zwarte Zee (de)	Melnā jūra (s)	[melna: ju:ra]
Rode Zee (de)	Sarkanā jūra (s)	[sarkana: ju:ra]
Gele Zee (de)	Dzeltenā jūra (s)	[dzeltɛna: ju:ra]
Witte Zee (de)	Baltā jūra (s)	[balta: ju:ra]

Kaspische Zee (de)	Kaspijas jūra (s)	[kaspijas ju:ra]
Dode Zee (de)	Nāves jūra (s)	[na:ves ju:ra]
Middellandse Zee (de)	Vidusjūra (s)	[vidusju:ra]

| Egeïsche Zee (de) | Egejas jūra (s) | [ɛgejas ju:ra] |
| Adriatische Zee (de) | Adrijas jūra (s) | [adrijas ju:ra] |

Arabische Zee (de)	Arābijas jūra (s)	[ara:bijas ju:ra]
Japanse Zee (de)	Japāņu jūra (s)	[japa:ɲu ju:ra]
Beringzee (de)	Beringa jūra (s)	[beriŋga ju:ra]

Zuid-Chinese Zee (de)	Dienvidķīnas jūra (s)	[diɛnvidtʲiːnas juːra]
Koraalzee (de)	Koraļļu jūra (s)	[kɔralʲʲu juːra]
Tasmanzee (de)	Tasmāna jūra (s)	[tasmaːna juːra]
Caribische Zee (de)	Karību jūra (s)	[kariːbu juːra]

| Barentszzee (de) | Barenca jūra (s) | [barentsa juːra] |
| Karische Zee (de) | Karas jūra (s) | [karas juːra] |

Noordzee (de)	Ziemeļjūra (s)	[ziɛmelʲjuːra]
Baltische Zee (de)	Baltijas jūra (s)	[baltijas juːra]
Noorse Zee (de)	Norvēģu jūra (s)	[nɔrvɛːdʲu juːra]

200. Bergen

berg (de)	kalns (v)	[kalns]
bergketen (de)	kalnu virkne (s)	[kalnu virkne]
gebergte (het)	kalnu grēda (s)	[kalnu grɛːda]

bergtop (de)	virsotne (s)	[virsɔtne]
bergpiek (de)	smaile (s)	[smaile]
voet (ov. de berg)	pakāje (s)	[pakaːje]
helling (de)	nogāze (s)	[nɔgaːze]

vulkaan (de)	vulkāns (v)	[vulkaːns]
actieve vulkaan (de)	darvojošais vulkāns (v)	[darvɔjɔʃais vulkaːns]
uitgedoofde vulkaan (de)	nodzisušais vulkāns (v)	[nɔdzisuʃais vulkaːns]

uitbarsting (de)	izvirdums (v)	[izvirdums]
krater (de)	krāteris (v)	[kraːteris]
magma (het)	magma (s)	[magma]
lava (de)	lava (s)	[lava]
gloeiend (~e lava)	karstais	[karstais]

kloof (canyon)	kanjons (v)	[kanjɔns]
bergkloof (de)	aiza (s)	[aiza]
spleet (de)	plaisa (s)	[plaisa]
afgrond (de)	bezdibenis (v)	[bezdibenis]

bergpas (de)	pāreja (s)	[paːreja]
plateau (het)	plato (v)	[platɔ]
klip (de)	klints (s)	[klints]
heuvel (de)	pakalns (v)	[pakalns]

gletsjer (de)	ledājs (v)	[lɛdaːjs]
waterval (de)	ūdenskritums (v)	[uːdenskritums]
geiser (de)	geizers (v)	[gɛizɛrs]
meer (het)	ezers (v)	[ɛzɛrs]

vlakte (de)	līdzenums (v)	[liːdzenums]
landschap (het)	ainava (s)	[ainava]
echo (de)	atbalss (s)	[atbals]

| alpinist (de) | alpīnists (v) | [alpiːnists] |
| bergbeklimmer (de) | klinšu kāpējs (v) | [klinʃu kaːpeːjs] |

| trotseren (berg ~) | iekarot | [iɛkarɔt] |
| beklimming (de) | uzkāpšana (s) | [uzka:pʃana] |

201. Bergen namen

Alpen (de)	Alpi (v dsk)	[alpi]
Mont Blanc (de)	Monblāns (v)	[mɔnbla:ns]
Pyreneeën (de)	Pireneji (v dsk)	[pirɛneji]

Karpaten (de)	Karpati (v dsk)	[karpati]
Oeralgebergte (het)	Urālu kalni (v dsk)	[ura:lu kalni]
Kaukasus (de)	Kaukāzs (v)	[kauka:zs]
Elbroes (de)	Elbruss (v)	[elbrus]

Altaj (de)	Altaja kalni (v)	[altaja kalni]
Tiensjan (de)	Tjanšana kalni (v)	[tjanʃana kalni]
Pamir (de)	Pamirs (v)	[pamirs]
Himalaya (de)	Himalaji (v dsk)	[ximalaji]
Everest (de)	Everests (v)	[ɛvɛrests]

| Andes (de) | Andu kalni (v dsk) | [andu kalni] |
| Kilimanjaro (de) | Kilimandžaro (v) | [kilimandʒarɔ] |

202. Rivieren

rivier (de)	upe (s)	[upe]
bron (~ van een rivier)	ūdens avots (v)	[u:dens avɔts]
riverbedding (de)	gultne (s)	[gultne]
rivierbekken (het)	upes baseins (v)	[upes basɛins]
uitmonden in ...	ieplūst ...	[iɛplu:st ...]

| zijrivier (de) | pieteka (s) | [piɛtɛka] |
| oever (de) | krasts (v) | [krasts] |

stroming (de)	straume (s)	[straume]
stroomafwaarts (bw)	plūsmas lejtecē	[plu:smas lejtetse:]
stroomopwaarts (bw)	plūsmas augštecē	[plu:smas augʃtetse:]

overstroming (de)	plūdi (v dsk)	[plu:di]
overstroming (de)	pali (v dsk)	[pali]
buiten zijn oevers treden	pārplūst	[pa:rplu:st]
overstromen (ww)	appludināt	[appludina:t]

| zandbank (de) | sēklis (v) | [se:klis] |
| stroomversnelling (de) | krāce (s) | [kra:tse] |

dam (de)	dambis (v)	[dambis]
kanaal (het)	kanāls (v)	[kana:ls]
spaarbekken (het)	ūdenskrātuve (s)	[u:denskra:tuve]
sluis (de)	slūžas (s)	[slu:ʒas]
waterlichaam (het)	ūdenstilpe (s)	[u:denstilpe]
moeras (het)	purvs (v)	[purvs]

| broek (het) | staignājs (v) | [staigna:js] |
| draaikolk (de) | virpulis (v) | [virpulis] |

stroom (de)	strauts (v)	[strauts]
drink- (abn)	dzeramais	[dzɛramais]
zoet (~ water)	sājš	[sa:jʃ]

| IJs (het) | ledus (v) | [lɛdus] |
| bevriezen (rivier, enz.) | aizsalt | [aizsalt] |

203. Namen van rivieren

| Seine (de) | Sēna (s) | [sɛ:na] |
| Loire (de) | Luāra (s) | [lua:ra] |

Theems (de)	Temza (s)	[temza]
Rijn (de)	Reina (s)	[rɛina]
Donau (de)	Donava (s)	[dɔnava]

Wolga (de)	Volga (s)	[vɔlga]
Don (de)	Dona (s)	[dɔna]
Lena (de)	Ļena (s)	[lʲɛna]

Gele Rivier (de)	Huanhe (s)	[xuanxe]
Blauwe Rivier (de)	Jandzi (s)	[jandzi]
Mekong (de)	Mekonga (s)	[mekɔŋga]
Ganges (de)	Ganga (s)	[gaŋga]

Nijl (de)	Nīla (s)	[ni:la]
Kongo (de)	Kongo (s)	[kɔŋgɔ]
Okavango (de)	Okavango (s)	[ɔkavaŋgɔ]
Zambezi (de)	Zambezi (s)	[zambezi]
Limpopo (de)	Limpopo (s)	[limpɔpɔ]
Misissippi (de)	Misisipi (s)	[misisipi]

204. Bos

| bos (het) | mežs (v) | [meʒs] |
| bos- (abn) | meža | [meʒa] |

oerwoud (dicht bos)	meža biezoknis (v)	[meʒa biɛzɔknis]
bosje (klein bos)	birze (s)	[birze]
open plek (de)	nora (s)	[nɔra]

| struikgewas (het) | krūmājs (v) | [kru:ma:js] |
| struiken (mv.) | krūmi (v dsk) | [kru:mi] |

| paadje (het) | taciņa (s) | [tatsiɲa] |
| ravijn (het) | grava (s) | [grava] |

| boom (de) | koks (v) | [kɔks] |
| blad (het) | lapa (s) | [lapa] |

gebladerte (het)	lapas (s dsk)	[lapas]
vallende bladeren (mv.)	lapkritis (v)	[lapkritis]
vallen (ov. de bladeren)	lapas krīt	[lapas kri:t]
boomtop (de)	virsotne (s)	[virsɔtne]
tak (de)	zariņš (v)	[zariɲʃ]
ent (de)	zars (v)	[zars]
knop (de)	pumpurs (v)	[pumpurs]
naald (de)	skuja (s)	[skuja]
dennenappel (de)	čiekurs (v)	[tʃiɛkurs]
boom holte (de)	dobums (v)	[dɔbums]
nest (het)	ligzda (s)	[ligzda]
hol (het)	ala (s)	[ala]
stam (de)	stumbrs (v)	[stumbrs]
wortel (bijv. boom~s)	sakne (s)	[sakne]
schors (de)	miza (s)	[miza]
mos (het)	sūna (s)	[su:na]
ontwortelen (een boom)	atcelmot	[attselmɔt]
kappen (een boom ~)	cirst	[tsirst]
ontbossen (ww)	izcirst	[iztsirst]
stronk (de)	celms (v)	[tselms]
kampvuur (het)	ugunskurs (v)	[ugunskurs]
bosbrand (de)	ugunsgrēks (v)	[ugunsgre:ks]
blussen (ww)	dzēst	[dze:st]
boswachter (de)	mežinieks (v)	[meʒiniɛks]
bescherming (de)	augu aizsargāšana (s)	[augu aizsarga:ʃana]
beschermen (bijv. de natuur ~)	dabas aizsardzība	[dabas aizsardzi:ba]
stroper (de)	malumednieks (v)	[malumedniɛks]
val (de)	lamatas (s dsk)	[lamatas]
plukken (paddestoelen ~)	sēņot	[se:ɲɔt]
plukken (bessen ~)	ogot	[ɔgɔt]
verdwalen (de weg kwijt zijn)	apmaldīties	[apmaldi:tiɛs]

205. Natuurlijke hulpbronnen

natuurlijke rijkdommen (mv.)	dabas resursi (v dsk)	[dabas rɛsursi]
delfstoffen (mv.)	derīgie izrakteņi (v dsk)	[deri:giɛ izrakteɲi]
lagen (mv.)	iegulumi (v dsk)	[iɛgulumi]
veld (bijv. olie~)	atradne (s)	[atradne]
winnen (uit erts ~)	iegūt rūdu	[iɛgu:t ru:du]
winning (de)	ieguve (s)	[iɛguve]
erts (het)	rūda (s)	[ru:da]
mijn (bijv. kolenmijn)	raktuve (s)	[raktuve]
mijnschacht (de)	šahta (s)	[ʃaxta]
mijnwerker (de)	ogļracis (v)	[ɔglʲratsis]
gas (het)	gāze (s)	[ga:ze]

gasleiding (de)	gāzes vads (v)	[ga:zes vads]
olie (aardolie)	nafta (s)	[nafta]
olieleiding (de)	naftas vads (v)	[naftas vads]
oliebron (de)	naftas tornis (v)	[naftas tɔrnis]
boortoren (de)	urbjtornis (v)	[urbjtɔrnis]
tanker (de)	tankkuģis (v)	[tankkudʲis]

zand (het)	smiltis (s dsk)	[smiltis]
kalksteen (de)	kaļķakmens (v)	[kalʲtʲakmens]
grind (het)	grants (s)	[grants]
veen (het)	kūdra (s)	[ku:dra]
klei (de)	māls (v)	[ma:ls]
steenkool (de)	ogles (s dsk)	[ɔgles]

IJzer (het)	dzelzs (s)	[dzelzs]
goud (het)	zelts (v)	[zelts]
zilver (het)	sudrabs (v)	[sudrabs]
nikkel (het)	niķelis (v)	[nitʲelis]
koper (het)	varš (v)	[varʃ]

zink (het)	cinks (v)	[tsinks]
mangaan (het)	mangāns (v)	[maŋga:ns]
kwik (het)	dzīvsudrabs (v)	[dzi:vsudrabs]
lood (het)	svins (v)	[svins]

mineraal (het)	minerāls (v)	[minɛra:ls]
kristal (het)	kristāls (v)	[krista:ls]
marmer (het)	marmors (v)	[marmɔrs]
uraan (het)	urāns (v)	[ura:ns]

De Aarde. Deel 2

206. Weer

weer (het)	laiks (v)	[laiks]
weersvoorspelling (de)	laika prognoze (s)	[laika prognoze]
temperatuur (de)	temperatūra (s)	[temperatu:ra]
thermometer (de)	termometrs (v)	[termometrs]
barometer (de)	barometrs (v)	[barometrs]
vochtig (bn)	mitrs	[mitrs]
vochtigheid (de)	mitrums (v)	[mitrums]
hitte (de)	tveice (s)	[tvɛitse]
heet (bn)	karsts	[karsts]
het is heet	karsts laiks	[karsts laiks]
het is warm	silts laiks	[silts laiks]
warm (bn)	silts	[silts]
het is koud	auksts laiks	[auksts laiks]
koud (bn)	auksts	[auksts]
zon (de)	saule (s)	[saule]
schijnen (de zon)	spīd saule	[spi:d saule]
zonnig (~e dag)	saulains	[saulains]
opgaan (ov. de zon)	uzlēkt	[uzle:kt]
ondergaan (ww)	rietēt	[riɛte:t]
wolk (de)	mākonis (v)	[ma:konis]
bewolkt (bn)	mākoņains	[ma:koɲains]
regenwolk (de)	melns mākonis (v)	[melns ma:konis]
somber (bn)	apmācies	[apma:tsiɛs]
regen (de)	lietus (v)	[liɛtus]
het regent	līst lietus	[li:st liɛtus]
regenachtig (bn)	lietains	[liɛtains]
motregenen (ww)	smidzina	[smidzina]
plensbui (de)	stiprs lietus (v)	[stiprs liɛtus]
stortbui (de)	lietusgāze (s)	[liɛtusga:ze]
hard (bn)	stiprs	[stiprs]
plas (de)	peļķe (s)	[pelʲtʲe]
nat worden (ww)	samirkt	[samirkt]
mist (de)	migla (s)	[migla]
mistig (bn)	miglains	[miglains]
sneeuw (de)	sniegs (v)	[sniɛgs]
het sneeuwt	krīt sniegs	[kri:t sniɛgs]

207. Zwaar weer. Natuurrampen

noodweer (storm)	pērkona negaiss (v)	[pe:rkɔna nɛgais]
bliksem (de)	zibens (v)	[zibens]
flitsen (ww)	zibēt	[zibe:t]
donder (de)	pērkons (v)	[pe:rkɔns]
donderen (ww)	dārdēt	[da:rde:t]
het dondert	dārd pērkons	[da:rd pe:rkɔns]
hagel (de)	krusa (s)	[krusa]
het hagelt	krīt krusa	[kri:t krusa]
overstromen (ww)	appludināt	[appludina:t]
overstroming (de)	ūdens plūdi (v dsk)	[u:dens plu:di]
aardbeving (de)	zemestrīce (s)	[zɛmestri:tse]
aardschok (de)	trieciens (v)	[triɛtsiɛns]
epicentrum (het)	epicentrs (v)	[epitsentrs]
uitbarsting (de)	izvirdums (v)	[izvirdums]
lava (de)	lava (s)	[lava]
wervelwind (de)	virpuļvētra (s)	[virpulʲve:tra]
windhoos (de)	tornado (v)	[tɔrnadɔ]
tyfoon (de)	taifūns (v)	[taifu:ns]
orkaan (de)	viesulis (v)	[viɛsulis]
storm (de)	vētra (s)	[ve:tra]
tsunami (de)	cunami (v)	[tsunami]
cycloon (de)	ciklons (v)	[tsiklɔns]
onweer (het)	slikts laiks (v)	[slikts laiks]
brand (de)	ugunsgrēks (v)	[ugunsgre:ks]
ramp (de)	katastrofa (s)	[katastrɔfa]
meteoriet (de)	meteorīts (v)	[mɛteɔri:ts]
lawine (de)	lavīna (s)	[lavi:na]
sneeuwverschuiving (de)	sniega gāze (s)	[sniɛga ga:ze]
sneeuwjacht (de)	sniegputenis (v)	[sniɛgputenis]
sneeuwstorm (de)	sniega vētra (s)	[sniɛga ve:tra]

208. Geluiden. Geluiden

stilte (de)	klusums (v)	[klusums]
geluid (het)	skaņa (s)	[skaɲa]
lawaai (het)	troksnis (v)	[trɔksnis]
lawaai maken (ww)	trokšņot	[trɔkʃɲot]
lawaaierig (bn)	trokšņains	[trɔkʃɲains]
luid (~ spreken)	skaļi	[skalʲi]
luid (bijv. ~e stem)	skaļš	[skalʲʃ]
aanhoudend (voortdurend)	pastāvīgs	[pasta:vi:gs]

schreeuw (de)	kliedziens (v)	[kliɛdziɛns]
schreeuwen (ww)	kliegt	[kliɛgt]
gefluister (het)	čuksts (v)	[tʃuksts]
fluisteren (ww)	čukstēt	[tʃukste:t]

geblaf (het)	riešana (s)	[riɛʃana]
blaffen (ww)	riet	[riɛt]

gekreun (het)	vaids (v)	[vaids]
kreunen (ww)	vaidēt	[vaide:t]
hoest (de)	klepus (v)	[klɛpus]
hoesten (ww)	klepot	[klepɔt]

gefluit (het)	svilpošana (s)	[svilpɔʃana]
fluiten (op het fluitje blazen)	svilpot	[svilpɔt]
geklop (het)	klaudziens (v)	[klaudziɛns]
kloppen (aan een deur)	klauvēt	[klauve:t]

kraken (hout, ijs)	tarkšķēšana	[tarkʃtʲe:ʃana]
gekraak (het)	brakšķēšana (s)	[brakʃtʲe:ʃana]

sirene (de)	sirēna (s)	[sirɛ:na]
fluit (stoom ~)	taurēšana (s)	[taure:ʃana]
fluiten (schip, trein)	taurēt	[taure:t]
toeter (de)	signāls (v)	[signa:ls]
toeteren (ww)	signalizēt	[signalize:t]

209. Winter

winter (de)	ziema (s)	[ziɛma]
winter- (abn)	ziemas	[ziɛmas]
in de winter (bw)	ziemā	[ziɛma:]

sneeuw (de)	sniegs (v)	[sniɛgs]
het sneeuwt	krīt sniegs	[kri:t sniɛgs]
sneeuwval (de)	snigšana (s)	[snigʃana]
sneeuwhoop (de)	kupena (s)	[kupɛna]

sneeuwvlok (de)	sniegpārsla (s)	[sniɛgpa:rsla]
sneeuwbal (de)	sniedziņš (v)	[sniɛdziɳʃ]
sneeuwman (de)	sniegavīrs (v)	[sniɛgavi:rs]
IJspegel (de)	lāsteka (s)	[la:stɛka]

december (de)	decembris (v)	[detsembris]
januari (de)	janvāris (v)	[janva:ris]
februari (de)	februāris (v)	[februa:ris]

vorst (de)	sals (v)	[sals]
vries- (abn)	salts	[salts]

onder nul (bw)	zem nulles	[zem nulles]
eerste vorst (de)	salna (s)	[salna]
rijp (de)	sarma (s)	[sarma]
koude (de)	aukstums (v)	[aukstums]

het is koud	auksts laiks	[auksts laiks]
bontjas (de)	kažoks (v)	[kaʒɔks]
wanten (mv.)	dūraiņi (v dsk)	[duːraiɲi]

ziek worden (ww)	saslimt	[saslimt]
verkoudheid (de)	saaukstēšanās (s)	[saaukste:ʃanaːs]
verkouden raken (ww)	saaukstēties	[saaukste:tiɛs]

IJs (het)	ledus (v)	[lɛdus]
IJzel (de)	apledojums (v)	[apledɔjums]
bevriezen (rivier, enz.)	aizsalt	[aizsalt]
IJsschol (de)	ledus gabals (v)	[lɛdus gabals]

ski's (mv.)	slēpes (s dsk)	[slɛːpes]
skiër (de)	slēpotājs (v)	[sle:pɔta:js]
skiën (ww)	slēpot	[sle:pɔt]
schaatsen (ww)	slidot	[slidɔt]

Fauna

210. Zoogdieren. Roofdieren

roofdier (het)	plēsoņa (s)	[ple:soɲa]
tijger (de)	tīģeris (v)	[ti:dʲeris]
leeuw (de)	lauva (s)	[lauva]
wolf (de)	vilks (v)	[vilks]
vos (de)	lapsa (s)	[lapsa]
jaguar (de)	jaguārs (v)	[jagua:rs]
luipaard (de)	leopards (v)	[leɔpards]
jachtluipaard (de)	gepards (v)	[gɛpards]
panter (de)	pantera (s)	[pantɛra]
poema (de)	puma (s)	[puma]
sneeuwluipaard (de)	sniega leopards (v)	[sniɛga leɔpards]
lynx (de)	lūsis (v)	[lu:sis]
coyote (de)	koijots (v)	[kɔijɔts]
jakhals (de)	šakālis (v)	[ʃaka:lis]
hyena (de)	hiēna (s)	[xiɛ:na]

211. Wilde dieren

dier (het)	dzīvnieks (v)	[dzi:vniɛks]
beest (het)	zvērs (v)	[zvɛ:rs]
eekhoorn (de)	vāvere (s)	[va:vɛre]
egel (de)	ezis (v)	[ɛzis]
haas (de)	zaķis (v)	[zatʲis]
konijn (het)	trusis (v)	[trusis]
das (de)	āpsis (v)	[a:psis]
wasbeer (de)	jenots (v)	[jenots]
hamster (de)	kāmis (v)	[ka:mis]
marmot (de)	murkšķis (v)	[murkʃtʲis]
mol (de)	kurmis (v)	[kurmis]
muis (de)	pele (s)	[pɛle]
rat (de)	žurka (s)	[ʒurka]
vleermuis (de)	sikspārnis (v)	[sikspa:rnis]
hermelijn (de)	sermulis (v)	[sermulis]
sabeldier (het)	sabulis (v)	[sabulis]
marter (de)	cauna (s)	[tsauna]
wezel (de)	zebiekste (s)	[zebiɛkste]
nerts (de)	ūdele (s)	[u:dɛle]

| bever (de) | bebrs (v) | [bebrs] |
| otter (de) | ūdrs (v) | [u:drs] |

paard (het)	zirgs (v)	[zirgs]
eland (de)	alnis (v)	[alnis]
hert (het)	briedis (v)	[briɛdis]
kameel (de)	kamielis (v)	[kamiɛlis]

bizon (de)	bizons (v)	[bizɔns]
oeros (de)	sumbrs (v)	[sumbrs]
buffel (de)	bifelis (v)	[bifelis]

zebra (de)	zebra (s)	[zebra]
antilope (de)	antilope (s)	[antilɔpe]
ree (de)	stirna (s)	[stirna]
damhert (het)	dambriedis (v)	[dambriɛdis]
gems (de)	kalnu kaza (s)	[kalnu kaza]
everzwijn (het)	mežacūka (s)	[meʒatsu:ka]

walvis (de)	valis (v)	[valis]
rob (de)	ronis (v)	[rɔnis]
walrus (de)	valzirgs (v)	[valzirgs]
zeehond (de)	kotiks (v)	[kɔtiks]
dolfijn (de)	delfīns (v)	[delfi:ns]

beer (de)	lācis (v)	[la:tsis]
IJsbeer (de)	baltais lācis (v)	[baltais la:tsis]
panda (de)	panda (s)	[panda]

aap (de)	pērtiķis (v)	[pe:rtitʲis]
chimpansee (de)	šimpanze (s)	[ʃimpanze]
orang-oetan (de)	orangutāns (v)	[ɔraŋguta:ns]
gorilla (de)	gorilla (s)	[gɔrilla]
makaak (de)	makaks (v)	[makaks]
gibbon (de)	gibons (v)	[gibɔns]

olifant (de)	zilonis (v)	[zilɔnis]
neushoorn (de)	degunradzis (v)	[dɛgunradzis]
giraffe (de)	žirafe (s)	[ʒirafe]
nijlpaard (het)	nīlzirgs (v)	[ni:lzirɡs]

| kangoeroe (de) | ķengurs (v) | [tʲeŋgurs] |
| koala (de) | koala (s) | [kɔala] |

mangoest (de)	mangusts (v)	[maŋgusts]
chinchilla (de)	šinšilla (s)	[ʃinʃilla]
stinkdier (het)	skunkss (v)	[skunks]
stekelvarken (het)	dzeloņcūka (s)	[dzelɔɲtsu:ka]

212. Huisdieren

poes (de)	kaķis (v)	[katʲis]
kater (de)	runcis (v)	[runtsis]
hond (de)	suns (v)	[suns]

paard (het)	zirgs (v)	[zirgs]
hengst (de)	ērzelis (v)	[e:rzelis]
merrie (de)	ķēve (s)	[tʲɛ:ve]

koe (de)	govs (s)	[gɔvs]
stier (de)	bullis (v)	[bullis]
os (de)	vērsis (v)	[vɛ:rsis]

schaap (het)	aita (s)	[aita]
ram (de)	auns (v)	[auns]
geit (de)	kaza (s)	[kaza]
bok (de)	āzis (v)	[a:zis]

| ezel (de) | ēzelis (v) | [ɛ:zelis] |
| muilezel (de) | mūlis (v) | [mu:lis] |

varken (het)	cūka (s)	[tsu:ka]
biggetje (het)	sivēns (v)	[sive:ns]
konijn (het)	trusis (v)	[trusis]

| kip (de) | vista (s) | [vista] |
| haan (de) | gailis (v) | [gailis] |

eend (de)	pīle (s)	[pi:le]
woerd (de)	pīļtēviņš (v)	[pi:lʲte:viɲʃ]
gans (de)	zoss (s)	[zɔs]

| kalkoen haan (de) | tītars (v) | [ti:tars] |
| kalkoen (de) | tītaru mātīte (s) | [ti:taru ma:ti:te] |

huisdieren (mv.)	mājdzīvnieki (v dsk)	[ma:jdzi:vniɛki]
tam (bijv. hamster)	pieradināts	[piɛradina:ts]
temmen (tam maken)	pieradināt	[piɛradina:t]
fokken (bijv. paarden ~)	audzēt	[audze:t]

boerderij (de)	saimniecība (s)	[saimniɛtsi:ba]
gevogelte (het)	mājputni (v dsk)	[ma:jputni]
rundvee (het)	liellopi (v dsk)	[liɛllɔpi]
kudde (de)	ganāmpulks (v)	[gana:mpulks]

paardenstal (de)	zirgu stallis (v)	[zirgu stallis]
zwijnenstal (de)	cūkkūts (s)	[tsu:kku:ts]
koeienstal (de)	kūts (s)	[ku:ts]
konijnenhok (het)	trušu būda (s)	[truʃu bu:da]
kippenhok (het)	vistu kūts (s)	[vistu ku:ts]

213. Honden. Hondenrassen

hond (de)	suns (v)	[suns]
herdershond (de)	aitu suns (v)	[aitu suns]
Duitse herdershond (de)	vācu aitu suns (v)	[va:tsu aitu suns]
poedel (de)	pūdelis (v)	[pu:delis]
teckel (de)	taksis (v)	[taksis]
buldog (de)	buldogs (v)	[buldɔgs]

boxer (de)	bokseris (v)	[bokseris]
mastiff (de)	mastifs (v)	[mastifs]
rottweiler (de)	rotveilers (v)	[rotvɛilɛrs]
doberman (de)	dobermanis (v)	[dɔbermanis]

basset (de)	basets (v)	[basets]
bobtail (de)	bobteils (v)	[bobtɛils]
dalmatiër (de)	dalmācietis (v)	[dalma:tsiɛtis]
cockerspaniël (de)	kokerspaniels (v)	[kɔkɛrspaniɛls]

| newfoundlander (de) | ņūfaundlends (v) | [ɲu:faundlends] |
| sint-bernard (de) | sanbernārs (v) | [sanberna:rs] |

poolhond (de)	haskijs (v)	[xaskijs]
chowchow (de)	čau-čau (v)	[tʃau-tʃau]
spits (de)	špics (v)	[ʃpits]
mopshond (de)	mopsis (v)	[mɔpsis]

214. Dierengeluiden

geblaf (het)	riešana (s)	[riɛʃana]
blaffen (ww)	riet	[riɛt]
miauwen (ww)	ņaudēšana	[ɲaude:ʃana]
spinnen (katten)	ņaudēt	[ɲaude:t]

loeien (ov. een koe)	maurot	[maurɔt]
brullen (stier)	aurot	[aurɔt]
grommen (ov. de honden)	rūkt	[ru:kt]

gehuil (het)	kauciens (v)	[kautsiɛns]
huilen (wolf, enz.)	kaukt	[kaukt]
janken (ov. een hond)	smilkstēt	[smilkste:t]

mekkeren (schapen)	mēt	[me:t]
knorren (varkens)	rukšķēt	[rukʃʲe:t]
gillen (bijv. varken)	kviekt	[kviɛkt]

kwaken (kikvorsen)	kurkstēt	[kurkste:ʃ]
zoemen (hommel, enz.)	dūkt	[du:kt]
tjirpen (sprinkhanen)	sisināt	[sisina:t]

215. Jonge dieren

jong (het)	mazulis (v)	[mazulis]
poesje (het)	kaķēns (v)	[katʲe:ns]
muisje (het)	pelēns (v)	[pɛle:ns]
puppy (de)	kucēns (v)	[kutse:ns]

jonge haas (de)	zaķēns (v)	[zatʲe:ns]
konijntje (het)	trusēns (v)	[truse:ns]
wolfje (het)	vilcēns (v)	[viltse:ns]
vosje (het)	lapsēns (v)	[lapse:ns]

beertje (het)	lācēns (v)	[la:tse:ns]
leeuwenjong (het)	lauvēns (v)	[lauve:ns]
tijgertje (het)	tīģerēns (v)	[ti:dʲɛre:ns]
olifantenjong (het)	zilonēns (v)	[zilɔne:ns]

biggetje (het)	sivēns (v)	[sive:ns]
kalf (het)	teļš (v)	[teʲʃ]
geitje (het)	kazlēns (v)	[kazle:ns]
lam (het)	jērs (v)	[je:rs]
reekalf (het)	stirnēns (v)	[stirne:ns]
jonge kameel (de)	kamielēns (v)	[kamiɛle:ns]

slangenjong (het)	čūskulēns (v)	[tʃu:skule:ns]
kikkertje (het)	vardulēns (v)	[vardule:ns]

vogeltje (het)	putnēns (v)	[putne:ns]
kuiken (het)	cālis (v)	[tsa:lis]
eendje (het)	pīlēns (v)	[pi:le:ns]

216. Vogels

vogel (de)	putns (v)	[putns]
duif (de)	balodis (v)	[balɔdis]
mus (de)	zvirbulis (v)	[zvirbulis]
koolmees (de)	zīlīte (s)	[zi:li:te]
ekster (de)	žagata (s)	[ʒagata]

raaf (de)	krauklis (v)	[krauklis]
kraai (de)	vārna (s)	[va:rna]
kauw (de)	kovārnis (v)	[kɔva:rnis]
roek (de)	krauķis (v)	[krautʲis]

eend (de)	pīle (s)	[pi:le]
gans (de)	zoss (s)	[zɔs]
fazant (de)	fazāns (v)	[faza:ns]

arend (de)	ērglis (v)	[e:rglis]
havik (de)	vanags (v)	[vanags]
valk (de)	piekūns (v)	[piɛku:ns]
gier (de)	grifs (v)	[grifs]
condor (de)	kondors (v)	[kɔndɔrs]

zwaan (de)	gulbis (v)	[gulbis]
kraanvogel (de)	dzērve (s)	[dze:rve]
ooievaar (de)	stārķis (v)	[sta:rtʲis]

papegaai (de)	papagailis (v)	[papagailis]
kolibrie (de)	kolibri (v)	[kɔlibri]
pauw (de)	pāvs (v)	[pa:vs]

struisvogel (de)	strauss (v)	[straus]
reiger (de)	gārnis (v)	[ga:rnis]
flamingo (de)	flamings (v)	[flamiŋgs]
pelikaan (de)	pelikāns (v)	[pelika:ns]

| nachtegaal (de) | lakstīgala (s) | [laksti:gala] |
| zwaluw (de) | bezdelīga (s) | [bezdeli:ga] |

lijster (de)	strazds (v)	[strazds]
zanglijster (de)	dziedātājstrazds (v)	[dziɛda:ta:jstrazds]
merel (de)	melnais strazds (v)	[melnais strazds]

gierzwaluw (de)	svīre (s)	[svi:re]
leeuwerik (de)	cīrulis (v)	[tsi:rulis]
kwartel (de)	paipala (s)	[paipala]

specht (de)	dzenis (v)	[dzenis]
koekoek (de)	dzeguze (s)	[dzɛguze]
uil (de)	pūce (s)	[pu:tse]
oehoe (de)	ūpis (v)	[u:pis]
auerhoen (het)	mednis (v)	[mednis]
korhoen (het)	rubenis (v)	[rubenis]
patrijs (de)	irbe (s)	[irbe]

spreeuw (de)	mājas strazds (v)	[ma:jas strazds]
kanarie (de)	kanārijputniņš (v)	[kana:rijputniɲ]
hazelhoen (het)	meža irbe (s)	[meʒa irbe]
vink (de)	žubīte (s)	[ʒubi:te]
goudvink (de)	svilpis (v)	[svilpis]

meeuw (de)	kaija (s)	[kaija]
albatros (de)	albatross (v)	[albatrɔs]
pinguïn (de)	pingvīns (v)	[piŋgvi:ns]

217. Vogels. Zingen en geluiden

fluiten, zingen (ww)	dziedāt	[dziɛda:t]
schreeuwen (dieren, vogels)	klaigāt	[klaiga:t]
kraaien (ov. een haan)	dziedāt	[dziɛda:t]
kukeleku	kikerigī	[kikerigi:]

klokken (hen)	kladzināt	[kladzina:t]
krassen (kraai)	ķērkt	[tʲe:rkt]
kwaken (eend)	pēkšķēt	[pe:kʃtʲe:t]
piepen (kuiken)	čiepstēt	[tʃiɛpste:t]
tjilpen (bijv. een mus)	čivināt	[tʃivina:t]

218. Vis. Zeedieren

brasem (de)	plaudis (v)	[plaudis]
karper (de)	karpa (s)	[karpa]
baars (de)	asaris (v)	[asaris]
meerval (de)	sams (v)	[sams]
snoek (de)	līdaka (s)	[li:daka]

| zalm (de) | lasis (v) | [lasis] |
| steur (de) | store (s) | [stɔre] |

haring (de)	siļķe (s)	[silʲtʲe]
atlantische zalm (de)	lasis (v)	[lasis]
makreel (de)	skumbrija (s)	[skumbrija]
platvis (de)	bute (s)	[bute]

snoekbaars (de)	zandarts (v)	[zandarts]
kabeljauw (de)	menca (s)	[mentsa]
tonijn (de)	tuncis (v)	[tuntsis]
forel (de)	forele (s)	[fɔrɛle]

paling (de)	zutis (v)	[zutis]
sidderrog (de)	elektriskā raja (s)	[ɛlektriska: raja]
murene (de)	murēna (s)	[murɛ:na]
piranha (de)	piraija (s)	[piraija]

haai (de)	haizivs (s)	[xaizivs]
dolfijn (de)	delfīns (v)	[delfi:ns]
walvis (de)	valis (v)	[valis]

krab (de)	krabis (v)	[krabis]
kwal (de)	medūza (s)	[mɛdu:za]
octopus (de)	astoņkājis (v)	[astɔɲka:jis]

zeester (de)	jūras zvaigzne (s)	[ju:ras zvaigzne]
zee-egel (de)	jūras ezis (v)	[ju:ras ezis]
zeepaardje (het)	jūras zirdziņš (v)	[ju:ras zirdziɲʃ]

oester (de)	austere (s)	[austɛre]
garnaal (de)	garnele (s)	[garnɛle]
kreeft (de)	omārs (v)	[ɔma:rs]
langoest (de)	langusts (v)	[laŋgusts]

219. Amfibieën. Reptielen

| slang (de) | čūska (s) | [tʃu:ska] |
| giftig (slang) | indīga | [indi:ga] |

adder (de)	odze (s)	[ɔdze]
cobra (de)	kobra (s)	[kɔbra]
python (de)	pitons (v)	[pitɔns]
boa (de)	žņaudzējčūska (s)	[ʒɲaudze:jtʃu:ska]

ringslang (de)	zalktis (v)	[zalktis]
ratelslang (de)	klaburčūska (s)	[klaburtʃu:ska]
anaconda (de)	anakonda (s)	[anakɔnda]

hagedis (de)	ķirzaka (s)	[tʲirzaka]
leguaan (de)	iguāna (s)	[igua:na]
varaan (de)	varāns (v)	[vara:ns]
salamander (de)	salamandra (s)	[salamandra]
kameleon (de)	hameleons (v)	[xamɛleɔns]
schorpioen (de)	skorpions (v)	[skɔrpiɔns]
schildpad (de)	bruņurupucis (v)	[bruɲuruputsis]
kikker (de)	varde (s)	[varde]

| pad (de) | krupis (v) | [krupis] |
| krokodil (de) | krokodils (v) | [krɔkɔdils] |

220. Insecten

insect (het)	kukainis (v)	[kukainis]
vlinder (de)	taurenis (v)	[taurenis]
mier (de)	skudra (s)	[skudra]
vlieg (de)	muša (s)	[muʃa]
mug (de)	ods (v)	[ɔds]
kever (de)	vabole (s)	[vabɔle]

wesp (de)	lapsene (s)	[lapsɛne]
bij (de)	bite (s)	[bite]
hommel (de)	kamene (s)	[kamɛne]
horzel (de)	dundurs (v)	[dundurs]

| spin (de) | zirneklis (v) | [zirneklis] |
| spinnenweb (het) | zirnekļtīkls (v) | [zirneklʲtiːkls] |

libel (de)	spāre (s)	[spaːre]
sprinkhaan (de)	sienāzis (v)	[siɛnaːzis]
nachtvlinder (de)	tauriņš (v)	[tauriɳʃ]

kakkerlak (de)	prusaks (v)	[prusaks]
mijt (de)	ērce (s)	[eːrtse]
vlo (de)	blusa (s)	[blusa]
kriebelmug (de)	knislis (v)	[knislis]

treksprinkhaan (de)	sisenis (v)	[sisenis]
slak (de)	gliemezis (v)	[gliɛmezis]
krekel (de)	circenis (v)	[tsirtsenis]
glimworm (de)	jāņtārpiņš (v)	[jaːɲtaːrpiɳʃ]
lieveheersbeestje (het)	mārīte (s)	[maːriːte]
meikever (de)	maijvabole (s)	[maijvabɔle]

bloedzuiger (de)	dēle (s)	[dɛːle]
rups (de)	kāpurs (v)	[kaːpurs̩]
aardworm (de)	tārps (v)	[taːrps]
larve (de)	kāpurs (v)	[kaːpurs]

221. Dieren. Lichaamsdelen

snavel (de)	knābis (v)	[knaːbis]
vleugels (mv.)	spārni (v dsk)	[spaːrni]
poot (ov. een vogel)	putna kāja (s)	[putna kaːja]
verenkleed (het)	apspalvojums (v)	[apspalvɔjums]
veer (de)	putna spalva (s)	[putna spalva]
kuifje (het)	cekuliņš (v)	[tsɛkuliɳʃ]

| kieuwen (mv.) | žaunas (s dsk) | [ʒaunas] |
| kuit, dril (de) | ikri (v dsk) | [ikri] |

larve (de)	kāpurs (v)	[ka:purs]
vin (de)	spura (s)	[spura]
schubben (mv.)	zvīņas (s dsk)	[zvi:ɲas]

slagtand (de)	ilknis (v)	[ilknis]
poot (bijv. ~ van een kat)	ķepa (s)	[tʲɛpa]
muil (de)	purns (v)	[purns]
bek (mond van dieren)	rīkle (s)	[ri:kle]
staart (de)	aste (s)	[aste]
snorharen (mv.)	ūsas (s dsk)	[u:sas]

| hoef (de) | nags (v) | [nags] |
| hoorn (de) | rags (v) | [rags] |

schild (schildpad, enz.)	bruņas (s dsk)	[bruɲas]
schelp (de)	gliemežvāks (v)	[gliɛmeʒva:ks]
eierschaal (de)	čaula (s)	[tʃaula]

| vacht (de) | vilna (s) | [vilna] |
| huid (de) | āda (s) | [a:da] |

222. Acties van de dieren

| vliegen (ww) | lidot | [lidɔt] |
| cirkelen (vogel) | mest līkumus | [mest li:kumus] |

| wegvliegen (ww) | aizlidot | [aizlidɔt] |
| klapwieken (ww) | vēcināt spārnus | [ve:tsina:t spa:rnus] |

| pikken (vogels) | knābāt | [kna:ba:t] |
| broeden (de eend zit te ~) | perēt | [pɛre:t] |

| uitbroeden (ww) | izšķilties | [izʃtʲiltiɛs] |
| een nest bouwen | vīt ligzdu | [vi:t ligzdu] |

kruipen (ww)	rāpot	[ra:pɔt]
steken (bij)	iedzelt	[iɛdzelt]
bijten (de hond, enz.)	kosties	[kɔstiɛs]

snuffelen (ov. de dieren)	ostīt	[ɔsti:t]
blaffen (ww)	riet	[riɛt]
sissen (slang)	šņākt	[ʃɲa:kt]

| doen schrikken (ww) | biedēt | [biɛde:t] |
| aanvallen (ww) | uzbrukt | [uzbrukt] |

knagen (ww)	grauzt	[grauzt]
schrammen (ww)	skrāpēt	[skra:pe:t]
zich verbergen (ww)	slēpties	[sle:ptiɛs]

spelen (ww)	spēlēt	[spɛ:le:t]
jagen (ww)	medīt	[medi:t]
winterslapen	gulēt	[gule:t]
uitsterven (dinosauriërs, enz.)	izmirt	[izmirt]

223. Dieren. Leefomgevingen

leefgebied (het)	dabiskā vide (s)	[dabiska: vide]
migratie (de)	migrācija (s)	[migra:tsija]
berg (de)	kalns (v)	[kalns]
rif (het)	rifs (v)	[rifs]
klip (de)	klints (s)	[klints]
bos (het)	mežs (v)	[meʒs]
jungle (de)	džungļi (v dsk)	[dʒunglʲi]
savanne (de)	savanna (s)	[savanna]
toendra (de)	tundra (s)	[tundra]
steppe (de)	stepe (s)	[stɛpe]
woestijn (de)	tuksnesis (v)	[tuksnesis]
oase (de)	oāze (s)	[ɔa:ze]
zee (de)	jūra (s)	[ju:ra]
meer (het)	ezers (v)	[ɛzɛrs]
oceaan (de)	okeāns (v)	[ɔkea:ns]
moeras (het)	purvs (v)	[purvs]
zoetwater- (abn)	saldūdens	[saldu:dens]
vijver (de)	dīķis (v)	[di:tʲis]
rivier (de)	upe (s)	[upe]
berenhol (het)	midzenis (v)	[midzenis]
nest (het)	ligzda (s)	[ligzda]
boom holte (de)	dobums (v)	[dɔbums]
hol (het)	ala (s)	[ala]
mierenhoop (de)	skudru pūznis (v)	[skudru pu:znis]

224. Dierverzorging

dierentuin (de)	zoodārzs (v)	[zɔɔda:rzs]
natuurreservaat (het)	rezervāts (v)	[rɛzɛrva:ts]
fokkerij (de)	audzētava (s)	[audzɛ:tava]
openluchtkooi (de)	sprosts (v)	[sprɔsts]
kooi (de)	būris (v)	[bu:ris]
hondenhok (het)	būda (s)	[bu:da]
duiventil (de)	baložu mājiņa (s)	[balɔʒu ma:jiɳa]
aquarium (het)	akvārijs (v)	[akva:rijs]
dolfinarium (het)	delfinārijs (v)	[delfina:rijs]
fokken (bijv. honden ~)	audzēt dzīvniekus	[audzе:t dzi:vniɛkus]
nakomelingen (mv.)	pēcnācējs (v)	[pe:tsna:tse:js]
temmen (tam maken)	pieradināt	[piɛradina:t]
dresseren (ww)	dresēt	[drɛse:t]
voeding (de)	barība (s)	[bari:ba]
voederen (ww)	barot	[barɔt]

dierenwinkel (de)	zooveikals (v)	[zɔɔvɛikals]
muilkorf (de)	uzpurnis (v)	[uzpurnis]
halsband (de)	kakla siksna (s)	[kakla siksna]
naam (ov. een dier)	dzīvnieka vārds (v)	[dziːvniɛka vaːrds]
stamboom (honden met ~)	raduraksti (v dsk)	[raduraksti]

225. Dieren. Diversen

meute (wolven)	bars (v)	[bars]
zwerm (vogels)	putnu bars (v)	[putnu bars]
school (vissen)	zivju bars (v)	[zivju bars]
kudde (wilde paarden)	zirgu bars (v)	[zirgu bars]

mannetje (het)	tēviņš (v)	[teːviɲʃ]
vrouwtje (het)	mātīte (s)	[maːtiːte]

hongerig (bn)	izsalcis	[izsaltsis]
wild (bn)	savvaļas	[savvaljas]
gevaarlijk (bn)	bīstams	[biːstams]

226. Paarden

paard (het)	zirgs (v)	[zirgs]
ras (het)	šķirne (s)	[ʃtjirne]

veulen (het)	kumeļš (v)	[kumeljʃ]
merrie (de)	ķēve (s)	[tjɛːve]

mustang (de)	mustangs (v)	[mustaŋgs]
pony (de)	ponijs (v)	[pɔnijs]
koudbloed (de)	vezumnieks (v)	[vɛzumniɛks]

manen (mv.)	krēpes (s dsk)	[krɛːpes]
staart (de)	aste (s)	[aste]

hoef (de)	nags (v)	[nags]
hoefijzer (het)	pakavs (v)	[pakavs]
beslaan (ww)	apkalt	[apkalt]
paardensmid (de)	kalējs (v)	[kaleːjs]

zadel (het)	segli (v dsk)	[segli]
stijgbeugel (de)	seglu kāpslis (v)	[seglu kaːpslis]
breidel (de)	iemaukti (v dsk)	[iɛmaukti]
leidsels (mv.)	groži (v dsk)	[grɔʒi]
zweep (de)	pletne (s)	[pletne]

ruiter (de)	jātnieks (v)	[jaːtniɛks]
zadelen (ww)	apseglot	[apseglɔt]
een paard bestijgen	sēsties seglos	[seːsties seglɔs]

galop (de)	aulekši (v dsk)	[aulekʃi]
galopperen (ww)	auļot	[auljɔt]

draf (de)	**rikši** (v dsk)	[rikʃi]
in draf (bw)	**rikšiem**	[rikʃiem]
draven (ww)	**jāt rikšiem**	[ja:t rikʃiem]
renpaard (het)	**sacīkšu zirgs** (v)	[satsi:kʃu zirgs]
paardenrace (de)	**zirgu skriešanās**	[zirgu skriɛʃana:s
	sacīkstes (s dsk)	satsi:kstes]
paardenstal (de)	**zirgu stallis** (v)	[zirgu stallis]
voederen (ww)	**barot**	[barɔt]
hooi (het)	**siens** (v)	[siɛns]
water geven (ww)	**dzirdināt**	[dzirdina:t]
wassen (paard ~)	**kopt**	[kɔpt]
paardenkar (de)	**zirga pajūgs** (v)	[zirga paju:gs]
grazen (gras eten)	**ganīties**	[gani:tiɛs]
hinniken (ww)	**zviegt**	[zviɛgt]
een trap geven	**iespert**	[iɛspert]

Flora

227. Bomen

boom (de)	koks (v)	[kɔks]
loof- (abn)	lapu koks	[lapu kɔks]
dennen- (abn)	skujkoks	[skujkɔks]
groenblijvend (bn)	mūžzaļš	[muːʒzalʲʃ]
appelboom (de)	ābele (s)	[aːbɛle]
perenboom (de)	bumbiere (s)	[bumbiɛre]
zoete kers (de)	saldais ķirsis (v)	[saldais tʲirsis]
zure kers (de)	skābais ķirsis (v)	[skaːbais tʲirsis]
pruimelaar (de)	plūme (s)	[pluːme]
berk (de)	bērzs (v)	[beːrzs]
eik (de)	ozols (v)	[ɔzɔls]
linde (de)	liepa (s)	[liɛpa]
esp (de)	apse (s)	[apse]
esdoorn (de)	kļava (s)	[klʲava]
spar (de)	egle (s)	[egle]
den (de)	priede (s)	[priɛde]
lariks (de)	lapegle (s)	[lapegle]
zilverspar (de)	dižegle (s)	[diʒegle]
ceder (de)	ciedrs (v)	[tsiɛdrs]
populier (de)	papele (s)	[papɛle]
lijsterbes (de)	pīlādzis (v)	[piːlaːdzis]
wilg (de)	vītols (v)	[viːtɔls]
els (de)	alksnis (v)	[alksnis]
beuk (de)	dižskābardis (v)	[diʒskaːbardis]
iep (de)	vīksna (s)	[viːksna]
es (de)	osis (v)	[ɔsis]
kastanje (de)	kastaņa (s)	[kastaɲa]
magnolia (de)	magnolija (s)	[magnɔlija]
palm (de)	palma (s)	[palma]
cipres (de)	ciprese (s)	[tsiprɛse]
mangrove (de)	mango koks (v)	[maŋgɔ kɔks]
baobab (apenbroodboom)	baobabs (v)	[baɔbabs]
eucalyptus (de)	eikalipts (v)	[ɛikalipts]
mammoetboom (de)	sekvoja (s)	[sekvɔja]

228. Heesters

struik (de)	krūms (v)	[kruːms]
heester (de)	krūmājs (v)	[kruːmaːjs]

| wijnstok (de) | vīnogas (v) | [vi:nɔgas] |
| wijngaard (de) | vīnogulājs (v) | [vi:nɔgula:js] |

frambozenstruik (de)	avenājs (v)	[avɛna:js]
zwarte bes (de)	upeņu krūms (v)	[upɛɲu kru:ms]
rode bessenstruik (de)	sarkano jāņogu krūms (v)	[sarkanɔ ja:ɲɔgu kru:ms]
kruisbessenstruik (de)	ērkšķogu krūms (v)	[e:rkʃtʲɔgu kru:ms]

acacia (de)	akācija (s)	[aka:tsija]
zuurbes (de)	bārbele (s)	[ba:rbɛle]
jasmijn (de)	jasmīns (v)	[jasmi:ns]

jeneverbes (de)	kadiķis (v)	[kaditʲis]
rozenstruik (de)	rožu krūms (v)	[rɔʒu kru:ms]
hondsroos (de)	mežroze (s)	[meʒrɔze]

229. Champignons

paddenstoel (de)	sēne (s)	[sɛ:ne]
eetbare paddenstoel (de)	ēdama sēne (s)	[ɛ:dama sɛ:ne]
giftige paddenstoel (de)	indīga sēne (s)	[indi:ga sɛ:ne]
hoed (de)	sēnes galviņa (s)	[sɛ:nes galviɲa]
steel (de)	sēnes kājiņa (s)	[sɛ:nes ka:jiɲa]

gewoon eekhoorntjesbrood (het)	baravika (s)	[baravika]
rosse populierenboleet (de)	apšu beka (s)	[apʃu bɛka]
berkenboleet (de)	bērzu beka (s)	[be:rzu bɛka]
cantharel (de)	gailene (s)	[gailɛne]
russula (de)	bērzlape (s)	[be:rzlape]

morille (de)	lāčpurnis (v)	[la:tʃpurnis]
vliegenzwam (de)	mušmire (s)	[muʃmire]
groene knolzwam (de)	suņu sēne (s)	[suɲu sɛ:ne]

230. Vruchten. Bessen

vrucht (de)	auglis (v)	[auglis]
vruchten (mv.)	augļi (v dsk)	[auglʲi]
appel (de)	ābols (v)	[a:bols]
peer (de)	bumbieris (v)	[bumbiɛris]
pruim (de)	plūme (s)	[plu:me]

aardbei (de)	zemene (s)	[zɛmɛne]
zure kers (de)	skābais ķirsis (v)	[ska:bais tʲirsis]
zoete kers (de)	saldais ķirsis (v)	[saldais tʲirsis]
druif (de)	vīnoga (s)	[vi:nɔga]

framboos (de)	avene (s)	[avɛne]
zwarte bes (de)	upene (s)	[upɛne]
rode bes (de)	sarkanā jāņoga (s)	[sarkana: ja:ɲɔga]
kruisbes (de)	ērkšķoga (s)	[e:rkʃtʲɔga]

veenbes (de)	dzērvene (s)	[dze:rvɛne]
sinaasappel (de)	apelsīns (v)	[apɛlsi:ns]
mandarijn (de)	mandarīns (v)	[mandari:ns]
ananas (de)	ananāss (v)	[anana:s]
banaan (de)	banāns (v)	[bana:ns]
dadel (de)	datele (s)	[datɛle]

citroen (de)	citrons (v)	[tsitrɔns]
abrikoos (de)	aprikoze (s)	[aprikɔze]
perzik (de)	persiks (v)	[pɛrsiks]
kiwi (de)	kivi (v)	[kivi]
grapefruit (de)	greipfrūts (v)	[grɛipfru:ts]

bes (de)	oga (s)	[ɔga]
bessen (mv.)	ogas (s dsk)	[ɔgas]
vossenbes (de)	brūklene (s)	[bru:klɛne]
bosaardbei (de)	meža zemene (s)	[meʒa zɛmɛne]
bosbes (de)	mellene (s)	[mellɛne]

231. Bloemen. Planten

bloem (de)	zieds (v)	[ziɛds]
boeket (het)	ziedu pušķis (v)	[ziɛdu puʃtʲis]

roos (de)	roze (s)	[rɔze]
tulp (de)	tulpe (s)	[tulpe]
anjer (de)	neļķe (s)	[nelʲtʲe]
gladiool (de)	gladiola (s)	[gladiɔla]

korenbloem (de)	rudzupuķīte (s)	[rudzuputʲi:te]
klokje (het)	pulkstenīte (s)	[pulksteni:te]
paardenbloem (de)	pienenīte (s)	[piɛneni:te]
kamille (de)	kumelīte (s)	[kumeli:te]

aloë (de)	alveja (s)	[alveja]
cactus (de)	kaktuss (v)	[kaktus]
ficus (de)	gumijkoks (v)	[gumijkɔks]

lelie (de)	lilija (s)	[lilija]
geranium (de)	ģerānija (s)	[dʲɛra:nija]
hyacint (de)	hiacinte (s)	[xiatsinte]

mimosa (de)	mimoza (s)	[mimɔza]
narcis (de)	narcise (s)	[nartsise]
Oostindische kers (de)	krese (s)	[krɛse]

orchidee (de)	orhideja (s)	[ɔrxideja]
pioenroos (de)	pujene (s)	[pujene]
viooltje (het)	vijolīte (s)	[vijɔli:te]

driekleurig viooltje (het)	atraitnītes (s dsk)	[atraitni:tes]
vergeet-mij-nietje (het)	neaizmirstule (s)	[neaizmirstule]
madeliefje (het)	margrietiņa (s)	[margriɛtiɲa]
papaver (de)	magone (s)	[magɔne]

hennep (de)	kaņepe (s)	[kaɲɛpe]
munt (de)	mētra (s)	[me:tra]

lelietje-van-dalen (het)	maijpuķīte (s)	[maijputʲiː:te]
sneeuwklokje (het)	sniegpulkstenīte (s)	[sniɛgpulksteniː:te]

brandnetel (de)	nātre (s)	[na:tre]
veldzuring (de)	skābene (s)	[ska:bɛne]
waterlelie (de)	ūdensroze (s)	[u:densrɔze]
varen (de)	paparde (s)	[paparde]
korstmos (het)	ķērpis (v)	[tʲe:rpis]

oranjerie (de)	oranžērija (s)	[ɔranʒe:rija]
gazon (het)	zālājs (v)	[za:la:js]
bloemperk (het)	puķu dobe (s)	[putʲu dɔbe]

plant (de)	augs (v)	[augs]
gras (het)	zāle (s)	[za:le]
grasspriet (de)	zālīte (s)	[za:li:te]

blad (het)	lapa (s)	[lapa]
bloemblad (het)	lapiņa (s)	[lapiɲa]
stengel (de)	stiebrs (v)	[stiɛbrs]
knol (de)	bumbulis (v)	[bumbulis]

scheut (de)	dīglis (v)	[di:glis]
doorn (de)	ērkšķis (v)	[e:rkʃtʲis]

bloeien (ww)	ziedēt	[ziɛde:t]
verwelken (ww)	novīt	[nɔvi:t]
geur (de)	smarža (s)	[smarʒa]
snijden (bijv. bloemen ~)	nogriezt	[nɔgriɛzt]
plukken (bloemen ~)	noplūkt	[nɔplu:kt]

232. Granen, graankorrels

graan (het)	graudi (v dsk)	[graudi]
graangewassen (mv.)	graudaugi (v dsk)	[graudaugi]
aar (de)	vārpa (s)	[va:rpa]

tarwe (de)	kvieši (v dsk)	[kviɛʃi]
rogge (de)	rudzi (v dsk)	[rudzi]
haver (de)	auzas (s dsk)	[auzas]
gierst (de)	prosa (s)	[prɔsa]
gerst (de)	mieži (v dsk)	[miɛʒi]
maïs (de)	kukurūza (s)	[kukuru:za]
rijst (de)	rīsi (v dsk)	[ri:si]
boekweit (de)	griķi (v dsk)	[gritʲi]

erwt (de)	zirnis (v)	[zirnis]
boon (de)	pupiņas (s dsk)	[pupiɲas]
soja (de)	soja (s)	[sɔja]
linze (de)	lēcas (s dsk)	[le:tsas]
bonen (mv.)	pupas (s dsk)	[pupas]

233. Groenten. Groene groenten

groenten (mv.)	dārzeņi (v dsk)	[da:rzeņi]
verse kruiden (mv.)	zaļumi (v dsk)	[zaļumi]
tomaat (de)	tomāts (v)	[tɔma:ts]
augurk (de)	gurķis (v)	[gurtʲis]
wortel (de)	burkāns (v)	[burka:ns]
aardappel (de)	kartupelis (v)	[kartupelis]
ui (de)	sīpols (v)	[si:pɔls]
knoflook (de)	ķiploks (v)	[tʲiplɔks]
kool (de)	kāposti (v dsk)	[ka:pɔsti]
bloemkool (de)	puķkāposti (v dsk)	[putʲka:pɔsti]
spruitkool (de)	Briseles kāposti (v dsk)	[brisɛles ka:pɔsti]
broccoli (de)	brokolis (v)	[brɔkɔlis]
rode biet (de)	biete (s)	[biɛte]
aubergine (de)	baklažāns (v)	[baklaʒa:ns]
courgette (de)	kabacis (v)	[kabatsis]
pompoen (de)	ķirbis (v)	[tʲirbis]
knolraap (de)	rācenis (v)	[ra:tsenis]
peterselie (de)	pētersīlis (v)	[pɛ:tɛrsi:lis]
dille (de)	dilles (s dsk)	[dilles]
sla (de)	dārza salāti (v dsk)	[da:rza sala:ti]
selderij (de)	selerija (s)	[sɛlerija]
asperge (de)	sparģelis (v)	[spardʲelis]
spinazie (de)	spināti (v dsk)	[spina:ti]
erwt (de)	zirnis (v)	[zirnis]
bonen (mv.)	pupas (s dsk)	[pupas]
maïs (de)	kukurūza (s)	[kukuru:za]
boon (de)	pupiņas (s dsk)	[pupiņas]
peper (de)	graudu pipars (v)	[graudu pipars]
radijs (de)	redīss (v)	[redi:s]
artisjok (de)	artišoks (v)	[artiʃɔks]

REGIONALE AARDRIJKSKUNDE

Landen. Nationaliteiten

234. West-Europa

Europa (het)	Eiropa (s)	[ɛirɔpa]
Europese Unie (de)	Eiropas Savienība (s)	[ɛirɔpas saviɛni:ba]
Europeaan (de)	eiropietis (v)	[ɛirɔpiɛtis]
Europees (bn)	eiropiešu	[ɛirɔpiɛʃu]
Oostenrijk (het)	Austrija (s)	[austrija]
Oostenrijker (de)	austrietis (v)	[austriɛtis]
Oostenrijkse (de)	austriete (s)	[austriɛte]
Oostenrijks (bn)	austriešu	[austriɛʃu]
Groot-Brittannië (het)	Lielbritānija (s)	[liɛlbrita:nija]
Engeland (het)	Anglija (s)	[aŋglija]
Engelsman (de)	anglis (v)	[aŋglis]
Engelse (de)	angliete (s)	[aŋgliɛte]
Engels (bn)	angļu	[aŋglʲu]
België (het)	Beļģija (s)	[belʲdʲija]
Belg (de)	beļģietis (v)	[belʲdʲiɛtis]
Belgische (de)	beļģiete (s)	[belʲdʲiɛte]
Belgisch (bn)	beļģu	[belʲdʲu]
Duitsland (het)	Vācija (s)	[va:tsija]
Duitser (de)	vācietis (v)	[va:tsiɛtis]
Duitse (de)	vāciete (s)	[va:tsiɛte]
Duits (bn)	vācu	[va:tsu]
Nederland (het)	Nīderlande (s)	[ni:derlande]
Holland (het)	Holande (s)	[xɔlande]
Nederlander (de)	holandietis (v)	[xɔlandiɛtis]
Nederlandse (de)	holandiete (s)	[xɔlandiɛte]
Nederlands (bn)	Holandes	[xɔlandes]
Griekenland (het)	Grieķija (s)	[griɛtʲija]
Griek (de)	grieķis (v)	[griɛtʲis]
Griekse (de)	grieķiete (s)	[griɛtʲiɛte]
Grieks (bn)	grieķu	[griɛtʲu]
Denemarken (het)	Dānija (s)	[da:nija]
Deen (de)	dānis (v)	[da:nis]
Deense (de)	dāniete (s)	[da:niɛte]
Deens (bn)	dāņu	[da:ɲu]
Ierland (het)	Īrija (s)	[i:rija]
Ier (de)	īrs (v)	[i:rs]

| Ierse (de) | īriete (s) | [i:riɛte] |
| Iers (bn) | īru | [i:ru] |

IJsland (het)	Īslande (s)	[i:slande]
IJslander (de)	islandietis (v)	[islandiɛtis]
IJslandse (de)	islandiete (s)	[islandiɛte]
IJslands (bn)	Islandes	[islandes]

Spanje (het)	Spānija (s)	[spa:nija]
Spanjaard (de)	spānis (v)	[spa:nis]
Spaanse (de)	spāniete (s)	[spa:niɛte]
Spaans (bn)	spāņu	[spa:ɲu]

Italië (het)	Itālija (s)	[ita:lija]
Italiaan (de)	itālietis (v)	[ita:liɛtis]
Italiaanse (de)	itāliete (s)	[ita:liɛte]
Italiaans (bn)	itāļu	[ita: lʲu]

Cyprus (het)	Kipra (s)	[kipra]
Cyprioot (de)	kiprietis (v)	[kipriɛtis]
Cypriotische (de)	kipriete (s)	[kipriɛte]
Cypriotisch (bn)	Kipras	[kipras]

Malta (het)	Malta (s)	[malta]
Maltees (de)	maltietis (v)	[maltiɛtis]
Maltese (de)	maltiete (s)	[maltiɛte]
Maltees (bn)	maltas	[maltas]

Noorwegen (het)	Norvēģija (s)	[nɔrve:dʲija]
Noor (de)	norvēģis (v)	[nɔrve:dʲis]
Noorse (de)	norvēģiete (s)	[nɔrve:dʲiɛte]
Noors (bn)	norvēģu	[nɔrvɛ:dʲu]

Portugal (het)	Portugāle (s)	[pɔrtuga:le]
Portugees (de)	portugālis (v)	[pɔrtuga:lis]
Portugese (de)	portugāliete (s)	[pɔrtuga:liɛte]
Portugees (bn)	portugāļu	[pɔrtuga: lʲu]

Finland (het)	Somija (s)	[sɔmija]
Fin (de)	soms (v)	[sɔms]
Finse (de)	somiete (s)	[sɔmiɛte]
Fins (bn)	somu	[sɔmu]

Frankrijk (het)	Francija (s)	[frantsija]
Fransman (de)	francūzis (v)	[frantsu:zis]
Française (de)	francūziete (s)	[frantsu:ziɛte]
Frans (bn)	franču	[frantʃu]

Zweden (het)	Zviedrija (s)	[zviɛdrija]
Zweed (de)	zviedrs (v)	[zviɛdrs]
Zweedse (de)	zviedriete (s)	[zviɛdriɛte]
Zweeds (bn)	zviedru	[zviɛdru]

Zwitserland (het)	Šveice (s)	[ʃvɛitse]
Zwitser (de)	šveicietis (v)	[ʃvɛitsiɛtis]
Zwitserse (de)	šveiciete (s)	[ʃvɛitsiɛte]

Zwitsers (bn)	Šveices	[ʃvɛitses]
Schotland (het)	Skotija (s)	[skɔtija]
Schot (de)	skots (v)	[skɔts]
Schotse (de)	skotiete (s)	[skɔtiɛte]
Schots (bn)	skotu	[skɔtu]

Vaticaanstad (de)	Vatikāns (v)	[vatika:ns]
Liechtenstein (het)	Lihtenšteina (s)	[lixtenʃtɛina]
Luxemburg (het)	Luksemburga (s)	[luksemburga]
Monaco (het)	Monako (s)	[mɔnakɔ]

235. Centraal- en Oost-Europa

Albanië (het)	Albānija (s)	[alba:nija]
Albanees (de)	albānis (v)	[alba:nis]
Albanese (de)	albāniete (s)	[alba:niɛte]
Albanees (bn)	albāņu	[alba:ɲu]

Bulgarije (het)	Bulgārija (s)	[bulga:rija]
Bulgaar (de)	bulgārs (v)	[bulga:rs]
Bulgaarse (de)	bulgāriete (s)	[bulga:riɛte]
Bulgaars (bn)	bulgāru	[bulga:ru]

Hongarije (het)	Ungārija (s)	[uŋga:rija]
Hongaar (de)	ungārs (v)	[uŋga:rs]
Hongaarse (de)	ungāriete (s)	[uŋga:riɛte]
Hongaars (bn)	ungāru	[uŋga:ru]

Letland (het)	Latvija (s)	[latvija]
Let (de)	latvietis (v)	[latviɛtis]
Letse (de)	latviete (s)	[latviɛte]
Lets (bn)	latviešu	[latviɛʃu]

Litouwen (het)	Lietuva (s)	[liɛtuva]
Litouwer (de)	lietuvietis (v)	[liɛtuviɛtis]
Litouwse (de)	lietuviete (s)	[liɛtuviɛte]
Litouws (bn)	lietuviešu	[liɛtuviɛʃu]

Polen (het)	Polija (s)	[pɔlija]
Pool (de)	polis (v)	[pɔlis]
Poolse (de)	poliete (s)	[pɔliɛte]
Pools (bn)	poļu	[pɔlʲu]

Roemenië (het)	Rumānija (s)	[ruma:nija]
Roemeen (de)	rumānis (v)	[ruma:nis]
Roemeense (de)	rumāniete (s)	[ruma:niɛte]
Roemeens (bn)	rumāņu	[ruma:ɲu]

Servië (het)	Serbija (s)	[serbija]
Serviër (de)	serbs (v)	[serbs]
Servische (de)	serbiete (s)	[serbiɛte]
Servisch (bn)	serbu	[serbu]
Slowakije (het)	Slovākija (s)	[slova:kija]
Slowaak (de)	slovāks (v)	[slova:ks]

| Slowaakse (de) | slovākiete (s) | [slova:kiɛte] |
| Slowaakse (bn) | slovāku | [slova:ku] |

Kroatië (het)	Horvātija (s)	[xɔrva:tija]
Kroaat (de)	horvāts (v)	[xɔrva:ts]
Kroatische (de)	horvātiete (s)	[xɔrva:tiɛte]
Kroatisch (bn)	horvātu	[xɔrva:tu]

Tsjechië (het)	Čehija (s)	[tʃexija]
Tsjech (de)	čehs (v)	[tʃexs]
Tsjechische (de)	čehiete (s)	[tʃexiɛte]
Tsjechisch (bn)	čehu	[tʃexu]

Estland (het)	Igaunija (s)	[igaunija]
Est (de)	igaunis (v)	[igaunis]
Estse (de)	igauniete (s)	[igauniɛte]
Ests (bn)	igauņu	[igauɲu]

Bosnië en Herzegovina (het)	Bosnija un Hercegovina (s)	[bɔsnija un xertsegɔvina]
Macedonië (het)	Maķedonija (s)	[matʲedɔnija]
Slovenië (het)	Slovēnija (s)	[slɔve:nija]
Montenegro (het)	Melnkalne (s)	[melnkalne]

236. Voormalige USSR landen

Azerbeidzjan (het)	Azerbaidžāna (s)	[azerbaidʒa:na]
Azerbeidzjaan (de)	azerbaidžānis (v)	[azerbaidʒa:nis]
Azerbeidjaanse (de)	azerbaidžāniete (s)	[azerbaidʒa:niɛte]
Azerbeidjaans (bn)	azerbaidžāņu	[azerbaidʒa:ɲu]

Armenië (het)	Armēnija (s)	[arme:nija]
Armeen (de)	armēnis (v)	[arme:nis]
Armeense (de)	armēniete (s)	[arme:niɛte]
Armeens (bn)	armēņu	[armɛ:ɲu]

Wit-Rusland (het)	Baltkrievija (s)	[baltkriɛvija]
Wit-Rus (de)	baltkrievs (v)	[baltkriɛvs]
Wit-Russische (de)	baltkrieviete (s)	[baltkriɛviɛte]
Wit-Russisch (bn)	baltkrievu	[baltkriɛvu]

Georgië (het)	Gruzija (s)	[gruzija]
Georgiër (de)	gruzīns (v)	[gruzi:ns]
Georgische (de)	gruzīniete (s)	[gruzi:niɛte]
Georgisch (bn)	gruzīnu	[gruzi:nu]

Kazakstan (het)	Kazahstāna (s)	[kazaxsta:na]
Kazak (de)	kazahs (v)	[kazaxs]
Kazakse (de)	kazahiete (s)	[kazaxiɛte]
Kazakse (bn)	kazahu	[kazaxu]

Kirgizië (het)	Kirgizstāna (s)	[kirgizsta:na]
Kirgiziër (de)	kirgīzs (v)	[kirgi:zs]
Kirgizische (de)	kirgīziete (s)	[kirgi:ziɛte]
Kirgizische (bn)	kirgīzu	[kirgi:zu]

Moldavië (het)	Moldova (s)	[mɔldɔva]
Moldaviër (de)	moldāvietis (v)	[mɔlda:viɛtis]
Moldavische (de)	moldāviete (s)	[mɔlda:viɛte]
Moldavisch (bn)	moldāvu	[mɔlda:vu]

Rusland (het)	Krievija (s)	[kriɛvija]
Rus (de)	krievu (v)	[kriɛvu]
Russin (de)	krieviete (s)	[kriɛviɛte]
Russisch (bn)	krievu	[kriɛvu]

Tadzjikistan (het)	Tadžikistāna (s)	[tadʒikista:na]
Tadzjiek (de)	tadžiks (v)	[tadʒiks]
Tadzjiekse (de)	tadžikiete (s)	[tadʒikiɛte]
Tadzjieks (bn)	tadžiku	[tadʒiku]

Turkmenistan (het)	Turkmenistāna (s)	[turkmenista:na]
Turkmeen (de)	turkmēnis (v)	[turkme:nis]
Turkmeense (de)	turkmēniete (s)	[turkme:niɛte]
Turkmeens (bn)	turkmēņu	[turkmɛ:ɲu]

Oezbekistan (het)	Uzbekistāna (s)	[uzbekista:na]
Oezbeek (de)	uzbeks (v)	[uzbeks]
Oezbeekse (de)	uzbekiete (s)	[uzbekiɛte]
Oezbeeks (bn)	uzbeku	[uzbɛku]

Oekraïne (het)	Ukraina (s)	[ukraina]
Oekraïner (de)	ukrainis (v)	[ukrainis]
Oekraïense (de)	ukrainiete (s)	[ukrainiɛte]
Oekraïens (bn)	ukraiņu	[ukraiɲu]

237. Azië

| Azië (het) | Āzija (s) | [a:zija] |
| Aziatisch (bn) | aziātu | [azia:tu] |

Vietnam (het)	Vjetnama (s)	[vjetnama]
Vietnamees (de)	vjetnamietis (v)	[vjetnamiɛtis]
Vietnamese (de)	vjetnamiete (s)	[vjetnamiɛtə]
Vietnamees (hn)	vjetnamiešu	[vjetnamiɛʃu]

India (het)	Indija (s)	[indija]
Indiër (de)	indietis (v)	[indiɛtis]
Indische (de)	indiete (s)	[indiɛte]
Indisch (bn)	Indijas	[indijas]

Israël (het)	Izraēla (s)	[izraɛ:la]
Israëliër (de)	izraēlietis (v)	[izrae:liɛtis]
Israëlische (de)	izraēliete (s)	[izrae:liɛte]
Israëlisch (bn)	izraēliešu	[izrae:liɛʃu]

Jood (etniciteit)	ebrejs (v)	[ebrejs]
Jodin (de)	ebrejiete (s)	[ebrejiɛte]
Joods (bn)	ebreju	[ebreju]
China (het)	Ķīna (s)	[tʲi:na]

Chinees (de)	ķīnietis (v)	[t'i:niɛtis]
Chinese (de)	ķīniete (s)	[t'i:niɛte]
Chinees (bn)	ķīniešu	[t'i:niɛʃu]
Koreaan (de)	korejietis (v)	[kɔrejiɛtis]
Koreaanse (de)	korejiete (s)	[kɔrejiɛte]
Koreaans (bn)	Korejas	[kɔrejas]
Libanon (het)	Libāna (s)	[liba:na]
Libanees (de)	libānietis (v)	[liba:niɛtis]
Libanese (de)	libāniete (s)	[liba:niɛte]
Libanees (bn)	libāniešu	[liba:niɛʃu]
Mongolië (het)	Mongolija (s)	[mɔŋɡɔlija]
Mongool (de)	mongolis (v)	[mɔŋɡɔlis]
Mongoolse (de)	mongoliete (s)	[mɔŋɡɔliɛte]
Mongools (bn)	mongoḷu	[mɔŋɡɔl'u]
Maleisië (het)	Malaizija (s)	[malaizija]
Maleisiër (de)	malaizietis (v)	[malaiziɛtis]
Maleisische (de)	malaiziete (s)	[malaiziɛte]
Maleisisch (bn)	malaiziešu	[malaiziɛʃu]
Pakistan (het)	Pakistāna (s)	[pakista:na]
Pakistaan (de)	pakistānietis (v)	[pakista:niɛtis]
Pakistaanse (de)	pakistāniete (s)	[pakista:niɛte]
Pakistaans (bn)	pakistāniešu	[pakista:niɛʃu]
Saoedi-Arabië (het)	Saūda Arābija (s)	[sau:da ara:bija]
Arabier (de)	arābs (v)	[ara:bs]
Arabische (de)	arābiete (s)	[ara:biɛte]
Arabisch (bn)	arābu	[ara:bu]
Thailand (het)	Taizeme (s)	[taizɛme]
Thai (de)	taizemietis (v)	[taizemiɛtis]
Thaise (de)	taizemiete (s)	[taizemiɛte]
Thai (bn)	taizemiešu	[taizemiɛʃu]
Taiwan (het)	Taivāna (s)	[taiva:na]
Taiwanees (de)	taivānietis (v)	[taiva:niɛtis]
Taiwanese (de)	taivāniete (s)	[taiva:niɛte]
Taiwanees (bn)	taivāniešu	[taiva:niɛʃu]
Turkije (het)	Turcija (s)	[turtsija]
Turk (de)	turks (v)	[turks]
Turkse (de)	turciete (s)	[turtsiɛte]
Turks (bn)	turku	[turku]
Japan (het)	Japāna (s)	[japa:na]
Japanner (de)	japānis (v)	[japa:nis]
Japanse (de)	japāniete (s)	[japa:niɛte]
Japans (bn)	japāņu	[japa:ɲu]
Afghanistan (het)	Afganistāna (s)	[afganista:na]
Bangladesh (het)	Bangladeša (s)	[baŋɡladeʃa]
Indonesië (het)	Indonēzija (s)	[indɔne:zija]

213

Jordanië (het)	Jordānija (s)	[jɔrdaːnija]
Irak (het)	Irāka (s)	[iraːka]
Iran (het)	Irāna (s)	[iraːna]
Cambodja (het)	Kambodža (s)	[kambɔdʒa]
Koeweit (het)	Kuveita (s)	[kuvɛita]

Laos (het)	Laosa (s)	[laɔsa]
Myanmar (het)	Mjanma (s)	[mjanma]
Nepal (het)	Nepāla (s)	[nɛpaːla]
Verenigde Arabische	Apvienotie Arābu	[apviɛnɔtiɛ araːbu
Emiraten	Emirāti (v dsk)	emiraːti]

Syrië (het)	Sīrija (s)	[siːrija]
Palestijnse autonomie (de)	Palestīna (s)	[palestiːna]
Zuid-Korea (het)	Dienvidkoreja (s)	[diɛnvidkɔreja]
Noord-Korea (het)	Ziemeļkoreja (s)	[ziɛmelʲkɔreja]

238. Noord-Amerika

Verenigde Staten van Amerika	Amerikas Savienotās Valstis (s dsk)	[amerikas saviɛnɔtaːs valstis]
Amerikaan (de)	amerikānis (v)	[amerikaːnis]
Amerikaanse (de)	amerikāniete (s)	[amerikaːniɛte]
Amerikaans (bn)	amerikāņu	[amerikaːɲu]

Canada (het)	Kanāda (s)	[kanaːda]
Canadees (de)	kanādietis (v)	[kanaːdiɛtis]
Canadese (de)	kanādiete (s)	[kanaːdiɛte]
Canadees (bn)	Kanādas	[kanaːdas]

Mexico (het)	Meksika (s)	[meksika]
Mexicaan (de)	meksikānis (v)	[meksikaːnis]
Mexicaanse (de)	meksikāniete (s)	[meksikaːniɛte]
Mexicaans (bn)	meksikāņu	[meksikaːɲu]

239. Midden- en Zuid-Amerika

Argentinië (het)	Argentīna (s)	[argentiːna]
Argentijn (de)	argentīnietis (v)	[argentiːniɛtis]
Argentijnse (de)	argentīniete (s)	[argentiːniɛte]
Argentijns (bn)	Argentīnas	[argentiːnas]

Brazilië (het)	Brazīlija (s)	[braziːlija]
Braziliaan (de)	brazīlietis (v)	[braziːliɛtis]
Braziliaanse (de)	brazīliete (s)	[braziːliɛte]
Braziliaans (bn)	brazīļu	[braziːlʲu]

Colombia (het)	Kolumbija (s)	[kɔlumbija]
Colombiaan (de)	kolumbietis (v)	[kɔlumbiɛtis]
Colombiaanse (de)	kolumbiete (s)	[kɔlumbiɛte]
Colombiaans (bn)	Kolumbijas	[kɔlumbijas]
Cuba (het)	Kuba (s)	[kuba]

Cubaan (de)	kubietis (v)	[kubiɛtis]
Cubaanse (de)	kubiete (s)	[kubiɛte]
Cubaans (bn)	kubiešu	[kubiɛʃu]

Chili (het)	Čīle (s)	[tʃiːle]
Chileen (de)	čīlietis (v)	[tʃiːliɛtis]
Chileense (de)	čīliete (s)	[tʃiːliɛte]
Chileens (bn)	Čīles	[tʃiːles]

Bolivia (het)	Bolīvija (s)	[boliːvija]
Venezuela (het)	Venecuēla (s)	[vɛnetsuɛːla]
Paraguay (het)	Paragvaja (s)	[paragvaja]
Peru (het)	Peru (v)	[pɛru]
Suriname (het)	Surinama (s)	[surinama]
Uruguay (het)	Urugvaja (s)	[urugvaja]
Ecuador (het)	Ekvadora (s)	[ekvadora]

Bahama's (mv.)	Bahamu salas (s dsk)	[baxamu salas]
Haïti (het)	Haiti (v)	[xaiti]
Dominicaanse Republiek (de)	Dominikas Republika (s)	[dominikas rɛpublika]
Panama (het)	Panama (s)	[panama]
Jamaica (het)	Jamaika (s)	[jamaika]

240. Afrika

Egypte (het)	Ēģipte (s)	[eːdʲipte]
Egyptenaar (de)	ēģiptietis (v)	[eːdʲiptiɛtis]
Egyptische (de)	ēģiptiete (s)	[eːdʲiptiɛte]
Egyptisch (bn)	Ēģiptes	[eːdʲiptes]

Marokko (het)	Maroka (s)	[marɔka]
Marokkaan (de)	marokānis (v)	[marɔkaːnis]
Marokkaanse (de)	marokāniete (s)	[marɔkaːniɛte]
Marokkaans (bn)	marokāņu	[marɔkaːɲu]

Tunesië (het)	Tunisija (s)	[tunisija]
Tunesiër (de)	tunisietis (v)	[tunisiɛtis]
Tunesische (de)	tunisiete (s)	[tunisiɛte]
Tunesisch (bn)	Tunisijas	[tunisijas]

Ghana (het)	Gana (s)	[gana]
Zanzibar (het)	Zanzibāra (s)	[zanzibaːra]
Kenia (het)	Kenija (s)	[kenija]
Libië (het)	Lībija (s)	[liːbija]
Madagaskar (het)	Madagaskara (s)	[madagaskara]

Namibië (het)	Namībija (s)	[namiːbija]
Senegal (het)	Senegāla (s)	[senɛgaːla]
Tanzania (het)	Tanzānija (s)	[tanzaːnija]
Zuid-Afrika (het)	Dienvidāfrikas Republika (s)	[diɛnvidaːfrikas rɛpublika]

Afrikaan (de)	afrikānis (v)	[afrikaːnis]
Afrikaanse (de)	afrikāniete (s)	[afrikaːniɛte]
Afrikaans (bn)	Āfrikas	[aːfrikas]

241. Australië. Oceanië

Australië (het)	Austrālija (s)	[austra:lija]
Australiër (de)	austrālietis (v)	[austra:liɛtis]
Australische (de)	austrāliete (s)	[austra:liɛte]
Australisch (bn)	Austrālijas	[austra:lijas]
Nieuw-Zeeland (het)	Jaunzēlande (s)	[jaunzɛ:lande]
Nieuw-Zeelander (de)	jaunzēlandietis (v)	[jaunzɛ:landiɛtis]
Nieuw-Zeelandse (de)	jaunzēlandiete (s)	[jaunzɛ:landiɛte]
Nieuw-Zeelands (bn)	Jaunzēlandes	[jaunzɛ:landes]
Tasmanië (het)	Tasmānija (s)	[tasma:nija]
Frans-Polynesië	Franču Polinēzija (s)	[frantʃu poline:zija]

242. Steden

Amsterdam	Amsterdama (s)	[amsterdama]
Ankara	Ankara (s)	[ankara]
Athene	Atēnas (s dsk)	[atɛ:nas]
Bagdad	Bagdāde (s)	[bagda:de]
Bangkok	Bangkoka (s)	[baŋgkɔka]
Barcelona	Barselona (s)	[barselɔna]
Beiroet	Beiruta (s)	[bɛiruta]
Berlijn	Berlīne (s)	[berli:ne]
Boedapest	Budapešta (s)	[budapeʃta]
Boekarest	Bukareste (s)	[bukareste]
Bombay, Mumbai	Bombeja (s)	[bɔmbeja]
Bonn	Bonna (s)	[bɔnna]
Bordeaux	Bordo (s)	[bɔrdɔ]
Bratislava	Bratislava (s)	[bratislava]
Brussel	Brisele (s)	[brisɛle]
Caïro	Kaira (s)	[kaira]
Calcutta	Kalkuta (s)	[kalkuta]
Chicago	Čikāga (s)	[tʃika:ga]
Dar Es Salaam	Daresalāma (s)	[darɛsala:ma]
Delhi	Deli (s)	[deli]
Den Haag	Hāga (s)	[xa:ga]
Dubai	Dubaija (s)	[dubaija]
Dublin	Dublina (s)	[dublina]
Düsseldorf	Diseldorfa (s)	[diseldɔrfa]
Florence	Florence (s)	[flɔrentse]
Frankfort	Frankfurte (s)	[frankfurte]
Genève	Ženēva (s)	[ʒɛnɛ:va]
Hamburg	Hamburga (s)	[xamburga]
Hanoi	Hanoja (s)	[xanɔja]
Havana	Havana (s)	[xavana]
Helsinki	Helsinki (v dsk)	[xɛlsinki]

Hiroshima	Hirosima (s)	[xirɔsima]
Hongkong	Honkonga (s)	[xɔnkɔŋga]
Istanbul	Stambula (s)	[stambula]
Jeruzalem	Jeruzaleme (s)	[jeruzalɛme]
Kiev	Kijeva (s)	[kijeva]

Kopenhagen	Kopenhāgena (s)	[kɔpenxa:gɛna]
Kuala Lumpur	Kualalumpura (s)	[kualalumpura]
Lissabon	Lisabona (s)	[lisabɔna]
Londen	Londona (s)	[lɔndɔna]
Los Angeles	Losandželosa (s)	[lɔsandʒelɔsa]

Lyon	Liona (s)	[liɔna]
Madrid	Madride (s)	[madride]
Marseille	Marseļa (s)	[marsɛlʲa]
Mexico-Stad	Mehiko (s)	[mexikɔ]
Miami	Maiami (s)	[maiami]

Montreal	Monreāla (s)	[mɔnrea:la]
Moskou	Maskava (s)	[maskava]
München	Minhene (s)	[minxɛne]
Nairobi	Nairobi (v)	[nairɔbi]
Napels	Neapole (s)	[neapɔle]

New York	Ņujorka (s)	[ɲujɔrka]
Nice	Nica (s)	[nitsa]
Oslo	Oslo (s)	[ɔslɔ]
Ottawa	Otava (s)	[ɔtava]
Parijs	Parīze (s)	[pari:ze]

Peking	Pekina (s)	[pekina]
Praag	Prāga (s)	[pra:ga]
Rio de Janeiro	Riodeženeiro (s)	[riɔdeʒenɛirɔ]
Rome	Roma (s)	[rɔma]
Seoel	Seula (s)	[sɛula]
Singapore	Singapūra (s)	[siŋgapu:ra]

Sint-Petersburg	Sanktpēterburga (s)	[sanktpɛ:terburga]
Sjanghai	Šanhaja (s)	[ʃanxaja]
Stockholm	Stokholma (s)	[stɔkxɔlma]
Sydney	Sidneja (s)	[sidneja]
Taipei	Taipeja (s)	[taipeja]
Tokio	Tokija (s)	[tɔkija]

Toronto	Toronto (s)	[tɔrɔntɔ]
Venetië	Venēcija (s)	[vɛne:tsija]
Warschau	Varšava (s)	[varʃava]
Washington	Vašingtona (s)	[vaʃiŋgtɔna]
Wenen	Vīne (s)	[vi:ne]

243. Politiek. Overheid. Deel 1

politiek (de)	politika (s)	[pɔlitika]
politiek (bn)	politiskais	[pɔlitiskais]

politicus (de)	politiķis (v)	[polititˡis]
staat (land)	valsts (s)	[valsts]
burger (de)	pilsonis (v)	[pilsonis]
staatsburgerschap (het)	pilsonība (s)	[pilsoni:ba]

| nationaal wapen (het) | valsts ģerbonis (v) | [valsts dˡerbonis] |
| volkslied (het) | valsts himna (s) | [valsts ximna] |

regering (de)	valdība (s)	[valdi:ba]
staatshoofd (het)	valsts vadītājs (v)	[valsts vadi:ta:js]
parlement (het)	parlaments (v)	[parlaments]
partij (de)	partija (s)	[partija]

| kapitalisme (het) | kapitālisms (v) | [kapita:lisms] |
| kapitalistisch (bn) | kapitālistiskais | [kapita:listiskais] |

| socialisme (het) | sociālisms (v) | [sotsia:lisms] |
| socialistisch (bn) | sociālistiskais | [sotsia:listiskais] |

communisme (het)	komunisms (v)	[komunisms]
communistisch (bn)	komunistiskais	[komunistiskais]
communist (de)	komunists (v)	[komunists]

democratie (de)	demokrātija (s)	[demokra:tija]
democraat (de)	demokrāts (v)	[demokra:ts]
democratisch (bn)	demokrātiskais	[demokra:tiskais]
democratische partij (de)	demokrātiskā partija (s)	[demokra:tiska: partija]

| liberaal (de) | liberālis (v) | [libɛra:lis] |
| liberaal (bn) | liberāls | [libɛra:ls] |

| conservator (de) | konservatīvais (v) | [konservati:vais] |
| conservatief (bn) | konservatīvs | [konservati:vs] |

republiek (de)	republika (s)	[rɛpublika]
republikein (de)	republikānis (v)	[rɛpublika:nis]
Republikeinse Partij (de)	republikāniskā partija (s)	[rɛpublika:niska: partija]

verkiezing (de)	vēlēšanas (s dsk)	[vɛ:le:ʃanas]
kiezen (ww)	vēlēt	[vɛ:le:t]
kiezer (de)	vēlētājs (v)	[vɛ:le:ta:js]
verkiezingscampagne (de)	vēlēšanu kampaņa (s)	[vɛ:le:ʃanu kampaɲa]

stemming (de)	balsošana (s)	[balsoʃana]
stemmen (ww)	balsot	[balsot]
stemrecht (het)	balsstiesības (s dsk)	[balstiɛsi:bas]

kandidaat (de)	kandidāts (v)	[kandida:ts]
zich kandideren	kandidēt	[kandide:t]
campagne (de)	kampaņa (s)	[kampaɲa]

| oppositie- (abn) | opozīcijas | [opozi:tsijas] |
| oppositie (de) | opozīcija (s) | [opozi:tsija] |

| bezoek (het) | vizīte (s) | [vizi:te] |
| officieel bezoek (het) | oficiālā vizīte (s) | [ofitsia:la: vizi:te] |

internationaal (bn)	starptautisks	[starptautisks]
onderhandelingen (mv.)	sarunas (s dsk)	[sarunas]
onderhandelen (ww)	vest pārrunas	[vest pa:rrunas]

244. Politiek. Overheid. Deel 2

maatschappij (de)	sabiedrība (s)	[sabiɛdri:ba]
grondwet (de)	konstitūcija (s)	[kɔnstitu:tsija]
macht (politieke ~)	vara (s)	[vara]
corruptie (de)	korupcija (s)	[kɔruptsija]

| wet (de) | likums (v) | [likums] |
| wettelijk (bn) | likumīgs | [likumi:gs] |

| rechtvaardigheid (de) | taisnība (s) | [taisni:ba] |
| rechtvaardig (bn) | taisnīgs | [taisni:gs] |

comité (het)	komiteja (s)	[kɔmiteja]
wetsvoorstel (het)	likumprojekts (v)	[likumprɔjekts]
begroting (de)	budžets (v)	[budʒets]
beleid (het)	politika (s)	[pɔlitika]
hervorming (de)	reforma (s)	[refɔrma]
radicaal (bn)	radikāls	[radika:ls]

macht (vermogen)	spēks (v)	[spe:ks]
machtig (bn)	varens	[varens]
aanhanger (de)	piekritējs (v)	[piɛkrite:js]
invloed (de)	ietekme (s)	[iɛtekme]

regime (het)	režīms (v)	[reʒi:ms]
conflict (het)	konflikts (v)	[kɔnflikts]
samenzwering (de)	sazvērestība (s)	[sazvɛ:resti:ba]
provocatie (de)	provokācija (s)	[prɔvɔka:tsija]

omverwerpen (ww)	nogāzt	[nɔga:zt]
omverwerping (de)	gāšana (s)	[ga:ʃana]
revolutie (de)	revolūcija (s)	[revɔlu:tsija]

| staatsgreep (de) | apvērsums (v) | [apvɛ:rsums] |
| militaire coup (de) | militārais apvērsums (v) | [milita:rais apvɛ:rsums] |

crisis (de)	krīze (s)	[kri:ze]
economische recessie (de)	ekonomikas lejupeja (s)	[ekɔnɔmikas lejupeja]
betoger (de)	demonstrants (v)	[demɔnstrants]
betoging (de)	demonstrācija (s)	[demɔnstra:tsija]
krijgswet (de)	kara stāvoklis (v)	[kara sta:vɔklis]
militaire basis (de)	kara bāze (s)	[kara ba:ze]

| stabiliteit (de) | stabilitāte (s) | [stabilita:te] |
| stabiel (bn) | stabils | [stabils] |

uitbuiting (de)	ekspluatācija (s)	[ekspluata:tsija]
uitbuiten (ww)	ekspluatēt	[ekspluate:t]
racisme (het)	rasisms (v)	[rasisms]

racist (de)	rasists (v)	[rasists]
fascisme (het)	fašisms (v)	[faʃisms]
fascist (de)	fašists (v)	[faʃists]

245. Landen. Diversen

vreemdeling (de)	ārzemnieks (v)	[aːrzemniɛks]
buitenlands (bn)	ārzemju	[aːrzemju]
in het buitenland (bw)	ārzemēs	[aːrzɛmeːs]
emigrant (de)	emigrants (v)	[emigrants]
emigratie (de)	emigrācija (s)	[emigraːtsija]
emigreren (ww)	emigrēt	[emigreːt]
Westen (het)	Rietumi (v dsk)	[riɛtumi]
Oosten (het)	Austrumi (v dsk)	[austrumi]
Verre Oosten (het)	Tālie Austrumi (v dsk)	[taːliɛ austrumi]
beschaving (de)	civilizācija (s)	[tsiviliza:tsija]
mensheid (de)	cilvēce (s)	[tsilveːtse]
wereld (de)	pasaule (s)	[pasaule]
vrede (de)	miers (v)	[miɛrs]
wereld- (abn)	pasaules	[pasaules]
vaderland (het)	dzimtene (s)	[dzimtɛne]
volk (het)	tauta (s)	[tauta]
bevolking (de)	iedzīvotāji (v dsk)	[iɛdziːvɔta:ji]
mensen (mv.)	cilvēki (v dsk)	[tsilve:ki]
natie (de)	nācija (s)	[naːtsija]
generatie (de)	paaudze (s)	[paaudze]
gebied (bijv. bezette ~en)	teritorija (s)	[teritɔrija]
regio, streek (de)	reģions (v)	[redⁱiɔns]
deelstaat (de)	štats (v)	[ʃtats]
traditie (de)	tradīcija (s)	[tradiːtsija]
gewoonte (de)	paraža (s)	[paraʒa]
ecologie (de)	ekoloģija (s)	[ekɔlɔdⁱija]
Indiaan (de)	indiānis (v)	[indiɑːniʃ]
zigeuner (de)	čigāns (v)	[tʃiga:ns]
zigeunerin (de)	čigāniete (s)	[tʃiga:niɛte]
zigeuner- (abn)	čigānu	[tʃiga:nu]
rijk (het)	impērija (s)	[impeːrija]
kolonie (de)	kolonija (s)	[kɔlɔnija]
slavernij (de)	verdzība (s)	[verdzi:ba]
invasie (de)	iebrukums (v)	[iɛbrukums]
hongersnood (de)	bads (v)	[bads]

246. Grote religieuze groepen. Bekentenissen

religie (de)	reliģija (s)	[relidⁱija]
religieus (bn)	reliģiozs	[relidⁱiɔzs]

geloof (het)	ticība (s)	[titsi:ba]
geloven (ww)	ticēt	[titse:t]
gelovige (de)	ticīgais (v)	[titsi:gais]
atheïsme (het)	ateisms (v)	[atɛisms]
atheïst (de)	ateists (v)	[atɛists]
christendom (het)	kristiānisms (v)	[kristia:nisms]
christen (de)	kristietis (v)	[kristiɛtis]
christelijk (bn)	kristīgs	[kristi:gs]
katholicisme (het)	Katolicisms (v)	[katɔlitsisms]
katholiek (de)	katolis (v)	[katɔlis]
katholiek (bn)	katoļu	[katɔlʲu]
protestantisme (het)	Protestantisms (v)	[prɔtestantisms]
Protestante Kerk (de)	Protestantu baznīca (s)	[prɔtestantu bazni:tsa]
protestant (de)	protestants (v)	[prɔtestants]
orthodoxie (de)	Pareizticība (s)	[parɛiztitsi:ba]
Orthodoxe Kerk (de)	Pareizticīgo baznīca (s)	[parɛiztitsi:gɔ bazni:tsa]
orthodox	pareizticīgais	[parɛiztitsi:gais]
presbyterianisme (het)	Prezbiteriānisms (v)	[prezbiteria:nisms]
Presbyteriaanse Kerk (de)	Prezbiteriāņu baznīca (s)	[prezbiteria:ɲu bazni:tsa]
presbyteriaan (de)	prezbiteriānis (v)	[prezbiteria:nis]
lutheranisme (het)	Luteriskā baznīca (s)	[luteriska: bazni:tsa]
lutheraan (de)	luterānis (v)	[lutɛra:nis]
baptisme (het)	Baptisms (v)	[baptisms]
baptist (de)	baptists (v)	[baptists]
Anglicaanse Kerk (de)	Anglikāņu baznīca (s)	[aŋglika:ɲu bazni:tsa]
anglicaan (de)	anglikānis (v)	[aŋglika:nis]
mormonisme (het)	Mormonisms (v)	[mɔrmɔnisms]
mormoon (de)	mormonis (v)	[mɔrmɔnis]
Jodendom (het)	Jūdaisms (v)	[ju:daisms]
jood (aanhanger van het Jodendom)	jūds (v)	[ju:ds]
boeddhisme (het)	Budisms (v)	[budisms]
boeddhist (de)	budists (v)	[budists]
hindoeïsme (het)	Hinduisms (v)	[xinduisms]
hindoe (de)	hinduists (v)	[xinduists]
islam (de)	Islāms (v)	[isla:ms]
islamiet (de)	musulmanis (v)	[musulmanis]
islamitisch (bn)	musulmaņu	[musulmaɲu]
sjiisme (het)	Šiisms (v)	[ʃiisms]
sjiiet (de)	šiīts (v)	[ʃii:ts]
soennisme (het)	Sunnisms (v)	[sunnisms]
soenniet (de)	sunnīts (v)	[sunni:ts]

247. Religies. Priesters

priester (de)	priesteris (v)	[priɛsteris]
paus (de)	Romas pāvests (v)	[rɔmas pa:vests]
monnik (de)	mūks (v)	[mu:ks]
non (de)	mūķene (s)	[mu:tʲɛne]
pastoor (de)	mācītājs (v)	[ma:tsi:ta:js]
abt (de)	abats (v)	[abats]
vicaris (de)	vikārs (v)	[vika:rs]
bisschop (de)	bīskaps (v)	[bi:skaps]
kardinaal (de)	kardināls (v)	[kardina:ls]
predikant (de)	sprediķotājs (v)	[spreditʲota:js]
preek (de)	sprediķis (v)	[spreditʲis]
kerkgangers (mv.)	draudze (s)	[draudze]
gelovige (de)	ticīgais (v)	[titsi:gais]
atheïst (de)	ateists (v)	[atɛists]

248. Geloof. Christendom. Islam

Adam	Ādams (v)	[a:dams]
Eva	Ieva (s)	[iɛva]
God (de)	Dievs (v)	[diɛvs]
Heer (de)	Dievs Kungs (v)	[diɛvs kuŋgs]
Almachtige (de)	Dievs Visvarens (v)	[diɛvs visvarens]
zonde (de)	grēks (v)	[gre:ks]
zondigen (ww)	grēkot	[gre:kɔt]
zondaar (de)	grēcinieks (v)	[gre:tsiniɛks]
zondares (de)	grēciniece (s)	[gre:tsiniɛtse]
hel (de)	elle (s)	[elle]
paradijs (het)	paradīze (s)	[paradi:zə]
Jezus	Jēzus (v)	[je:zus]
Jezus Christus	Jēzus Kristus (v)	[je:zus kristus]
Heilige Geest (de)	Svētais Gars (v)	[svɛ:tais gars]
Verlosser (de)	Pestītājs (v)	[pesti:ta:js]
Maagd Maria (de)	Dievmāte (s)	[diɛvma:te]
duivel (de)	Velns (v)	[velns]
duivels (bn)	velnišķīgs	[velniʃtʲi:gs]
Satan	Sātans (v)	[sa:tans]
satanisch (bn)	sātanisks	[sa:tanisks]
engel (de)	eņģelis (v)	[eŋdʲelis]
beschermengel (de)	sargeņģelis (v)	[sargeŋdʲelis]
engelachtig (bn)	eņģelisks	[eŋdʲelisks]

apostel (de)	apustulis (v)	[apustulis]
aartsengel (de)	ercenģelis (v)	[ertsendʲelis]
antichrist (de)	antikrists (v)	[antikrists]

Kerk (de)	Baznīca (s)	[bazni:tsa]
bijbel (de)	Bībele (s)	[bi:bɛle]
bijbels (bn)	Bībeles	[bi:bɛles]

Oude Testament (het)	Vecā derība (s)	[vetsa: deri:ba]
Nieuwe Testament (het)	Jaunā derība (s)	[jauna: deri:ba]
evangelie (het)	Evanģēlijs (v)	[ɛvaɲdʲe:lijs]
Heilige Schrift (de)	Svētie raksti (v dsk)	[sve:tiɛ raksti]
Hemel, Hemelrijk (de)	Debesu Valstība (s)	[dɛbɛsu valsti:ba]

gebod (het)	bauslis (v)	[bauslis]
profeet (de)	pareģis (v)	[paredʲis]
profetie (de)	pareģojums (v)	[paredʲojums]

Allah	Allāhs (v)	[alla:xs]
Mohammed	Muhameds (v)	[muxameds]
Koran (de)	Korāns (v)	[kɔra:ns]

moskee (de)	mošeja (s)	[mɔʃeja]
moellah (de)	mulla (v)	[mulla]
gebed (het)	lūgšana (s)	[lu:gʃana]
bidden (ww)	lūgties	[lu:gtiɛs]

pelgrimstocht (de)	svētceļojums (v)	[sve:ttselʲojums]
pelgrim (de)	svētceļotājs (v)	[sve:ttselʲota:js]
Mekka	Meka (s)	[mɛka]

kerk (de)	baznīca (s)	[bazni:tsa]
tempel (de)	dievnams (v)	[diɛvnams]
kathedraal (de)	katedrāle (s)	[katedra:le]
gotisch (bn)	gotisks	[gɔtisks]
synagoge (de)	sinagoga (s)	[sinagɔga]
moskee (de)	mošeja (s)	[mɔʃeja]

kapel (de)	kapela (s)	[kapɛla]
abdij (de)	abatija (s)	[abatija]
nonnenklooster (het)	klosteris (v)	[klɔsteris]
mannenklooster (het)	klosteris (v)	[klɔsteris]

klok (de)	zvans (v)	[zvans]
klokkentoren (de)	zvanu tornis (v)	[zvanu tɔrnis]
luiden (klokken)	zvanīt zvanus	[zvani:t zvanus]

kruis (het)	krusts (v)	[krusts]
koepel (de)	kupols (v)	[kupɔls]
icoon (de)	svētbilde (s)	[sve:tbilde]

ziel (de)	dvēsele (s)	[dve:sɛle]
lot, noodlot (het)	liktenis (v)	[liktenis]
kwaad (het)	ļaunums (v)	[lʲaunums]
goed (het)	labums (v)	[labums]
vampier (de)	vampīrs (v)	[vampi:rs]

heks (de)	ragana (s)	[ragana]
demoon (de)	dēmons (v)	[de:mɔns]
geest (de)	gars (v)	[gars]

| verzoeningsleer (de) | vainas izpirkšana (s) | [vainas izpirkʃana] |
| vrijkopen (ww) | izpirkt | [izpirkt] |

mis (de)	kalpošana (s)	[kalpɔʃana]
de mis opdragen	kalpot	[kalpɔt]
biecht (de)	grēksūdze (s)	[gre:ksu:dze]
biechten (ww)	sūdzēt grēkus	[su:dze:t grɛ:kus]

heilige (de)	svētais (v)	[svɛ:tais]
heilig (bn)	svēts	[sve:ts]
wijwater (het)	svētais ūdens (v)	[svɛ:tais u:dens]

ritueel (het)	rituāls (v)	[ritua:ls]
ritueel (bn)	rituāls	[ritua:ls]
offerande (de)	upurēšana (s)	[upure:ʃana]

bijgeloof (het)	māņticība (s)	[ma:ɲtitsi:ba]
bijgelovig (bn)	māņticīgs	[ma:ɲtitsi:gs]
hiernamaals (het)	aizkapa dzīve (s)	[aizkapa dzi:ve]
eeuwige leven (het)	mūžīga dzīve (s)	[mu:ʒi:ga dzi:ve]

DIVERSEN

249. Diverse nuttige woorden

achtergrond (de)	fons (v)	[fɔns]
balans (de)	bilance (s)	[bilantse]
basis (de)	bāze (s)	[ba:ze]
begin (het)	sākums (v)	[sa:kums]
beurt (wie is aan de ~?)	rinda (s)	[rinda]

categorie (de)	kategorija (s)	[kategorija]
comfortabel (~ bed, enz.)	ērts	[e:rts]
compensatie (de)	kompensācija (s)	[kɔmpensa:tsija]
deel (gedeelte)	daļa (s)	[dalʲa]

deeltje (het)	daļiņa (s)	[dalʲiɲa]
ding (object, voorwerp)	lieta (s)	[liɛta]
dringend (bn, urgent)	steidzams	[stɛidzams]
dringend (bw, met spoed)	steidzami	[stɛidzami]
effect (het)	efekts (v)	[efekts]

eigenschap (kwaliteit)	īpašība (s)	[i:paʃi:ba]
einde (het)	beigas (s dsk)	[bɛigas]
element (het)	elements (v)	[ɛlɛments]
feit (het)	fakts (v)	[fakts]
fout (de)	kļūda (s)	[klʲu:da]

geheim (het)	noslēpums (v)	[nɔslɛ:pums]
graad (mate)	pakāpe (s)	[paka:pe]
groei (ontwikkeling)	augšana (s)	[augʃana]
hindernis (de)	šķērslis (v)	[ʃtʲɛ:rslis]
hinderpaal (de)	šķērslis (v)	[ʃtʲɛ:rslis]

hulp (de)	palīdzība (s)	[pali:dzi:ba]
ideaal (het)	ideāls (v)	[idea:ls]
inspanning (de)	spēks (v)	[spe:ks]
keuze (een grote ~)	izvēle (s)	[izvɛ:le]
labyrint (het)	labirints (v)	[labirints]

manier (de)	veids (v)	[vɛids]
moment (het)	brīdis (v)	[bri:dis]
nut (bruikbaarheid)	labums (v)	[labums]
onderscheid (het)	atšķirība (s)	[atʃtʲiri:ba]

ontwikkeling (de)	attīstība (s)	[atti:sti:ba]
oplossing (de)	risinājums (v)	[risina:jums]
origineel (het)	oriģināls (v)	[ɔridʲina:ls]
pauze (de)	pauze (s)	[pauze]
positie (de)	pozīcija (s)	[pɔzi:tsija]
principe (het)	princips (v)	[printsips]

probleem (het)	probléma (s)	[problε:ma]
proces (het)	process (v)	[protses]
reactie (de)	reakcija (s)	[reaktsija]

reden (om ~ van)	iemesls (v)	[iεmesls]
risico (het)	risks (v)	[risks]
samenvallen (het)	sakritība (s)	[sakriti:ba]
serie (de)	sērija (s)	[se:rija]

situatie (de)	situācija (s)	[situa:tsija]
soort (bijv. ~ sport)	veids (v)	[vεids]
standaard (bn)	standarta	[standarta]
standaard (de)	standarts (v)	[standarts]
stijl (de)	stils (v)	[stils]

stop (korte onderbreking)	apstāšanās (s)	[apsta:ʃana:s]
systeem (het)	sistēma (s)	[sistε:ma]
tabel (bijv. ~ van Mendelejev)	tabula (s)	[tabula]
tempo (langzaam ~)	temps (v)	[temps]
term (medische ~en)	termins (v)	[termins]

type (soort)	tips (v)	[tips]
variant (de)	variants (v)	[variants]
veelvuldig (bn)	biežs	[biεʒs]
vergelijking (de)	salīdzināšana (s)	[sali:dzina:ʃana]
voorbeeld (het goede ~)	paraugs (v)	[paraugs]

voortgang (de)	progress (v)	[progres]
voorwerp (ding)	objekts (v)	[objekts]
vorm (uiterlijke ~)	forma (s)	[forma]
waarheid (de)	patiesība (s)	[patiεsi:ba]
zone (de)	zona (s)	[zona]

250. Beperkende bijwoorden. Bijvoeglijke naamwoorden. Deel 1

accuraat (uurwerk, enz.)	akurāts	[akura:ts]
achter- (abn)	aizmugures	[aizmugures]
additioneel (bn)	papildu	[papildu]
anders (bn)	atšķirīgs	[atʃtʲiri:gs]

arm (bijv. ~e landen)	nabags	[nabags]
begrijpelijk (bn)	skaidrs	[skaidrs]
belangrijk (bn)	svarīgs	[svari:gs]
belangrijkst (bn)	vissvarīgākais	[visvari:ga:kais]

beleefd (bn)	laipns	[laipns]
beperkt (bn)	ierobežots	[iεrobeʒots]
betekenisvol (bn)	nozīmīgs	[nozi:mi:gs]
bijziend (bn)	tuvredzīgs	[tuvredzi:gs]
binnen- (abn)	iekšējs	[iεkʃe:js]

bitter (bn)	rūgts	[ru:gts]
blind (bn)	akls	[akls]
breed (een ~e straat)	plats	[plats]

| breekbaar (porselein, glas) | trausls | [trausls] |
| buiten- (abn) | ārējs | [aːreːjs] |

buitenlands (bn)	ārzemju	[aːrzemju]
burgerlijk (bn)	pilsonisks	[pilsɔnisks]
centraal (bn)	centrālais	[tsentraːlais]
dankbaar (bn)	pateicīgs	[patɛitsiːgs]
dicht (~e mist)	blīvs	[bliːvs]

dicht (bijv. ~e mist)	biezs	[biɛzs]
dicht (in de ruimte)	netāls	[nɛtaːls]
dichtbij (bn)	tuvākais	[tuvaːkais]
dichtstbijzijnd (bn)	tuvākais	[tuvaːkais]

diepvries (~product)	iesaldēts	[iɛsaldeːts]
dik (bijv. muur)	biezs	[biɛzs]
dof (~ licht)	blāvs	[blaːvs]
dom (dwaas)	muļķīgs	[mulʲtʲiːgs]

donker (bijv. ~e kamer)	tumšs	[tumʃs]
dood (bn)	miris	[miris]
doorzichtig (bn)	dzidrs	[dzidrs]
droevig (~ blik)	skumjš	[skumjʃ]
droog (bn)	sauss	[saus]

dun (persoon)	vājš	[vaːjʃ]
duur (bn)	dārgs	[daːrgs]
eender (bn)	vienāds	[viɛnaːds]
eenvoudig (bn)	vienkāršs	[viɛnkaːrʃs]
eenvoudig (bn)	vienkāršs	[viɛnkaːrʃs]

eeuwenoude (~ beschaving)	sens	[sens]
enorm (bn)	milzīgs	[milziːgs]
geboorte- (stad, land)	dzimtā	[dzimtaː]
gebruind (bn)	nosauļojies	[nɔsaulʲɔjiɛs]

gelijkend (bn)	līdzīgs	[liːdziːgs]
gelukkig (bn)	laimīgs	[laimiːgs]
gesloten (bn)	slēgts	[sleːgts]
getaand (bn)	melnīgsnējs	[melniːgsneːjs]

gevaarlijk (bn)	bīstams	[biːstams]
gewoon (bn)	parasts	[parasts]
gezamenlijk (~ besluit)	kopējs	[kɔpeːjs]
glad (~ oppervlak)	gluds	[gluds]
glad (~ oppervlak)	līdzens	[liːdzens]

goed (bn)	labs	[labs]
goedkoop (bn)	lēts	[leːts]
gratis (bn)	bez maksas	[bez maksas]
groot (bn)	liels	[liɛls]

hard (niet zacht)	ciets	[tsiɛts]
heel (volledig)	vesels	[vɛsɛls]
heet (bn)	karsts	[karsts]
hongerig (bn)	izsalcis	[izsaltsis]

hoofd- (abn)	galvenais	[galvɛnais]
hoogste (bn)	augstākais	[augsta:kais]
huidig (courant)	pašreizējs	[paʃrɛize:js]
jong (bn)	jauns	[jauns]

juist, correct (bn)	pareizs	[parɛizs]
kalm (bn)	mierīgs	[miɛri:gs]
kinder- (abn)	bērnu	[be:rnu]
klein (bn)	mazs	[mazs]
koel (~ weer)	vēss	[ve:s]

kort (kortstondig)	īslaicīgs	[i:slaitsi:gs]
kort (niet lang)	īss	[i:s]
koud (~ water, weer)	auksts	[auksts]
kunstmatig (bn)	mākslīgs	[ma:ksli:gs]

laatst (bn)	pēdējais	[pɛ:de:jais]
lang (een ~ verhaal)	garšīgs	[garʃi:gs]
langdurig (bn)	ilgstošs	[ilgstoʃs]
lastig (~ probleem)	sarežģīts	[sareʒdʲi:ts]

leeg (glas, kamer)	tukšs	[tukʃs]
lekker (bn)	garšīgs	[garʃi:gs]
licht (kleur)	gaišs	[gaiʃs]
licht (niet veel weegt)	viegls	[viɛgls]

linker (bn)	kreisais	[krɛisais]
luid (bijv. ~e stem)	skaļš	[skalʲʃ]
mager (bn)	vājš	[va:jʃ]
mat (bijv. ~ verf)	matēts	[mate:ts]
moe (bn)	noguris	[nɔguris]

moeilijk (~ besluit)	grūts	[gru:ts]
mogelijk (bn)	iespējamais	[iɛspe:jamais]
mooi (bn)	skaists	[skaists]
mysterieus (bn)	noslēpumains	[nɔslɛ:pumains]

naburig (bn)	kaimiņu	[kaimiɲu]
nalatig (bn)	paviršs	[pavirʃs]
nat (~te kleding)	slapjš	[slapjʃ]
nerveus (bn)	nervozs	[nervɔzs]
niet groot (bn)	neliels	[neliɛls]

niet moeilijk (bn)	viegls	[viɛgls]
nieuw (bn)	jauns	[jauns]
nodig (bn)	vajadzīgs	[vajadzi:gs]
normaal (bn)	normāls	[nɔrma:ls]

251. Beperkende bijwoorden. Bijvoeglijke naamwoorden. Deel 2

onbegrijpelijk (bn)	neskaidrs	[neskaidrs]
onbelangrijk (bn)	mazsvarīgs	[mazsvari:gs]
onbeweeglijk (bn)	nekustīgs	[nɛkusti:gs]
onbewolkt (bn)	bez mākoņiem	[bez ma:kɔɲiɛm]

ondergronds (geheim)	pagrīdes	[pagri:des]
ondiep (bn)	sekls	[sekls]
onduidelijk (bn)	neskaidrs	[neskaidrs]
onervaren (bn)	nepieredzējis	[nepiɛredze:jis]
onmogelijk (bn)	neiespējams	[nɛiɛspe:jams]
onontbeerlijk (bn)	nepieciešamais	[nepiɛtsiɛʃamais]
onophoudelijk (bn)	nepārtraukts	[nɛpa:rtraukts]
ontkennend (bn)	negatīvs	[nɛgati:vs]
open (bn)	atklāts	[atkla:ts]
openbaar (bn)	sabiedrisks	[sabiɛdrisks]
origineel (ongewoon)	oriģināls	[ɔridʲina:ls]
oud (~ huis)	vecs	[vets]
overdreven (bn)	pārmērīgs	[pa:rme:ri:gs]
passend (bn)	piepilsētas	[piɛpilsɛ:tas]
permanent (bn)	pastāvīgs	[pasta:vi:gs]
persoonlijk (bn)	privātais	[priva:tais]
plat (bijv. ~ scherm)	plakans	[plakans]
prachtig (~ paleis, enz.)	brīnišķīgs	[bri:niʃtʲi:gs]
precies (bn)	precīzs	[pretsi:zs]
prettig (bn)	patīkams	[pati:kams]
privé (bn)	privātais	[priva:tais]
punctueel (bn)	punktuāls	[punktua:ls]
rauw (niet gekookt)	jēls	[jɛ:ls]
recht (weg, straat)	taisns	[taisns]
rechter (bn)	labais	[labais]
rijp (fruit)	nogatavojies	[nɔgatavɔjiɛs]
riskant (bn)	riskants	[riskants]
ruim (een ~ huis)	plašs	[plaʃs]
rustig (bn)	mierīgs	[miɛri:gs]
scherp (bijv. ~ mes)	ass	[as]
schoon (niet vies)	tīrs	[ti:rs]
slecht (bn)	slikts	[slikts]
slim (verstandig)	gudrs	[gudrs]
smal (~le weg)	šaurs	[ʃaurs]
snel (vlug)	ātrs	[a:trs]
somber (bn)	drūms	[dru:ms]
speciaal (bn)	speciāls	[spetsia:ls]
sterk (bn)	spēcīgs	[spe:tsi:gs]
stevig (bn)	izturīgs	[izturi:gs]
straatarm (bn)	ubags	[ubags]
strak (schoenen, enz.)	ciešs	[tsiɛʃs]
teder (liefderijk)	maigs	[maigs]
tegenovergesteld (bn)	pretējs	[prɛte:js]
tevreden (bn)	apmierināts	[apmiɛrina:ts]
tevreden (klant, enz.)	apmierināts	[apmiɛrina:ts]
treurig (bn)	skumjš	[skumjʃ]
tweedehands (bn)	lietots	[liɛtɔts]
uitstekend (bn)	lielisks	[liɛlisks]

uitstekend (bn)	**lielisks**	[liɛlisks]
uniek (bn)	**unikāls**	[unika:ls]
veilig (niet gevaarlijk)	**drošs**	[drɔʃs]
ver (in de ruimte)	**tāls**	[ta:ls]
verenigbaar (bn)	**savietojams**	[saviɛtɔjams]
vermoeiend (bn)	**nogurdinošs**	[nɔgurdinɔʃs]
verplicht (bn)	**obligāts**	[ɔbliga:ts]
vers (~ brood)	**svaigs**	[svaigs]
verschillende (bn)	**dažādi**	[daʒa:di]
verst (meest afgelegen)	**attāls**	[atta:ls]
vettig (voedsel)	**trekns**	[trekns]
vijandig (bn)	**naidīgs**	[naidi:gs]
vloeibaar (bn)	**šķidrs**	[ʃʲʲidrs]
vochtig (bn)	**mitrs**	[mitrs]
vol (helemaal gevuld)	**pilns**	[pilns]
volgend (~ jaar)	**nākamais**	[na:kamais]
voorbij (bn)	**pagājušais**	[paga:juʃais]
voornaamste (bn)	**pamata**	[pamata]
vorig (~ jaar)	**pagājušais**	[paga:juʃais]
vorig (bijv. ~e baas)	**iepriekšējs, agrāks**	[iɛpriɛkʃe:js], [agra:ks]
vriendelijk (aardig)	**mīļš**	[mi:lʲʃ]
vriendelijk (goedhartig)	**labs**	[labs]
vrij (bn)	**brīvs**	[bri:vs]
vrolijk (bn)	**jautrs**	[jautrs]
vruchtbaar (~ land)	**auglīgs**	[augli:gs]
vuil (niet schoon)	**netīrs**	[neti:rs]
waarschijnlijk (bn)	**varbūtējs**	[varbu:te:js]
warm (bn)	**silts**	[silts]
wettelijk (bn)	**likumīgs**	[likumi:gs]
zacht (bijv. ~ kussen)	**mīksts**	[mi:ksts]
zacht (bn)	**kluss**	[klus]
zeldzaam (bn)	**rets**	[rets]
ziek (bn)	**slims**	[slims]
zoet (~ water)	**sājš**	[sa:jʃ]
zoet (bn)	**salds**	[salds]
zonnig (~e dag)	**saulains**	[saulains]
zorgzaam (bn)	**rūpīgs**	[ru:pi:gs]
zout (de soep is ~)	**sāļš**	[sa:lʲʃ]
zuur (smaak)	**skābs**	[ska:bs]
zwaar (~ voorwerp)	**smags**	[smags]

DE 500 BELANGRIJKSTE WERKWOORDEN

252. Werkwoorden A-C

aaien (bijv. een konijn ~)	glaudīt	[glaudi:t]
aanbevelen (ww)	ieteikt	[iɛtɛikt]
aandringen (ww)	uzstāt	[uzsta:t]
aankomen (ov. de treinen)	ierasties	[iɛrastiɛs]

aanleggen (bijv. bij de pier)	pietauvot	[piɛtauvɔt]
aanraken (met de hand)	pieskarties	[piɛskartiɛs]
aansteken (kampvuur, enz.)	iedegt	[iɛdegt]
aanstellen (in functie plaatsen)	iecelt amatā	[iɛtselt amata:]

aanvallen (mil.)	uzbrukt	[uzbrukt]
aanvoelen (gevaar ~)	sajust	[sajust]
aanvoeren (leiden)	būt priekšgalā	[bu:t priɛkʃgala:]
aanwijzen (de weg ~)	norādīt	[nɔra:di:t]

aanzetten (computer, enz.)	ieslēgt	[iɛsle:gt]
ademen (ww)	elpot	[elpɔt]
adverteren (ww)	reklamēt	[reklame:t]
adviseren (ww)	dot padomu	[dɔt padɔmu]

afdalen (on.ww.)	nokāpt	[nɔka:pt]
afgunstig zijn (ww)	apskaust	[apskaust]
afhakken (ww)	nocirst	[nɔtsirst]
afhangen van ...	atkarāties no ...	[atkara:ties nɔ ...]

afluisteren (ww)	noklausīties	[nɔklausi:tiɛs]
afnemen (verwijderen)	noņemt	[nɔɲemt]
afrukken (ww)	noraut	[nɔraut]
afslaan (naar rechts ~)	pagriezt	[pagriɛzt]

afsnijden (ww)	nogriezt	[nɔgriɛzt]
afzeggen (ww)	atcelt	[attselt]
amputeren (ww)	amputēt	[ampute:t]
amuseren (ww)	izklaidēt	[izklaide:t]

antwoorden (ww)	atbildēt	[atbilde:t]
applaudisseren (ww)	aplaudēt	[aplaude:t]
aspireren (iets willen worden)	tiekties	[tiɛktiɛs]
assisteren (ww)	asistēt	[asiste:t]

bang zijn (ww)	baidīties	[baidi:tiɛs]
barsten (plafond, enz.)	saplaisāt	[saplaisa:t]
bedienen (in restaurant)	apkalpot	[apkalpɔt]
bedreigen (bijv. met een pistool)	draudēt	[draude:t]

bedriegen (ww)	krāpt	[kra:pt]
beduiden (betekenen)	nozīmēt	[nɔzi:me:t]
bedwingen (ww)	atturēt	[atture:t]
beëindigen (ww)	beigt	[bɛigt]

begeleiden (vergezellen)	pavadīt	[pavadi:t]
begieten (water geven)	laistīt	[laisti:t]
beginnen (ww)	sākt	[sa:kt]
begrijpen (ww)	saprast	[saprast]
behandelen (patiënt, ziekte)	ārstēt	[a:rste:t]

beheren (managen)	vadīt	[vadi:t]
beïnvloeden (ww)	ietekmēt	[iɛtekme:t]
bekennen (misdadiger)	atzīties	[atzi:tiɛs]
beledigen (met scheldwoorden)	aizvainot	[aizvainɔt]

beledigen (ww)	aizvainot	[aizvainɔt]
beloven (ww)	solīt	[sɔli:t]
beperken (de uitgaven ~)	ierobežot	[iɛrɔbeʒɔt]
bereiken (doel ~, enz.)	panākt	[pana:kt]

bereiken (plaats van bestemming ~)	nokļūt galapunktā	[nɔkĺu:t galapunkta:]
beschermen (bijv. de natuur ~)	apsargāt	[apsarga:t]
beschuldigen (ww)	apsūdzēt	[apsu:dze:t]
beslissen (~ iets te doen)	lemt	[lemt]

besmet worden (met ...)	inficēties	[infitse:tiɛs]
besmetten (ziekte overbrengen)	inficēt	[infitse:t]
bespreken (spreken over)	apspriest	[apspriɛst]
bestaan (een ~ voeren)	dzīvot	[dzi:vɔt]

bestellen (eten ~)	pasūtīt	[pasu:ti:t]
bestraffen (een stout kind ~)	sodīt	[sɔdi:t]
betalen (ww)	maksāt	[maksa:t]
betekenen (beduiden)	nozīmēt	[nɔzi:me:t]

betreuren (ww)	nožēlot	[nɔʒe:lɔt]
bevallen (prettig vinden)	patikt	[patikt]
bevelen (mil.)	pavēlēt	[pavɛ:le:t]
bevredigen (ww)	apmierināt	[apmiɛrina:t]

bevrijden (stad, enz.)	atbrīvot	[atbri:vɔt]
bewaren (oude brieven, enz.)	glabāt	[glaba:t]
bewaren (vrede, leven)	saglabāt	[saglaba:t]
bewijzen (ww)	pierādīt	[piɛra:di:t]

bewonderen (ww)	būt sajūsmā	[bu:t saju:sma:]
bezitten (ww)	pārvaldīt	[pa:rvaldi:t]
bezorgd zijn (ww)	uztraukties	[uztrauktiɛs]
bezorgd zijn (ww)	uztraukties	[uztrauktiɛs]
bidden (praten met God)	lūgties	[lu:gtiɛs]
bijvoegen (ww)	pievienot	[piɛviɛnɔt]

| binden (ww) | sasiet | [sasiɛt] |
| binnengaan (een kamer ~) | ieiet | [iɛiɛt] |

blazen (ww)	pūst	[pu:st]
blozen (zich schamen)	nosarkt	[nɔsarkt]
blussen (brand ~)	dzēst	[dze:st]
boos maken (ww)	dusmot	[dusmɔt]

boos zijn (ww)	dusmoties uz ...	[dusmɔties uz ...]
breken	pārtrūkt	[pa:rtru:kt]
(on.ww., van een touw)		
breken (speelgoed, enz.)	lauzt	[lauzt]
brengen (iets ergens ~)	atvest	[atvest]

charmeren (ww)	savaldzināt	[savaldzina:t]
citeren (ww)	citēt	[tsite:t]
compenseren (ww)	kompensēt	[kɔmpense:t]
compliceren (ww)	sarežģīt	[sareʒdʲi:t]

componeren (muziek ~)	sacerēt	[satsɛre:t]
compromitteren (ww)	kompromitēt	[kɔmprɔmite:t]
concurreren (ww)	konkurēt	[kɔnkure:t]
controleren (ww)	kontrolēt	[kɔntrɔle:t]

coöpereren (samenwerken)	sadarboties	[sadarbɔtiɛs]
coördineren (ww)	koordinēt	[kɔɔrdine:t]
corrigeren (fouten ~)	labot	[labɔt]
creëren (ww)	izveidot	[izvɛidɔt]

253. Werkwoorden D-K

danken (ww)	pateikties	[patɛiktiɛs]
de was doen	mazgāt veļu	[mazga:t vɛlʲu]
de weg wijzen	nosūtīt	[nɔsu:ti:t]
deelnemen (ww)	piedalīties	[piɛdali:tiɛs]
delen (wisk.)	dalīt	[dali:t]

denken (ww)	domāt	[dɔma:t]
doden (ww)	nogalināt	[nɔgalina:t]
doen (ww)	darīt	[dari:t]
dresseren (ww)	dresēt	[drɛse:t]

drinken (ww)	dzert	[dzert]
drogen (klederen, haar)	žāvēt	[ʒa:ve:t]
dromen (in de slaap)	sapņot	[sapɲɔt]
dromen (over vakantie ~)	sapņot	[sapɲɔt]
duiken (ww)	nirt	[nirt]

durven (ww)	uzdrošināties	[uzdrɔʃina:tiɛs]
duwen (ww)	stumt	[stumt]
een auto besturen	vadīt mašīnu	[vadi:t maʃi:nu]
een bad geven	peldināt	[peldina:t]
een bad nemen	mazgāties	[mazga:tiɛs]
een conclusie trekken	sniegt slēdzienu	[sniɛgt sle:dziɛnu]

een foto maken (ww)	fotografēt	[fɔtɔgrafe:t]
eisen (met klem vragen)	pieprasīt	[piɛprasi:t]
erkennen (schuld)	atzīt	[atzi:t]
erven (ww)	mantot	[mantɔt]

eten (ww)	ēst	[ɛ:st]
excuseren (vergeven)	piedot	[piɛdɔt]
existeren (bestaan)	eksistēt	[eksiste:t]
feliciteren (ww)	apsveikt	[apsvɛikt]
gaan (te voet)	iet	[iɛt]

gaan slapen	iet gulēt	[iɛt gule:t]
gaan zitten (ww)	apsēsties	[apse:stiɛs]
gaan zwemmen	peldēties	[pelde:tiɛs]
garanderen (garantie geven)	garantēt	[garante:t]

gebruiken (bijv. een potlood ~)	lietot	[liɛtɔt]
gebruiken (woord, uitdrukking)	lietot	[liɛtɔt]
geconserveerd zijn (ww)	saglabāties	[saglaba:tiɛs]
gedateerd zijn (ww)	datēt	[date:t]
gehoorzamen (ww)	paklausīt	[paklausi:t]

gelijken (op elkaar lijken)	būt līdzīgam	[bu:t li:dzi:gam]
geloven (vinden)	ticēt	[titse:t]
genoeg zijn (ww)	pietikt	[piɛtikt]
geven (ww)	dot	[dɔt]
gieten (in een beker ~)	ieliet	[iɛliɛt]

glimlachen (ww)	smaidīt	[smaidi:t]
glimmen (glanzen)	spīdēt	[spi:de:t]
gluren (ww)	noskatīties	[nɔskati:tiɛs]
goed raden (ww)	uzminēt	[uzmine:t]
gooien (een steen, enz.)	mest	[mest]

grappen maken (ww)	jokot	[jɔkɔt]
graven (tunnel, enz.)	rakt	[rakt]
haasten (iemand ~)	steidzināt	[stɛidzina:t]
hebben (ww)	piederēt, būt	[piɛdɛre:t], [bu:t]
helpen (hulp geven)	palīdzēt	[pali:dze:t]

herhalen (opnieuw zeggen)	atkārtot	[atka:rtɔt]
herinneren (ww)	atcerēties	[attsɛre:tiɛs]
herinneren aan ... (afspraak, opdracht)	atgādināt	[atga:dina:t]
herkennen (identificeren)	atpazīt	[atpazi:t]
herstellen (repareren)	izlabot	[izlabɔt]

het haar kammen	ķemmēties	[tʲemme:tiɛs]
hopen (ww)	cerēt	[tsɛre:t]
horen (waarnemen met het oor)	dzirdēt	[dzirde:t]
houden van (muziek, enz.)	cienīt	[tsiɛni:t]
huilen (wenen)	raudāt	[rauda:t]
huiveren (ww)	satrūkties	[satru:ktiɛs]

huren (een boot ~)	nomāt	[nɔma:t]
huren (huis, kamer)	īrēt	[i:re:t]
huren (personeel)	algot	[algɔt]
imiteren (ww)	imitēt	[imite:t]

importeren (ww)	importēt	[impɔrte:t]
inenten (vaccineren)	potēt	[pɔte:t]
informeren (informatie geven)	informēt	[infɔrme:t]
informeren naar ...	uzzināt	[uzzina:t]
(navraag doen)		
inlassen (invoegen)	ielikt	[iɛlikt]

inpakken (in papier)	iesaiŋot	[iɛsaiŋɔt]
inspireren (ww)	iedvesmot	[iɛdvesmɔt]
instemmen (akkoord gaan)	piekrist	[piɛkrist]
interesseren (ww)	interesēt	[intɛrɛse:t]

irriteren (ww)	kaitināt	[kaitina:t]
isoleren (ww)	izolēt	[izɔle:t]
jagen (ww)	medīt	[medi:t]
kalmeren (kalm maken)	nomierināt	[nɔmiɛrina:t]

kennen (kennis	pazīt	[pazi:t]
hebben van iemand)		
kennismaken (met ...)	iepazīties	[iɛpazi:tiɛs]
kiezen (ww)	izvēlēties	[izvɛ:le:tiɛs]
kijken (ww)	skatīties	[skati:tiɛs]

klaarmaken (een plan ~)	sagatavot	[sagatavɔt]
klaarmaken (het eten ~)	gatavot	[gatavɔt]
klagen (ww)	sūdzēties	[su:dze:tiɛs]
kloppen (aan een deur)	klauvēt	[klauve:t]

kopen (ww)	pirkt	[pirkt]
kopieën maken	pavairot	[pavairɔt]
kosten (ww)	maksāt	[maksa:t]
kunnen (ww)	spēt	[spe:t]
kweken (planten ~)	audzēt	[audze:t]

254. Werkwoorden L-R

lachen (ww)	smieties	[smiɛtiɛs]
laden (geweer, kanon)	ielādēt	[iɛla:de:t]
laden (vrachtwagen)	iekraut	[iɛkraut]
laten vallen (ww)	nomest	[nɔmest]

lenen (geld ~)	aizŋemties	[aizŋemtiɛs]
leren (lesgeven)	apmācīt	[apma:tsi:t]
leven (bijv. in Frankrijk ~)	dzīvot	[dzi:vɔt]
lezen (een boek ~)	lasīt	[lasi:t]

lid worden (ww)	pievienoties	[piɛviɛnɔtiɛs]
liefhebben (ww)	mīlēt	[mi:le:t]
liegen (ww)	melot	[melɔt]

liggen (op de tafel ~)	atrasties	[atrastiɛs]
liggen (persoon)	gulēt	[gule:t]
lijden (pijn voelen)	ciest	[tsiɛst]
losbinden (ww)	atraisīt	[atraisi:t]
luisteren (ww)	klausīt	[klausi:t]
lunchen (ww)	pusdienot	[pusdiɛnɔt]
markeren (op de kaart, enz.)	atzīmēt	[atzi:me:t]
melden (nieuws ~)	ziņot	[ziɲɔt]
memoriseren (ww)	iegaumēt	[iɛgaume:t]
mengen (ww)	sajaukt kopā	[sajaukt kɔpa:]
mikken op (ww)	tēmēt uz ...	[tɛ:me:t uz ...]
minachten (ww)	nicināt	[nitsina:t]
moeten (ww)	būt pienācīgam	[bu:t piɛna:tsi:gam]
morsen (koffie, enz.)	izliet	[izliɛt]
naderen (dichterbij komen)	tuvoties	[tuvɔtiɛs]
neerlaten (ww)	nolaist zemāk	[nɔlaist zɛma:k]
nemen (ww)	ņemt	[ɲemt]
nodig zijn (ww)	būt vajadzīgam	[bu:t vajadzi:gam]
noemen (ww)	nosaukt	[nɔsaukt]
noteren (opschrijven)	atzīmēt	[atzi:me:t]
omhelzen (ww)	apskaut	[apskaut]
omkeren (steen, voorwerp)	apgriezt apkārt	[apgriɛzt apka:rt]
onderhandelen (ww)	vest pārrunas	[vest pa:rrunas]
ondernemen (ww)	uzsākt	[uzsa:kt]
onderschatten (ww)	par zemu vērtēt	[par zɛmu ve:rte:t]
onderscheiden (een ereteken geven)	apbalvot	[apbalvɔt]
onderstrepen (ww)	pasvītrot	[pasvi:trɔt]
ondertekenen (ww)	parakstīt	[paraksti:t]
onderwijzen (ww)	instruēt	[instrue:t]
onderzoeken (alle feiten, enz.)	izskatīt	[izskati:t]
ongerust maken (ww)	uztraukt	[uztraukt]
onmisbaar zijn (ww)	būt pieprasītam	[bu:t piɛprasi:tam]
onthijten (ww)	brokastot	[brɔkastɔt]
ontdekken (bijv. nieuw land)	atklāt	[atkla:t]
ontkennen (ww)	noliegt	[nɔliɛgt]
ontlopen (gevaar, taak)	izvairīties	[izvairi:tiɛs]
ontnemen (ww)	atņemt	[atɲemt]
ontwerpen (machine, enz.)	projektēt	[prɔjekte:t]
oorlog voeren (ww)	karot	[karɔt]
op orde brengen	sakārtot	[saka:rtɔt]
opbergen (in de kast, enz.)	aizvākt	[aizva:kt]
opduiken (ov. een duikboot)	uzpeldēt	[uzpelde:t]
openen (ww)	atvērt	[atve:rt]
ophangen (bijv. gordijnen ~)	piekārt	[piɛka:rt]

ophouden (ww)	pārtraukt	[pa:rtraukt]
oplossen (een probleem ~)	risināt	[risina:t]
opmerken (zien)	pamanīt	[pamani:t]

opmerken (zien)	ieraudzīt	[iɛraudzi:t]
opscheppen (ww)	lielīties	[liɛli:tiɛs]
opschrijven (op een lijst)	ierakstīt	[iɛraksti:t]
opschrijven (ww)	pierakstīt	[piɛraksti:t]

opstaan (uit je bed)	celties	[tseltiɛs]
opstarten (project, enz.)	palaist	[palaist]
opstijgen (vliegtuig)	uzlidot	[uzlidɔt]
optreden (resoluut ~)	rīkoties	[ri:kɔtiɛs]

organiseren (concert, feest)	rīkot	[ri:kɔt]
overdoen (ww)	pārtaisīt	[pa:rtaisi:t]
overheersen (dominant zijn)	dominēt	[dɔmine:t]
overschatten (ww)	pārvērtēt	[pa:rve:rte:t]

overtuigd worden (ww)	pārliecināties	[pa:rliɛtsina:tiɛs]
overtuigen (ww)	pārliecināt	[pa:rliɛtsina:t]
passen (jurk, broek)	derēt	[dɛre:t]
passeren (~ mooie dorpjes, enz.)	braukt garām	[braukt gara:m]

peinzen (lang nadenken)	kļūt domīgam	[klʲu:t dɔmi:gam]
penetreren (ww)	iekļūt	[iɛklʲu:t]
plaatsen (ww)	nolikt	[nɔlikt]
plaatsen (zetten)	izvietot	[izviɛtɔt]

plannen (ww)	plānot	[pla:nɔt]
plezier hebben (ww)	līksmot	[li:ksmɔt]
plukken (bloemen ~)	plūkt	[plu:kt]
prefereren (verkiezen)	dot priekšroku	[dɔt priɛkʃrɔku]

proberen (trachten)	mēģināt	[me:dʲina:t]
proberen (trachten)	mēģināt	[me:dʲina:t]
protesteren (ww)	protestēt	[prɔteste:t]
provoceren (uitdagen)	provocēt	[prɔvɔtse:t]

raadplegen (dokter, enz.)	konsultēties ar ...	[kɔnsulte:ties ar ...]
rapporteren (ww)	ziņot	[ziɲɔt]
redden (ww)	glābt	[gla:bt]
regelen (conflict)	nokārtot	[nɔka:rtɔt]

reinigen (schoonmaken)	attīrīt	[atti:ri:t]
rekenen op ...	paļauties uz ...	[palʲauties uz ...]
rennen (ww)	bēgt	[be:gt]
reserveren (een hotelkamer ~)	rezervēt	[rɛzerve:t]

rijden (per auto, enz.)	braukt	[braukt]
rillen (ov. de kou)	trīcēt	[tri:tse:t]
riskeren (ww)	riskēt	[riske:t]
roepen (met je stem)	saukt	[saukt]
roepen (om hulp)	saukt	[saukt]

ruiken (bepaalde geur verspreiden)	smaržot	[smarʒɔt]
ruiken (rozen)	ostīt	[ɔsti:t]
rusten (verpozen)	atpūsties	[atpu:stiɛs]

255. Verbs S-V

samenstellen, maken (een lijst ~)	sastādīt	[sasta:di:t]
schieten (ww)	šaut	[ʃaut]
schoonmaken (bijv. schoenen ~)	tīrīt	[ti:ri:t]
schoonmaken (ww)	uzkopt	[uzkɔpt]

schrammen (ww)	skrāpēt	[skra:pe:t]
schreeuwen (ww)	kliegt	[kliɛgt]
schrijven (ww)	rakstīt	[raksti:t]
schudden (ww)	kratīt	[krati:t]

selecteren (ww)	atlasīt	[atlasi:t]
simplificeren (ww)	vienkāršot	[viɛnka:rʃɔt]
slaan (een hond ~)	sist	[sist]
sluiten (ww)	aizvērt	[aizve:rt]

smeken (bijv. om hulp ~)	ļoti lūgt	[lʲɔti lu:gt]
souperen (ww)	vakariņot	[vakariɳɔt]
spelen (bijv. filmacteur)	tēlot	[te:lɔt]
spelen (kinderen, enz.)	spēlēt	[spɛ:le:t]

spreken met ...	sarunāties ar ...	[saruna:ties ar ...]
spuwen (ww)	spļaut	[splʲaut]
stelen (ww)	zagt	[zagt]
stemmen (verkiezing)	balsot	[balsɔt]
steunen (een goed doel, enz.)	atbalstīt	[atbalsti:t]

stoppen (pauzeren)	apstāties	[apsta:tiɛs]
storen (lastigvallen)	traucēt	[trautse:t]
strijden (tegen een vijand)	karot	[karɔt]
strijden (ww)	cīnīties	[tsi:ni:tiɛs]

strijken (met een strijkbout)	gludināt	[gludina:t]
studeren (bijv. wiskunde ~)	pētīt	[pe:ti:t]
sturen (zenden)	nosūtīt	[nɔsu:ti:t]
tellen (bijv. geld ~)	skaitīt	[skaiti:t]

terugkeren (ww)	atgriezties	[atgriɛztiɛs]
terugsturen (ww)	sūtīt atpakaļ	[su:ti:t atpakalʲ]
toebehoren aan ...	piederēt	[piɛdɛre:t]
toegeven (zwichten)	atkāpties	[atka:ptiɛs]

| toenemen (on. ww) | palielināties | [paliɛlina:tiɛs] |
| toespreken (zich tot iemand richten) | griezties pie | [griɛztiɛs piɛ] |

toestaan (goedkeuren)	ļaut	[ļaut]
toestaan (ww)	atļaut	[atļaut]
toewijden (boek, enz.)	veltīt	[velti:t]
tonen (uitstallen, laten zien)	rādīt	[ra:di:t]
trainen (ww)	trenēt	[trɛne:t]
transformeren (ww)	transformēt	[transfɔrme:t]
trekken (touw)	vilkt	[vilkt]
trouwen (ww)	apprecēties	[appretse:tiɛs]
tussenbeide komen (ww)	iejaukties	[iɛjauktiɛs]
twijfelen (onzeker zijn)	šaubīties	[ʃaubi:tiɛs]
uitdelen (pamfletten ~)	izdalīt	[izdali:t]
uitdoen (licht)	izslēgt	[izsle:gt]
uitdrukken (opinie, gevoel)	izteikt	[iztɛikt]
uitgaan (om te dineren, enz.)	iziet	[iziɛt]
uitlachen (bespotten)	zoboties	[zɔbɔtiɛs]
uitnodigen (ww)	ielūgt	[iɛlu:gt]
uitrusten (ww)	iekārtot	[iɛka:rtɔt]
uitsluiten (wegsturen)	izslēgt	[izsle:gt]
uitspreken (ww)	izrunāt	[izruna:t]
uittorenen (boven ...)	izcelties	[iztseltiɛs]
uitvaren tegen (ww)	lamāt	[lama:t]
uitvinden (machine, enz.)	izgudrot	[izgudrɔt]
uitwissen (ww)	izdzēst	[izdze:st]
vangen (ww)	ķert	[ťert]
vastbinden aan ...	piesiet	[piɛsiɛt]
vechten (ww)	kauties	[kautiɛs]
veranderen (bijv. mening ~)	mainīt	[maini:t]
verbaasd zijn (ww)	brīnīties	[bri:ni:tiɛs]
verbazen (verwonderen)	pārsteigt	[pa:rstɛigt]
verbergen (ww)	slēpt	[sle:pt]
verbieden (ww)	aizliegt	[aizliɛgt]
verblinden (andere chauffeurs)	apžilbināt	[apʒilbina:t]
verbouwereerd zijn (ww)	būt neizpratnē	[bu:t nɛizpratne:]
verbranden (bijv. papieren ~)	dedzināt	[dedzina:t]
verdedigen (je land ~)	aizstāvēt	[aizsta:ve:t]
verdenken (ww)	turēt aizdomās	[ture:t aizdɔma:s]
verdienen (een complimentje, enz.)	pelnīt	[pelni:t]
verdragen (tandpijn, enz.)	ciest	[tsiɛst]
verdrinken (in het water omkomen)	slīkt	[sli:kt]
verdubbelen (ww)	dubultot	[dubultɔt]
verdwijnen (ww)	pazust	[pazust]
verenigen (ww)	apvienot	[apviɛnɔt]
vergelijken (ww)	salīdzināt	[sali:dzina:t]

vergeten (achterlaten)	aizmirst	[aizmirst]
vergeten (ww)	aizmirst	[aizmirst]
vergeven (ww)	piedot	[piɛdɔt]
vergroten (groter maken)	palielināt	[paliɛlina:t]
verklaren (uitleggen)	paskaidrot	[paskaidrɔt]

verklaren (volhouden)	apgalvot	[apgalvɔt]
verklikken (ww)	denuncēt	[denuntse:t]
verkopen (per stuk ~)	pārdot	[pa:rdɔt]
verlaten (echtgenoot, enz.)	pamest	[pamest]
verlichten (gebouw, straat)	apgaismot	[apgaismɔt]

verlichten (gemakkelijker maken)	atvieglot	[atviɛglɔt]
verliefd worden (ww)	iemīlēties ...	[iɛmi:le:ties ...]
verliezen (bagage, enz.)	pazaudēt	[pazaude:t]
vermelden (praten over)	pieminēt	[piɛmine:t]

vermenigvuldigen (wisk.)	reizināt	[rɛizina:t]
verminderen (ww)	samazināt	[samazina:t]
vermoeid raken (ww)	nogurt	[nɔgurt]
vermoeien (ww)	nogurdināt	[nɔgurdina:t]

256. Verbs V-Z

vernietigen (documenten, enz.)	iznīcināt	[izni:tsina:t]
veronderstellen (ww)	pieņemt	[piɛɳemt]
verontwaardigd zijn (ww)	paust sašutumu	[paust saʃutumu]
veroordelen (in een rechtszaak)	piespriest	[piɛspriɛst]

veroorzaken ... (oorzaak zijn van ...)	būt par iemeslu ...	[bu:t par iɛmeslu ...]
verplaatsen (ww)	pārvietot	[pa:rviɛtɔt]
verpletteren (een insect, enz.)	nospiest	[nɔspiɛst]
verplichten (ww)	piespiest	[piɛspiɛst]
verschijnen (bijv. boek)	iziet klajā	[iziɛt klaja:]

verschijnen (in zicht komen)	parādīties	[para:di:tiɛs]
verschillen (~ van iets anders)	atšķirties	[atʃt'irtiɛs]
versieren (decoreren)	izrotāt	[izrɔta:t]
verspreiden (pamfletten, enz.)	izplatīt	[izplati:t]

verspreiden (reuk, enz.)	izplatīt	[izplati:t]
versterken (positie ~)	stiprināt	[stiprina:t]
verstommen (ww)	apklust	[apklust]
vertalen (ww)	tulkot	[tulkɔt]
vertellen (verhaal ~)	stāstīt	[sta:sti:t]
vertrekken (bijv. naar Mexico ~)	aizbraukt	[aizbraukt]

vertrouwen (ww)	uzticēt	[uztitse:t]
vervolgen (ww)	turpināt	[turpina:t]
verwachten (ww)	gaidīt	[gaidi:t]

verwarmen (ww)	sildīt	[sildi:t]
verwarren (met elkaar ~)	sajaukt	[sajaukt]
verwelkomen (ww)	pasveicināt	[pasvɛitsina:t]
verwezenlijken (ww)	īstenot	[i:stenɔt]

verwijderen (een obstakel)	novērst	[nɔvɛ:rst]
verwijderen (een vlek ~)	likvidēt	[likvide:t]
verwijten (ww)	pārmest	[pa:rmest]
verwisselen (ww)	mainīt	[maini:t]
verzoeken (ww)	lūgt	[lu:gt]

verzuimen (school, enz.)	kavēt	[kave:t]
vies worden (ww)	notraipīties	[nɔtraipi:tiɛs]
vinden (denken)	uzskatīt	[uzskati:t]
vinden (ww)	atrast	[atrast]

vissen (ww)	zvejot	[zvejɔt]
vleien (ww)	liekuļot	[liɛkuļɔt]
vliegen (vogel, vliegtuig)	lidot	[lidɔt]
voederen	barot	[barɔt]
(een dier voer geven)		

volgen (ww)	sekot ...	[sekɔt ...]
voorstellen (introduceren)	stādīt priekšā	[sta:di:t priɛkʃa:]
voorstellen (Mag ik jullie ~)	iepazīstināt	[iɛpazi:stina:t]
voorstellen (ww)	piedāvāt	[piɛda:va:t]

voorzien (verwachten)	paredzēt	[paredze:t]
vorderen (vooruitgaan)	virzīties	[virzi:tiɛs]
vormen (samenstellen)	izglītot	[izgli:tɔt]
vullen (glas, fles)	piepildīt	[piɛpildi:t]

waarnemen (ww)	novērot	[nɔvɛ:rɔt]
waarschuwen (ww)	brīdināt	[bri:dina:t]
wachten (ww)	gaidīt	[gaidi:t]
wassen (ww)	mazgāt	[mazga:t]

weerspreken (ww)	iebilst	[iɛbilst]
wegdraaien (ww)	novērsties	[nɔvɛ:rstiɛs]
wegdragen (ww)	aiznest	[aiznest]
wegen (gewicht hebben)	svērt	[sve:rt]

wegjagen (ww)	padzīt	[padzi:t]
weglaten (woord, zin)	izlaist garām	[izlaist gara:m]
wegvaren	atiet no krasta	[atiɛt nɔ krasta]
(uit de haven vertrekken)		
weigeren (iemand ~)	noraidīt	[nɔraidi:t]

wekken (ww)	modināt	[mɔdina:t]
wensen (ww)	vēlēties	[vɛ:le:tiɛs]
werken (ww)	strādāt	[stra:da:t]
weten (ww)	zināt	[zina:t]

willen (verlangen)	gribēt	[gribe:t]
wisselen (omruilen, iets ~)	apmainīties	[apmaini:tiɛs]
worden (bijv. oud ~)	kļūt par	[klʲu:t par]
worstelen (sport)	cīnīties	[tsi:ni:tiɛs]
wreken (ww)	atriebties	[atriɛbtiɛs]

zaaien (zaad strooien)	sēt	[se:t]
zeggen (ww)	teikt	[tɛikt]
zich baseerd op	pamatoties uz ...	[pamatoties uz ...]
zich bevrijden van ... (afhelpen)	tikt vaļā no ...	[tikt valʲa: nɔ ...]

zich concentreren (ww)	koncentrēties	[kɔntsentre:tiɛs]
zich ergeren (ww)	dusmoties	[dusmotiɛs]
zich gedragen (ww)	uzvesties	[uzvestiɛs]
zich haasten (ww)	steigties	[stɛigtiɛs]
zich herinneren (ww)	atcerēties	[attsɛre:tiɛs]

zich herstellen (ww)	atveseļoties	[atvɛselʲotiɛs]
zich indenken (ww)	iedomāties	[iɛdɔma:tiɛs]
zich interesseren voor ...	interesēties	[intɛrɛse:tiɛs]
zich scheren (ww)	skūties	[sku:tiɛs]

zich trainen (ww)	trenēties	[trɛne:tiɛs]
zich verdedigen (ww)	aizstāvēties	[aizsta:ve:tiɛs]
zich vergissen (ww)	kļūdīties	[klʲu:di:tiɛs]
zich verontschuldigen	atvainoties	[atvainɔtiɛs]

zich verspreiden (meel, suiker, enz.)	izbirt	[izbirt]
zich vervelen (ww)	garlaikoties	[garlaikɔtiɛs]
zijn (ww)	būt	[bu:t]

zinspelen (ww)	netieši norādīt	[netiɛʃi nɔra:di:t]
zitten (ww)	sēdēt	[sɛ:de:t]
zoeken (ww)	meklēt ...	[mekle:t ...]
zondigen (ww)	grēkot	[gre:kɔt]

zuchten (ww)	uzelpot	[uzelpɔt]
zwaaien (met de hand)	māt	[ma:t]
zwemmen (ww)	peldēt	[pelde:t]
zwijgen (ww)	klusēt	[kluse:t]